Ludwig Janus

WIE DIE SEELE ENTSTEHT

Unser psychisches Leben vor und nach der Geburt

Hoffmann und Campe

Die Deutsche Bibliothek – CIP-Einheitsaufnahme

Janus, Ludwig:
Wie die Seele entsteht: unser psychisches Leben vor und nach der Geburt / Ludwig Janus. – 1. Aufl. – Hamburg: Hoffmann und Campe, 1991

ISBN 3-455-08416-8

Lektorat: Hubertus Rabe
Schutzumschlag: Lo Breier
Gesetzt aus der Century Expanded Antiqua
Satz: Utesch Satztechnik GmbH, Hamburg
Druck und Bindung: Ebner Ulm
Printed in Germany

MEINER FRAU

sowie dem ingeniösen Erforscher der Wurzeln
des Zaubermärchens, Vladimir Propp,
und dem Aufklärer des europäischen Unbewußten,
Johannes Fabricius

CHOR DER UNGEBORENEN

Wir Ungeborenen
Schon beginnt die Sehnsucht an uns zu schaffen
Die Ufer des Blutes weiten sich zu unserem Empfang
Wie Tau sinken wir in die Liebe hinein.
Noch liegen die Schatten der Zeit wie Fragen
Über unserem Geheimnis.

Ihr Liebenden,
Ihr Sehnsüchtigen,
Hört, ihr Abschiedskranken:
Wir sind es, die in euren Blicken zu leben beginnen,
In euren Händen, die suchende sind in der blauen Luft –
Wir sind es, die nach Morgen Duftenden.
Schon zieht uns euer Atem ein,
Nimmt uns hinab in euren Schlaf
In die Träume, die unser Erdreich sind
Wo unsere schwarze Amme, die Nacht
Uns wachsen läßt,
Bis wir uns spiegeln in euren Augen
Bis wir sprechen in euer Ohr.

Schmetterlingsgleich
Werden wir von den Häschern eurer Sehnsucht gefangen –
Wie Vogelstimmen an die Erde verkauft –
Wir Morgenduftenden,
Wir kommenden Lichter für eure Traurigkeit.

Nelly Sachs

INHALT

Einleitung 11

I »Lebensbündel« und »Versehenstheorie«
Zur Vorgeschichte der pränatalen Psychologie 17

II Stets ein Trauma?
Die stammesgeschichtliche Entwicklung der Geburt beim Menschen 25

III Daran kann ich mich nicht erinnern . . .
Das Problem der frühkindlichen Amnesie 33

IV Was der Fötus und der Säugling empfinden
Empirische Untersuchungen zur Entwicklungspsychologie der frühesten Kindheit 41

Jedes Lächeln hat Bedeutung 41

Beziehungsnahme im Mutterleib 44

Die Gefühle des Babys bei der Geburt 49

Zum traumatischen Aspekt der Geburt 59

V Verarbeiten durch Wiedererleben
Die Aktualisierung von vorgeburtlichem und geburtlichem Verhalten und Erleben in der Psychotherapie . . . 69

Frühformen des Erlebens werden aktualisiert 69
Vorgeburtliche und Geburtserfahrung in der psychoanalytischen Therapie . . . 72
Erfahrung von vorgeburtlichen und geburtlichen Erlebensvorgängen in der Hypnose . . . 80
Geburtsaktualisierungen in der Primärtherapie . . . 86
Wiedererleben eines perinatalen Traumas in der psychoanalytischen Regressionstherapie . . . 89
Bildhaftes Erleben prä- und perinataler Zustände in der LSD-Erfahrung . . . 91
Geburtserleben im Rebirthing . . . 99
Die Bedeutung des Früherlebens in den verschiedenen Psychotherapien . . . 102

VI Die Strapazen der Geburt
Empirische Befunde zu den Folgewirkungen von prä- und perinatalem Streß . . . 103

Vorbemerkung . . . 103
Vorgeburtlicher Streß bei Tieren . . . 104
Vorgeburtlicher und Geburtsstreß beim Menschen . 105

VII Ängste, Aggressionen und Fixierungen
Folgestörungen von prä- und perinatalen Psychotraumen . . . 113

Vorbemerkung . . . 113
Kinderängste . . . 114
»Kinderfehler« . . . 118
Neurotische Symptome . . . 119

Wie sich vorgeburtlicher Streß auf die Psyche des Kindes und des Erwachsenen auswirkt 123
Psychosomatische Erkrankungen 126
Dissoziale Entwicklungen und Kriminalität 132
Selbstmordgefährdung 137
Psychotische Erlebensveränderungen 141
Magersucht 147

VIII Vom Fötus zum Erwachsenen
Prä- und perinatale Aspekte in der Entwicklungspsychologie 149
Zwischenbilanz 149
Wo zeigen sich vorgeburtliches und Geburtserleben in der psychischen Entwicklung vom Säugling bis zum Jugendlichen? 152
Die Entwicklungsspiele und -geschichten von Kindern und Jugendlichen – von den »wilden Kerlen« bis zu »Superman« und »E. T.« 161

IX »Dieses Stirb und Werde«
Die kulturelle Verarbeitung der vorgeburtlichen Erfahrung und des Geburtserlebens 165
Übersicht über die prä- und perinatalen Symbolismen im Prozeß der Kulturentwicklung 165
Ein Urmotiv der menschlichen Kultur – die Schamanenreise 169
Pubertätsriten als Rückkehr in den Mutterleib und Erneuerung 172
Die Jenseitsreise des Märchenhelden als symbolische Fahrt zum Lebensanfang – von »Daumesdick« bis »Rapunzel« 177
Elemente der Geburt in der Heldensage 184

Wurzeln des Mythos 186
Zwischen Himmel und Hölle 193
Opfer als Geburt 194
Yoga und Geburt 196
Allmacht und Untergang der Herrscher 198
Der Kampf 202
Bilder einer Urerfahrung 205
Das Kontinuum des Klangs 209
Das In-die-Welt-geworfen-Sein des Menschen 213
Die Initiation Robinsons – Wiedergeburt durch Dichtung 215

X Die vierte Welt des Menschen 225

Anhang

Die ersten neun Monate
Ratschläge für werdende Eltern 233

Anmerkungen und Literaturhinweise 237

EINLEITUNG

Eine der ersten großen Fragen von Kindern ist die nach ihrer Geburt. Die Antwort der Eltern begründet einen wichtigen Teil des späteren Selbstverständnisses. Und, wie wir alle wissen, diese Antwort fiel fast immer unbefriedigend aus. Wurde früher oft auf märchenhafte oder mythische Kräfte verwiesen – daß die Kinder vom Storch gebracht würden oder auf Bäumen wüchsen –, so bemüht man sich heute, entsprechend dem wissenschaftlichen Zeitgeist, das Auf-die-Welt-Kommen als ein rein biologisch-körperliches Geschehen zu beschreiben. Die Frage bleibt offen, was Geborenwerden im Erleben bedeutet. Hier erscheint dann sogar die mythenhafte Antwort noch als ergiebiger, wenn sie das Geborenwerden als eine Reise, einen Übergang von einer Welt in eine andere und als ein Abenteuer schildert. Der Feststellung, die Kinder kämen aus Mutters Bauch, stehen Kind und Erwachsener oft in gleicher Weise ratlos gegenüber. Das Problem scheint damit abgehakt, doch parallel taucht eine unbestimmte Ahnung auf, daß damit die Frage und das Unbekannte sich erst auftun. Was bedeutet es, neun Monate in der Höhle des mütterlichen Leibes gewesen zu sein? Was habe ich dort gespürt, gefühlt und erlebt? Diese Fragen wurden in weiten Bereichen unserer Kultur bislang kaum zugelassen oder als Kinderfragen abgetan.

Ich glaube sogar, daß die Frage nach dem eigenen Geborensein, der eigenen Geburtlichkeit erst in diesem Jahrhundert dabei ist, wirklich gestellt zu werden. Die Gewährung persönlicher Freiheit im Zusammenhang mit der Aufklärung, politisch der Französischen Revolution, und die Entdeckung der inneren Subjektivität im deutschen Sprachraum mit der Dichtung des »Sturm und Drang« und der Romantik bereiteten den Boden für ein Fragen nach dem eigenen Gewordensein. Ahnungsvoll wird zum Beispiel die Wurzel unseres Seelenlebens im Unbewußten des pränatalen Daseins bei Carl Gustav Carus (1789–1869), dem Mediziner, Künstler und Philosophen, berührt.

Doch erfolgte der wirkliche Durchbruch zu der Frage »Was bedeutet die Geburt für unser Selbstgefühl?« dann erst durch die grundlegenden Bücher der Psychoanalytiker Otto Rank und Gustav Hans Graber, die 1924 erschienen. Beide nahmen an, daß die Geburt *erlebt* wird und diese erste Erfahrung des In-die-Welt-Kommens ein grundlegendes Muster für unser weiteres Erleben bildet. Dieses Hintergrundmuster kann man oft sehr augenfällig in Gefühlen von Patienten entschlüsseln, aber durchaus auch in kulturellen Schöpfungen. Eine Dunkelangst oder eine Raumangst kann beim einzelnen Nachklang eines traumatischen Geburtserlebnisses sein, wie das Bedürfnis von Gruppen, sich in umfriedeten Räumen zur Besinnung zu versammeln, einem Heimweh nach dem Raum primärer Geborgenheit im Uterus entspringen kann. Es verstieß zunächst gegen den Common sense, solche Verknüpfungen herzustellen, und bedurfte des Zusammenwirkens von verschiedenen Forschungsperspektiven, um diese Schlußfolgerungen sicherer und plausibler zu machen. Pränatale (vorgeburtliche) Psychologie ist zum Oberbegriff geworden für die vielfältigen Bemühungen in verschiedenen Bereichen der Wissenschaft um das Verständnis der Erlebensvorgänge in der Lebensfrühzeit.

So vertraut es mittlerweile für uns ist, in unserem Erleben das Fortleben des Kindes, das wir einmal waren, anzuerkennen und zu verstehen, so fremd ist es uns, auch das Fortleben des Babys und des vorgeburtlichen Kindes wahrzunehmen, das wir einmal waren. Es ist eine ähnliche Zumutung wie die Darwins, unsere Herkunft aus dem Tierreich nicht nur äußerlich zu akzeptieren, sondern auch innerlich nachzuvollziehen, wie es die Humanethologie von Konrad Lorenz und seinen Schülern in den vergangenen Dezennien getan hat. Trotzdem ist es für viele noch schwer, sich in das Erleben eines Tieres einzufühlen, von dem wir annehmen müssen, daß es dem unseren viel verwandter ist, als uns vielleicht lieb ist. In gleicher Weise ist es schwierig, sich in das viel »tiernähere« Empfinden des vorgeburtlichen Kindes oder des neugeborenen Babys einzufühlen. Wir müssen dafür ein Stück der Sicherheit des durch unsere Sozialisation erworbenen Ichs aufgeben und werden gleichzeitig mit den elementaren Abhängigkeits- und Ohnmachtserlebnissen und oft verzweifelten Anpassungsbemühungen im Verlauf einer Geburt konfrontiert.

In diesem Sinne will dieses Buch, indem es eine Einführung in unser Wissen von der Psychologie der vorgeburtlichen Lebenszeit und Geburt gibt, den Leser gleichzeitig mit dem Erleben der inneren und äußeren Bedingungen unserer Geburtlichkeit vertraut machen. Die Tatsache, daß es geschrieben werden kann, ist Ausdruck einer veränderten Sicht der Psyche. Es hätte nicht vor fünfzig Jahren geschrieben werden können, und es würde zu diesem Thema in zwanzig Jahren sicher noch ganz andere Horizonte entfalten können. Es beschreibt den Kreis des Wissens, wie er mir aus meinem Berufsleben als Psychotherapeut nach mehrjähriger Beschäftigung mit dem Thema von vorgeburtlicher Lebenszeit und Geburt zugänglich ist. Die Bemühung um diese Fragen erfolgt in den letzten Jahren von vielen Seiten gleichzeitig, wie im einzelnen gezeigt werden soll. Ich werde ausgiebig von Zitaten Gebrauch machen, um die Unmittelbarkeit der neuen Erfahrungen mitzuteilen.

Die Annäherung an unsere Geburtlichkeit und Vorgeburtlichkeit ist durch mehrere existentielle Schwierigkeiten belastet. Zum ersten hat für uns Menschen aus evolutionsbiologischen Gründen, die mit dem aufrechten Gang und der progressiven

Hirnentwicklung zusammenhängen, die Geburt wohl in der Regel einen traumatischen Aspekt, der durch unsere wiederum evolutionsgeschichtlich bedingte Frühgeburtlichkeit verstärkt wird. Darum ist das erste Abenteuer und die erste Leistung des In-die-Welt-Kommens in all seiner Kreativität und in seinem Hochgefühl meistens belastet durch ein Konglomerat von Gefühlen der Verwirrung, der Angst, der Vernichtung und verzweifelter Wut.

So bestehen also neben der Faszination, die vom Thema unserer geburtlichen und frühgeburtlichen Herkunft ausgeht, eine noch stärkere Scheu und ein diffuses Zurückweichen vor den Abgründigkeiten, sich hier emotional mehr einzulassen. Diese Schwierigkeiten werden die Leser dieses Buches auch deshalb spüren, weil sie selbst durch die medizinisch-technischen Bedingungen beim Geburtsverlauf – trotz aller segensreichen Fortschritte in diesem Bereich – zusätzlichen psychischen Traumatisierungen während der Geburt und in der nachgeburtlichen Zeit ausgesetzt waren. Allein schon die Benennung dieser auf einem intellektuellen Niveau durchaus bekannten Umstände kann eine diffuse Gefühlsabwehr auslösen.

Die zweite große Schwierigkeit bei der Annäherung an unsere Geburtlichkeit und Vorgeburtlichkeit besteht darin, daß ein Großteil unserer frühestkindlichen Erfahrung uns nicht bewußt zugänglich ist, sondern in Märchen von jenseitigen Welten, mythischen Bildern und religiösen Vorstellungen eingekleidet ist. In unseren Bildern von Geborgenheit und Aufgehobensein bei einem allgütigen Wesen und in unseren sozialen Utopien eines Himmelreiches auf Erden finden unsere Wünsche nach einer Rückkehr in den vorgeburtlichen Himmel einen beredten Ausdruck, wie andererseits unsere Ängste vor einer Wiederkehr von pränatalen Notzuständen in Höllen- und Strafbildern ausgestaltet sind.

Die beiden genannten Schwierigkeiten bilden den Hintergrund für die dritte Schwierigkeit, die Verleugnung einer kontinuierlichen Lebenslinie der vorgeburtlichen Zeit bis zu unserem

Erwachsenen-Ich. Dies änderte sich, wie erwähnt, am Anfang unseres Jahrhunderts mit der Entdeckung des Fortlebens unserer Kindererfahrung in uns – allerdings unter Ausschluß der pränatalen Zeit und der Phase unmittelbar nach der Geburt. Dokumentierte sich die Fremdheit zur eigenen Kindheit in der inzwischen historisch vergangenen Fremdheit und Distanziertheit des Umgangs mit den eigenen Kindern, die in bürgerlichen Schichten zumeist vom Personal versorgt oder auch weggegeben wurden, so zeigt sich die Fremdheit zum Baby in uns oder zum vorgeburtlichen Kind in der Distanziertheit und der Orientierung an äußerlichen Regelungen und Normen im Umgang mit dem Neugeborenen bzw. Säugling. All dies ist nur möglich, wenn die vorgeburtliche Lebenszeit, die Geburt und die Säuglingszeit in einem selbst als Anfang und tiefster Grund des eigenen Selbst- und Lebensgefühls verleugnet und verdrängt sind.

Wir erleben nun in den letzten beiden Jahrzehnten eine zunehmende Auflockerung dieser Verleugnung, wie sie sich äußerlich in der Bewegung der »sanften Geburt«, der Beachtung der Bedeutung von frühesten Traumen in verschiedenen psychotherapeutischen Schulen (zum Beispiel der Urschrei- oder Primärtherapie), der wachsenden Zahl empirischer Arbeiten zu prä-, peri- und postnatalen* Erlebensvorgängen, Wahrnehmungsmöglichkeiten, Verhaltens- und Reaktionsweisen zeigt. In dieser veränderten Zeitstimmung ist es möglich, das Thema der lebensgeschichtlichen Bedeutung der vorgeburtlichen Existenz und der Geburt unbehinderter zu entwickeln und darzustellen.

Wir stehen alle mehr oder weniger noch im Bann der bisher üblichen Verleugnung eines »Seelenlebens des Ungeborenen«, die sich in einer Fülle von unreflektierten Urteilen, etwa zur Empfindungslosigkeit, Erinnerungsunfähigkeit, Bewußtlosigkeit usw. des vorgeburtlichen Kindes und Babys, wie auch in

---

* *perinatal* = während der Geburt
postnatal = nachgeburtlich

entsprechend distanzierten, unsensiblen Verhaltensweisen ausdrückt. Unser zunehmendes Wissen über das psychische Leben vor der Geburt erlaubt uns einen neuen Blick und ein neues Selbst- und Weltverständnis für unseren eigenen Lebensanfang und den unserer Kinder.

I

»LEBENSBÜNDEL« UND »VERSEHENSTHEORIE«

Zur Vorgeschichte der pränatalen Psychologie

Vorgeburtliche Erlebensvorgänge und ihre lebensgeschichtlichen Fortwirkungen sind in den einzelnen Kulturkreisen unterschiedlich dargestellt und verarbeitet worden. Wie schon angedeutet, finden wir vielfältige Abkömmlinge prä- und perinatalen Erlebens in den Bildern der Mythologie und in den Übergangsriten aufgehoben. Insbesondere in den mythenhaften Erzählungen zur Plazenta als einem Bruder, Hilfsgeist, Kraftquell drückt sich konkrete pränatale Urerfahrung aus.

In der ägyptischen Hochkultur wurden vor mehreren tausend Jahren Elemente der pränatalen Lebenszeit in einer eigentümlich konkreten und gleichzeitig symbolischen Weise in das offizielle Staatszeremoniell einbezogen. Die Plazenta, die den Pharao ernährt hatte, war ein Gegenstand besonderer Bedeutung und Beachtung. Sie wurde in einem Behälter aufbewahrt, und es gab das Staatsamt »Öffner der königlichen Plazenta«. Als Standarte wurde die Plazenta bei Umzügen in symbolischer Form als

Sicherheit vermittelndes Objekt vorangetragen. Des weiteren gab es sogenannte »Lebensbündel«, die die Plazenta enthielten und zeremoniell am Ende der Herrschaft des Königs geöffnet wurden. Diese Zusammenhänge sind für die Herausbildung der menschlichen Religionsvorstellungen bedeutsam, insofern die Hieroglyphe für das »Lebensbündel« sich zum Zeichen für den ägyptischen Begriff der Gottheit entwickelt.

Neben dieser mythenhaft-religiösen und rituellen Wurzel im Urwissen von pränataler Erfahrung bzw. einer Umsetzung dieser Urerfahrung in die kulturellen Gestaltungen gab es auch immer ein mehr oder weniger ausgebildetes Wissen über ein Seelenleben des Ungeborenen. Besonders in Indien gibt es Traditionen zur »Pflege der embryonalen Seele des werdenden Kindes«. Der indische Psychoanalytiker Sudhir Kakar schreibt:

»Mit der Geburt und dem Durchschneiden der Nabelschnur wird die Verbindung ... mit dem universellen Bewußtsein ... unterbrochen. Es entsteht in der Gegend des Nabels eine Lücke ... Die bekannte ›Nabelschau‹ des Ostens ist eben im wörtlichen Sinne Kontemplation dieser Lücke, die ... im hinduistischen Denken ›Maya‹ heißt und die das Bewußtsein des Individuums von seinen universellen Wurzeln trennt.«

Bemerkenswert sind die Offenheit und Unbefangenheit, mit der in der indonesischen Literatur das Geschehen um die Schwangerschaft behandelt und ausphantasiert wird. Die Psychotherapeutin Helga Blazy, eine gute Kennerin des ostasiatischen Denkens, erläutert:

»Die indonesischen Kulturen und damit auch die Literaturen haben den Vorteil vor den westlichen, keine Zäsuren und kein Tabu zu kennen zwischen Zeugung, Schwangerschaft und extrauterinem Leben. Es gibt für sie nicht erst mit der Geburt ein plötzliches Dasein und Leben.«

Auch in China und Japan wird das Kind bereits vor der Geburt ganz anders als bei uns anerkannt – es gilt bei der Geburt bereits als ein Jahr alt. Ein beeindruckendes Beispiel für Offenheit und Bezogenheit im Umgang mit dem werdenden Leben geben die afrikanischen Mbuti, die der Ethnologe Colin Turnbull in bewegender Weise beschrieben hat.

In unserem Kulturkreis war bis ins 18. Jahrhundert hinein die Theorie des »Versehens« die herrschende Form einer praktischen pränatalen Psychologie. Diese Theorie, die auch sehr stark den Volksglauben prägte, besagte, daß starke gefühlsmäßige Erlebnisse, Einbildungen und Beunruhigungen der Mutter Auswirkungen auf das vorgeburtliche Kind haben – einerseits körperlich als Ursache von Muttermalen, andererseits psychisch als Ursprung charakterlicher Eigenheiten. Der Volksglaube sieht die Folgen solcher pränatalen Einflüsse sehr unmittelbar:

»Versieht sich die Schwangere an einem Seiltänzer, so bekommt das Kind schlenkernde Glieder und kann nicht gehen und stehen. Versieht sie sich im Schreck an Maus oder Hund, so bekommt das Kind Mäusehaut oder Hundefüße, an einem Hasen, so bekommt das Kind ein zitterndes Kinn oder eine Hasenscharte. Erschrecken vor Mäusen und Fröschen bringt dem Kind einen diesen Tieren ähnlich gestalteten Auswuchs oder ein Mal ...«

Auch die »Gelüste« der Schwangeren haben Bedeutung. Der Aberglaube rät, »diese Gelüste unbedingt zu erfüllen und der Schwangeren nichts abzuschlagen ... In Schlesien führte man die Schuppenkrankheit auf ein der Schwangeren abgeschlagenes Gelüst nach Fisch zurück.«

Im 18. Jahrhundert entstand dann eine lebhafte Debatte zu diesen Fragen, wobei die Befürworter der »Versehenstheorie« in die Defensive gerieten. Die dominierende rational-messende Einstellung der Naturwissenschaften verdrängte die Fragestellung eines Seelenlebens des Ungeborenen aus der Diskussion. Trotzdem gelangen den Vertretern der Versehenstheorie im Übergang zur Romantik noch einige ahnungsvolle Einsichten. So formuliert der Schweizer Theologe und Schriftsteller Johann Kaspar Lavater (1741–1801):

»Könnte eine Frau ein genaues Verzeichnis führen von den kraftvollen Imaginationsmomenten, die während ihrer Schwangerschaft ihre Seele durchschneiden – sie könnte vielleicht die Hauptepochen von den philosophischen, moralischen, intellektuellen, physiognomischen Schicksalen ihres Kindes im voraus erkennen.«

Sehr konkret sieht der Pädagoge Joachim Heinrich Campe (1746–1818) in den gewöhnlichen Bedingungen der Schwangeren einen »unseligen Unterricht im Leiden« für das vorgeburtliche Kind. Der heute wenig bekannte Romanautor des »Sturm und Drang«, Johann Karl Wezel (1747–1819), schrieb:

»Man hat also angemerkt, daß man so nicht alle, doch die meisten gegenwärtig unerklärbaren Erscheinungen, die sich an vielen Menschen zum Erstaunen der Gelehrten und Ungelehrten zeigen, sehr leicht würde erklären können, wenn jemand eine genaue und umständliche Geschichte ihrer Schicksale im Mutterleibe, von dem ersten Augenblick ihres Daseins bis nach ihrer Geburt bekannt machte.«

Und ganz konkret werden in der Autobiographie von Adam Bernds schon 1738 pränatal-psychologische Zusammenhänge hergestellt, wenn er schreibt:

»... welches alles (ihre Kriegsängste) sie in große Angst gesetzt, so daß es nicht wundert, daß der ein melancholisches Geblüte und ein zusammengepreßtes Herz auf die Welt gebracht, den die Mutter unter einem neun Monate lang zerknirschten und mit Furcht und Angst beklemmten Herz getragen; partus enim sequitor conditionem ventris.«

In der berühmten Novelle von E. T. A. Hoffmann »Das Fräulein von Scuderi« schließlich findet sich ebenfalls eine direkte Verknüpfung vorgeburtlicher Erfahrungen mit dem späteren Leben einer Hauptfigur: Das pränatale Trauma einer Konfrontation mit dem Tod auf seiten der Mutter und ihr Verblendetsein durch Juwelen findet in der unheilvollen Leidenschaft des Helden für Juwelen und in seinen Mord- und Raubaktionen eine schicksalhafte, immer erneute Wiederholung.

Doch abgesehen von den ahnungsvollen Einsichten einzelner in die Wurzeln unseres Seelenlebens, verschwindet dies Wissen um ein pränatales Dasein weitgehend aus dem allgemeinen Bewußtsein. Symptomatisch hierfür ist etwa die apodiktische Feststellung des französischen Psychologen und Pädagogen Jules Gabriel Compayré (1843–1913) in seinem Buch über die »Entwicklung der Kinderseele« von 1900, ein Seelenleben beginne erst nach der Geburt. Er rechnet rigoros mit französischen Autoren wie Nicole Malebranche ab, die im 18. Jahrhundert ein seelisches Leben vor der Geburt angenommen hatten. Malebranche ging dabei von der Idee eines inneren Zusammenhangs des seelischen Erlebens des Kindes und der Mutter aus, während George Cabanis vom Vorhandensein eines Sensoriums vor der Geburt auf ein rudimentäres seelisches Leben schloß.

Auch noch in der Mitte unseres Jahrhunderts ist die Haltung von Medizinern gegenüber einem pränatalen Erleben äußerst zurückhaltend oder ablehnend, so daß noch bis in die jüngste Zeit Operationen an Neugeborenen oft ohne Betäubung durchgeführt wurden, weil psychisches Erleben und Schmerzempfindlichkeit nicht angenommen wurden. Erst der Nachweis von erhöhten Streßhormonspiegeln bei Operationen ohne Narkose führte zu einer Veränderung dieser Praxis.

Setzt diese Strömung in der Organmedizin die Orientierung des 19. Jahrhunderts fort, so hat jedoch mit der Entwicklung der Psychoanalyse und der modernen Kunst eine Gegenbewegung eingesetzt. Indem Freud die Intensität des kindlichen Erlebens und die äußerste psychische Empfindlichkeit des Kindes betonte, kam es zu einer Umkehr der Blickrichtung – die frühe Erfahrung war das eindringliche und prägende, oft sogar an der Grenze zur traumatischen Erregung; die späteren Erfahrungen bauten auf den früheren auf und waren wegen entwickelterer psychischer Möglichkeiten leichter zu verarbeiten. Doch zögerte Freud zunächst, den eigenen Gedanken der Wirksamkeit der früheren Eindrücke zu Ende zu denken. Es war eine Hebamme, die ihn zur Akzeptanz eines Angsterlebens bei der Geburt inspirierte:

»Es wird Sie vielleicht interessieren zu hören, wie man auf

eine solche Idee kommen kann, daß der Geburtsakt die Quelle des Angstaffekts ist. Die Spekulation hat den geringsten Anteil daran. Ich habe vielmehr bei dem naiven Denken des Volkes eine Anleihe gemacht. Als wir vor langen Jahren als junge Spitalärzte um den Mittagstisch im Wirtshause saßen, erzählte ein Assistent der geburtshilflichen Klinik, was für lustige Geschichten sich bei der letzten Hebammenprüfung zugetragen haben. Eine Kandidatin wurde gefragt, was es bedeute, wenn sich bei der Geburt Mekonium (Kindspech, Exkremente) im abgehenden Wasser zeigen, und sie antwortete prompt, daß das Kind Angst habe. Sie wurde ausgelacht und war durchgefallen. Aber ich nahm im stillen ihre Partei und begann zu ahnen, daß das arme Weib aus dem Volke unbeirrten Sinnes einen wichtigen Zusammenhang bloßgelegt hatte.«

Der ungarische Psychoanalytiker Sandor Ferenczi beschrieb dann die vorbildliche Bedeutung guter pränataler Zustände für Gefühle von Allmacht und Glück. Nach seinem Eindruck trauert das Neugeborene seiner vorgeburtlichen Zeit gewissermaßen nach:

»Beobachtet man aber das sonstige Benehmen des Neugeborenen, so bekommt man den Eindruck, daß es von der unsanften Störung der wunschlosen Ruhe, die es im Mutterleibe genoß, durchaus nicht erbaut ist, ja, daß es in diese Situation zurückzugelangen sich sehnt. Die Pflegepersonen erkennen instinktiv diesen Wunsch des Kindes, und sobald es durch Zappeln und Schreien seiner Unlust Ausdruck verleiht, bringen sie es geflissentlich in eine Lage, die der Mutterleibssituation möglichst ähnlich ist. Sie legen es an den warmen Körper der Mutter oder wickeln es in weiche, warme Decken, Pölster ein, offenbar, um ihm die Illusion des Wärmeschutzes durch die Mutter zu verschaffen. Sie schützen sein Auge vor Licht, sein Ohr vor Schallreizen und verschaffen ihm die Möglichkeit, die intrauterine Reizlosigkeit weiter zu genießen; oder sie reproduzieren die leisen und rhythmisch-monotonen Reize, die dem Kinde auch in utero nicht erspart geblieben sind (die Schaukelbewegungen beim Gehen der Mutter, die mütterlichen Herztöne, das dumpfe Geräusch, das von außen doch ins Körperinnere dringt), indem sie das Kind wiegen und ihm monoton-rhythmische Wiegenlieder vorsummen.«

Ferenczi sieht das seelische Erleben des Neugeborenen wesentlich durch den halluzinatorischen Wunsch bestimmt, die Befriedigungssituation der ungestörten Existenz im warmen, ruhigen Mutterleib wiederherzustellen. Die Stärke dieses Wunsches, wie er vor allem in symbolischen Ausformungen bei neurotisch erkrankten Kindern und Erwachsenen festzustellen ist, erklärte dann der Psychoanalytiker Otto Rank aus der Geburt als einer durch die Evolution zwangsläufig bedingten traumatischen Erfahrung. Und dies wiederum bestimmt die Intensität des Wunsches nach einer Rückkehr in den guten Zustand davor, der unendliche symbolische Verkleidungen annehmen kann und ein Grundmotiv im menschlichen Seelenleben darstellt.

Ebenfalls Anfang der zwanziger Jahre erschienen bahnbrechende Arbeiten von Geburtshelfern wie Philip Schwartz, Hans Saenger und anderen zum traumatischen Aspekt der Geburt, die die Schlußfolgerungen von Rank auf der physischen Ebene bestätigten. Die Arbeiten von Rank und Schwartz lösten aber so viele gefühlsmäßige Widerstände und Beunruhigungen aus, daß sich das wissenschaftliche Interesse von diesem Thema zunächst wieder entfernte. Doch sind es dann in den kommenden Jahrzehnten immer wieder beherzte einzelne, die die Erforschung der Kontinuität des Erlebens von der vorgeburtlichen Zeit an vorantreiben. Vor allem in den letzten zwanzig Jahren wurden diese Forschungen beträchtlich intensiviert, so daß vermehrt wissenschaftliche Kongresse abgehalten wurden und Publikationen zu dem Thema erschienen. Dadurch ist ein Fundus von Erkenntnissen entstanden, der eine umfassendere Darstellung ermöglicht. Eine Voraussetzung für die Einschätzung der Besonderheiten der menschlichen Geburt ist eine Orientierung über ihre stammesgeschichtlichen Determinanten. Diese sollen darum zuerst behandelt werden.

II 

STETS EIN TRAUMA?

Die stammesgeschichtliche Entwicklung der Geburt beim Menschen

Bietet das Meer dem heranreifenden Jungtier von Anfang an ein gedeihliches Lebensmilieu, so müssen die Landtiere, um der Gefahr des Austrocknens vorzubeugen, ihre Keimlinge in einem besonderen Milieu schützen. Für die Flugtiere entwickelt sich im Zuge der Evolution die relativ feste Schutzhülle des Eies als ein Aufbewahrungsort für den Embryo, also ein Platz außerhalb des Körpers. Bei den landbewohnenden Säugetieren erwies sich die Entwicklung einer schutzgebenden Körperhülle als ein erfolgreicher Weg. Während eine Vogelmutter durch die ständige Mitnahme ihres Keimlings im Fliegen behindert wäre und deshalb das Ei ablegt, entfällt dieser Gesichtspunkt bei einem Landtier. Die feste Schale des Eies hatte zur Folge, daß Vögel in einem unausgereiften Zustand zur Welt kommen, in dem sie den Lebensbedingungen noch nicht voll gewachsen sind, so daß sie als Nesthocker auf einen sekundären Schutz durch das Nest und das Füttern durch die Eltern angewiesen sind. Auch die Thermoregulation muß während der embryonalen Phase des jungen Vogels noch weitgehend von den Eltern durch das Brüten übernommen werden. Diese Schutzmöglichkeiten sind bei den Säugetieren nicht so begrenzt. Entsprechend den biologischen Entwicklungschancen und -notwendigkeiten der Differenzierung kann die Schwangerschaftsdauer, bis eine Anpassung an das vorgegebene Außenmilieu möglich ist, verlängert werden. Diese umfaßt etwa beim Elefanten über 20 Monate. Säugetiere sind darum meist bei der Geburt so ausgereift, daß sie sich als Nestflüchter sogleich nach der Geburt in ihrer Umwelt zurechtfinden können.

Die Evolution der menschlichen Geburt ist allem Anschein nach durch die Notwendigkeit, ganz verschiedenartige Anforderungen zu integrieren, belastet. Die progressive Hirnentwicklung mit vergrößertem Schädelvolumen würde zum Beispiel eine Vergrößerung des Geburtskanals erfordern. Demgegenüber verlangte die Entwicklung hin zum aufrechten Gang eher einen engen und festen Beckenring und eine Einbuchtung durch die S-förmige Wirbelsäule, die nur in dieser Form den statischen Anforderungen des aufgerichteten Körpers entsprechen konnte. Die »Lösung« der Evolution lag offenbar in einer Verkürzung der Schwangerschaft um die Hälfte, so daß die besondere Hilflosigkeit des Menschen im ersten Lebensjahr eine Folge dieser stammesgeschichtlichen Gegebenheiten ist, weshalb man das erste Lebensjahr auch als »extrauterines Frühjahr« bezeichnet hat.

Die Veränderungen des Beckenrings durch den aufrechten Gang führten zu einem abgeknickten Geburtskanal, der im oberen Durchmesser queroval ist, im unteren längsoval, so daß sich das Kind während des Geburtsvorgangs um 90 Grad drehen muß, wodurch eine Achsenverdrehung des Halses entsteht. Dadurch ergibt sich an dieser Stelle ein *locus minoris resistentia* (Schwachstelle), da die Wirbelsäule bei einer solchen Torsion die Wehen weniger abfangen kann. Zusätzlich wird die Wirbelsäulenarterie abgeknickt und dadurch die Blutzufuhr zum Gehirn behindert. Die Enge des Geburtskanals bedingt weiter, daß der Mensch nicht wie die meisten Artverwandten mit stehender

Fruchtblase, die den Wehendruck abfängt, geboren wird. Statt dessen überträgt sich der volle Wehendruck während der Austreibungsphase auf den kindlichen Kopf, der auf diese Weise Verformungen ausgesetzt ist, was zu sogenannten »Massenverschiebungen des kindlichen Hirns« führt. Im Vergleich zu unseren nächsten Artverwandten, den Affen, ist der Geburtskanal beim Menschen viel enger und gewundener. Zudem vollzieht sich das fötale Wachstum beim Menschen wesentlich rascher, so daß das Neugeborene vergleichsweise größer ist. Dies erschwert die Geburt beim Menschen gegenüber der bei Affen sehr, sie dauert vor allem erheblich länger.

Diese stammesgeschichtlichen Gegebenheiten der menschlichen Geburt machen deutlich, daß diese als evolutionär junge Bildung das Produkt eines komplizierten Kräftespiels biologischer Anforderungen ist. In ihrem Ansatz resultiert die Kalamität der menschlichen Geburt daraus, daß bei den noch eierlegenden Vorfahren des Menschen der Geburtskanal zum Schutze des Eies durch den einzigen stabilen Knochenring des Körpers geleitet wurde. Dieser Weg des Geburtskanals war im Bauplan der Natur so festgelegt, daß er bei der späteren evolutionären Entwicklung beibehalten werden mußte.

Man kann keineswegs behaupten, dies Kräftespiel sei bereits voll durchschaut. Neuere Forschungen haben den Umstand in den Vordergrund gerückt, daß der Zeitpunkt der Geburt wesentlich auch dadurch bestimmt ist, daß wegen der Größe der Frucht die Sauerstoffversorgung durch die Plazenta nicht mehr ausreicht. Möglicherweise bedeutet aber die im Vergleich zu den Affen so forcierte Gewichtszunahme in der fötalen Zeit schon wieder eine Ausgleichstendenz gegen die extreme Empfindlichkeit im Rahmen der Frühgeburtssituation. Wegen seiner Frühgeburtlichkeit ist das menschliche Neugeborene besonders temperaturempfindlich. Deshalb entwickelt sich als Ausgleich und Schutz beim menschlichen Fötus ein Fettgewebe unter der Haut, das bei anderen Primatenarten fehlt und das 16% des Körpergewichtes ausmacht. Dies wiederum belastet die Ressourcen des mütterlichen Stoffwechsels und begrenzt die Zeit der möglichen Schwangerschaftsdauer.

Die Komplexität der stammesgeschichtlich wirksamen Kräfte bei der Gestaltung des menschlichen Lebensanfangs ist auch daran zu erkennen, daß die Frühgeburtlichkeit des Menschen nur im Verein mit einer Umgestaltung des instinktiven Sozialverhaltens, insbesondere der Mutter, aber auch in der Familien- und Gruppenbildung, möglich war. Die Primärgruppe der Eltern muß eine Art soziale Gebärmutter bilden, um es dem Kinde zu ermöglichen, trotz seiner Frühgeburtlichkeit zu überleben. Die Verborgenheit des Fötus in der Körperhöhle des Uterus verstellte den Blick dafür, daß das aus der Befruchtung hervorgegangene Individuum von Anfang an ein eigenes Lebewesen mit enormen Entwicklungspotentialen und Reaktionsmöglichkeiten ist, das auf den verschiedenen Entwicklungsstufen der vorgeburtlichen Zeit in unterschiedlicher Weise sich selbst und seinen Umweltbezug reguliert.

Sinnesempfinden, affektives Erleben und Motorik entwickeln sich vor der Geburt sehr dynamisch, wie wir besonders augenfällig bei den Frühgeburten beobachten können, also bei den Kindern, die vorzeitig den Schutz des Mutterleibs verlassen haben. Da Frühgeburten auf emotionale und körperliche Nähe existentiell angewiesen sind, um sich als Menschen entwickeln zu können, dürfen wir heute ebenfalls mit Sicherheit annehmen, daß das vorgeburtliche Kind in einem innigen, gefühlshaften Bezug zu seiner Mutter steht. Wir können im Ultraschallbild verfolgen, wie der Fötus auf emotionale Annäherung mit einer Folgereaktion oder auf Abstoßung mit einer Abwendung reagiert (s. S. 44 ff.). Diese Beobachtungen werden erwähnt, um eine Vorstellung davon zu vermitteln, was die stammesgeschichtlichen Besonderheiten der menschlichen Geburt psychologisch bedeuten können. Wegen seiner Frühgeburtlichkeit kommt der Mensch nicht nur körperlich, sondern vor allem auch psychisch unfertig zur Welt. Nur die kontinuierliche Beziehung zu einer mütterlichen Person und die Ausbildung eines ausgeprägten

Abhängigkeitsverhältnisses mit den entsprechenden Affekten können diese Unfertigkeit ausgleichen. Wir können heute mit einiger Sicherheit sagen, daß diese elementaren Gefühle sich in den religiösen Bindungen an ein barmherziges, allmächtiges und gütiges Wesen widerspiegeln und uns auf diesem Wege ein anschaulicheres Bild vom Erleben des Säuglings geben. Wie alle anderen körperlichen, sensorischen und psychischen Funktionen müssen wir auch bei diesen Abhängigkeitsgefühlen annehmen, daß sie sich bereits vorgeburtlich entwickelt haben und aktiv sind, da sie sonst nach der Geburt nicht in der erforderlichen Zügigkeit verfügbar wären. All dies ist der Grund für die extreme Störbarkeit des Menschen an seinem Lebensanfang und die geringe Belastbarkeit seines Sicherheitsgefühls. Nur die rasche Reaktion bei Unsicherheit und Unlust durch kräftiges Schreien sichert sein Überleben.

Auch vorgeburtlich reagiert das Kind auf Störungen, welcher Art auch immer, sehr heftig mit Abwehrbewegungen und entsprechenden Affekten, die mimisch erkennbar sind. Auch kann es bereits schreien, wenn zufällig bei einer ärztlichen Untersuchung Luft in den Uterus geraten ist. Diese vorgeburtlichen Schreie des Fötus gehören zu den besonders bewegenden und anrührenden Erfahrungen im Zusammenhang mit der Schwangerschaft. Hier ist der vorgeburtliche Mensch in seinem Existenzanspruch unüberhörbar. Da die Mutter die affektiven Reaktionen und Regungen ihres Kindes aber nur sehr unzureichend mitbekommt, wenn man einmal von heftigen Kindsbewegungen absieht, besteht hier, psychologisch gesehen, ein unzureichender Schutz der fötalen Beziehung. Durch unsere komplexen zivilisatorischen Ansprüche ist die Mutter deshalb immer in Gefahr, sich und ihr vorgeburtliches Kind psychisch und somatisch zu überfordern, einfach weil das Kind vor ihr im Uterus verborgen ist.

In den vergangenen Jahrzehnten haben wir in unserer westlichen Kultur gelernt, für die besondere Störbarkeit und Empfindlichkeit des Säuglings ein tieferes Verständnis zu entwickeln.

Für die vorgeburtliche Lebenszeit steht ein solches Verständnis erst in den Anfängen.

Wer von den stammesgeschichtlichen Gegebenheiten der menschlichen Geburt hört, wird befürchten, daß die menschliche Geburt prinzipiell ein traumatisches Element enthält. Leider haben die Forschungen von einzelnen engagierten Geburtshelfern und -forschern diese Befürchtung bestätigt. Sektionen von Kindern, die bei oder nach der Geburt starben, zeigten eine erschreckend große Zahl von Blutungen und Hirnverletzungen, auch bei äußerlich unauffälligen Kindern. Auch moderne bildgebende Verfahren wie die Computertomographie belegen, daß Verletzungen des kindlichen Gehirns sehr viel häufiger sind als früher angenommen (s. S. 61 f.). Wir müssen leider annehmen, daß die Schlußfolgerung aus diesen somatischen Daten lautet, daß, auch psychologisch gesehen, die Geburt in der Regel einen traumatischen Aspekt hat. Das drückt sich aus in Gefühlen der Angst, der Panik, der Wut, der Verzweiflung und der Scham, bis hin zu totalem Schreck, Vernichtungsgefühlen und Zuständen, als werde man zerrissen.

Diese mehr oder weniger große psychische Erschütterung bei der Geburt kann, wenn sie nicht in einer annehmenden, verstehenden Beziehung und Fürsorge aufgefangen wird, die frühe Mutter-Kind-Beziehung erheblich belasten oder überhaupt ein Zustandekommen einer tragfähigen Beziehung beeinträchtigen oder sogar verhindern. Darum haben alle Bemühungen um eine »sanfte Geburt« eine solch elementare Bedeutung. Auch in der Geburtshilfe haben zivilisatorische und kulturelle Einflüsse, auf die wir von unseren Instinkten her nicht vorbereitet waren, vielfach verhängnisvolle Auswirkungen gehabt. Nur ein vertieftes Wissen um diese Zusammenhänge kann uns dabei helfen, vermeidbare Schäden wirklich zu verhindern.

Im Gegensatz zu all diesen Gefährdungen mag in der Frühgeburtlichkeit des Menschen auch eine besondere Entwicklungschance liegen. Gewissermaßen vorzeitig vollbringt er mit der Geburt die grandiose und begeisternde Leistung eines Existenzwechsels, die ihn möglicherweise dazu befähigt, spätere Konfliktsituationen mit dem gleichen totalen Einsatz zu meistern, das Unmögliche zu wagen. Alle späteren Existenzwechsel, wie der Übergang zum Erwachsenenalter und sogar der Tod, werden, psychologisch gesehen, als neue Geburten gestaltet und bewältigt. Auch mag die extreme Abhängigkeit des Menschen, wie sie für die Pränatal- und Postnatalzeit charakteristisch ist, ein Ursprung für die kulturschaffenden Möglichkeiten menschlicher Aufopferungsfähigkeit und eines totalen Einsatzes für eine Sache sein.

Um diese psychologische Seite der Geburtserfahrung besser beurteilen zu können, müssen wir uns damit auseinandersetzen, daß wir uns mit unserem Ich-Bewußtsein nicht an die Lebensfrühzeit erinnern können, was man als frühkindliche Amnesie bezeichnet hat. Dies Problem soll den Inhalt des nächsten Kapitels bilden.

III

DARAN KANN ICH MICH NICHT ERINNERN …

Das Problem der frühkindlichen Amnesie

Vielen Menschen bereitet es Schwierigkeiten, sich an ihre Kindheit zu erinnern. Für viele wird die Erinnerung schon ab dem zehnten Lebensjahr rückwärts lückenhaft, häufig dann, wenn verwirrende, konflikthafte Familienverhältnisse es nicht zuließen, durch die verschiedenen Kindheitsphasen hindurch ein lebendiges Gefühl für die Kontinuität der eigenen Lebensgeschichte zu entwickeln. Dem mangelnden Einfühlungsvermögen und dem Desinteresse von Erwachsenen im Umgang mit Kindern, dem früher so verbreiteten Schreienlassen von Säuglingen und dem häufigen Prügeln von kleinen Kindern entsprach eine Fremdheit der eigenen Kindheit gegenüber. Bei vielen Lebensbeschreibungen aus vergangenen Zeiten hat man den Eindruck, daß sie ein nur sehr nebelhaftes, idealisiertes und entfremdetes Bild der eigenen Kindheit vermitteln. Hier hat die zunehmende Durchdringung unseres Alltagslebens mit psychologischem Wissen einen tiefgreifenden Wandel bewirkt. Mir scheint es so, daß sich heute sehr viel mehr Menschen um eine realistische Beziehung zu ihrer eigenen Kindheit und zu dem eigenen Kind in sich selbst bemühen. Dazu tragen auch die viel größere Körperfreundlichkeit und geringere soziale Ängstlichkeit bei, wie sie sich seit Beginn unseres Jahrhunderts entwickelt haben. Darum stellt sich die Frage nach der Bedeutung der sogenannten frühkindlichen Amnesie heute anders als früher. Wir sind viel vertrauter damit, daß kindliche Erfahrung sowohl in Erinnerungen wie auch in unseren Gefühlseinstellungen, unseren Hoffnungen, Erwartungen und Überzeugungen, weiterlebt.

Unter Psychologen und Medizinern gibt es unterschiedliche Einschätzungen zu den sogenannten vorsprachlichen Erinnerungen. Hier sind einige klärende Überlegungen nötig. Mit der Sprachbildung vollzieht sich eine Ich-Erweiterung, die Ausgangspunkt für unser reflexives Ich-Gefühl ist. Das vorsprachliche Erleben ist nicht in dem Sinne wie das spätere ich-zentriert, sondern hat mehr ganzheitlichen Charakter. Hierzu ein Beispiel:

»Eine Studentin erlebte in einem Fieberzustand größte Angst, wie sich irgend etwas in großen Kreisen um ihr Gesicht bewegte. Die Kreise wurden immer kleiner und schneller, plötzlich stürzte etwas mit brausendem Geräusch auf sie zu, so daß sie aufschrie. Als die Mutter von diesen Angstvorstellungen hörte, sagte sie: ›Ich habe es dem Vater immer gesagt, er solle das nicht tun.‹ Es stellte sich heraus, daß der Vater bei dem nur wenige Tage alten Kind auf folgende Weise eine Reaktion erzielen wollte: Er stellte sich vor das Bett und machte mit der Hand zuerst große, dann immer schnellere und kleinere Kreise vor ihrem Gesicht, die damit endeten, daß er mit einem zischenden Geräusch das Kind plötzlich unter dem Kinn kitzelte. Die Mutter hatte dabei beobachtet, daß das Kind jedesmal aufschreckte, und machte den Vater darauf aufmerksam.«

Dies ist eine typische Form, in der sich an eine frühe Erfahrung erinnert wird. Sie wird als ganzheitliches Erleben wiederholt, die Vergangenheit wird gegenwärtiges Ereignis, ohne daß sie als Erinnerung reflektiert werden kann. Auch positive, sehr frühe Lebenssituationen können sich aktualisieren, etwa wenn ein bestimmter Duft wieder auftaucht oder die Augenfarbe eines Menschen ein frühes Glücksgefühl wiederbelebt, das sich mit solchen Augen verbunden hat. Von Adalbert Stifter kennen wir die Schilderung einer solchen guten Früherinnerung:

»Weit zurück in dem leeren Nichts ist etwas wie Wonne und Entzücken, das gewaltig fassend, fast vernichtend in mein Wesen drang und dem nichts mehr in meinem künftigen Leben glich. Die Merkmale, die festgehalten wurden, sind: Es war Glanz, es war Gewühl, es war unten. Dies muß sehr früh gewesen sein, denn mir ist, als liege eine hohe, weite Finsternis des Nichts um das Ding herum.

Dann war etwas anderes, das sanft und lindernd durch mein Inneres ging. Das Merkmal ist: Es waren Klänge.

Dann schwamm ich in etwas Fächelndem, ich schwamm hin und wieder, es wurde immer weicher und weicher in mir, dann wurde ich wie trunken, dann war nichts mehr.

Diese drei Inseln liegen wie feen- und sagenhaft in dem Schleiermeere der Vergangenheit, wie Urerinnerungen eines Volkes.

Die folgenden Spitzen werden immer bestimmter, Klingen von Glocken, ein breiter Schein, eine rote Dämmerung.

Ganz klar war etwas, das sich immer wiederholte. Eine Stimme, die zu mir sprach, Augen, die mich anschauten, und Arme, die alles milderten. Ich schrie nach diesen Dingen.

Dann war Jammervolles, Unleidliches, dann Süßes, Stillendes. Ich erinnere mich an Strebungen, die nichts erreichten, und das Aufhören von Entsetzlichem und Zugrunderichtendem. Ich erinnere mich an Glanz und Farben, die in meinen Augen, an Töne, die in meinen Ohren, und an Holdseligkeiten, die in meinem Wesen waren.

Immer mehr fühlte ich die Augen, die mich anschauten, die Stimme, die zu mir sprach, und die Arme, die alles milderten. Ich erinnere mich, daß ich das ›Mam‹ nannte.

Diese Arme fühlte ich mich einmal tragen. Es waren dunkle Flecken in mir. Die Erinnerung sagte mir später, daß es Wälder gewesen sind, die außerhalb mir waren. Dann war eine Empfindung wie die erste meines Lebens, Glanz und Gewühl, dann war nichts mehr.«

Auch in Träumen, kindlichen Spielen, Körpergefühlen und besonderen Erlebnissen sowie Ausnahmezuständen können sich frühe Erinnerungen ausdrücken. Ein Beispiel für eine pränatale Erlebnisaktualisierung in einem hypnagogen (schlafähnlichen) Ausnahmezustand wird von dem amerikanischen Pädagogen Joseph Pearce berichtet:

»... ich sah ein großes, rotes Feld wie aus strahlendem rotem Samt ... Ehrfurcht und Staunen erfüllten mich ... Ich hatte das Gefühl, tief in den Raum eingedrungen zu sein ... Ich wollte immer dortbleiben! ... Wochenlang spürte ich die Wirkung dieses Erlebnisses, ein warmes Gefühl von Einheit und Kraft, gemischt mit einer seltsamen Sehnsucht, einer Art Heimweh.«

Es ist das Verdienst des Wiesbadener Psychotherapeuten Friedrich Kruse, in jahrelanger Arbeit eine Sammlung von solchen Früherinnerungen aus der Zeit der Geburt und davor zusammengetragen zu haben. Hier einige Beispiele daraus:

Eine dreißigjährige Frau, die mit einer schweren Geburt zur Welt gekommen war, berichtete über ein eindringliches Erlebnis in der Badewanne: »Ich bin im warmen Wasser fast erstickt, habe aus Angst meinen Mann gerufen, hatte das Gefühl, jemand erwürgt mich. Zehn Minuten war es ganz furchtbar, dann ist es langsam abgeebbt. Danach war ich einige Tage furchtbar geräusch- und lichtempfindlich.«

Oder der Fall eines achtjährigen, schwachsinnigen Jungen, der offenbar eine Rückkehr in die feuchte Geborgenheit im Mutterleib in folgender Weise inszenierte: »Wenn man morgens in sein Zimmer kam, dann konnte man zunächst überhaupt nichts sehen. Er hatte sich völlig unter der Decke verkrochen. In dieser Höhle lag er nun, völlig von Urin durchtränkt, in sichtlichem Wohlbehagen. Auf die Frage, was er denn da mache, antwortete er: ›Ich mache mir einen Dampf.‹«

Solche Geburtserinnerungen können sich auch in Alltagsängsten verbergen. So hatte ein zehnjähriges Kind, das mit schwerer und langer Geburt zur Welt gekommen war, häufig Erstikkungsängste, wenn es irgendein Kleidungsstück, vor allem enge Pullover, über den Kopf ziehen sollte.

Nicht selten sind perinatale Früherinnerungen in Träumen. Ein dreißigjähriger Mann, von dem eine Nabelschnurumschlingung bekannt war, träumte: »... bin in einen Keller geflüchtet, sämtliche Ausgänge versperrt, dort fanden sie mich, legten mir eine Schlinge um den Hals. Im letzten Moment ... kamen ein paar Leute mir zu Hilfe.«

Und eine fünfundfünfzigjährige Frau berichtete folgenden Traum: »Ich sitze in einer Höhle, die ganz eng mit feuchten Tüchern ausgehängt ist. Wenn ich mich bewege, geben die Tücher nach. Auf einmal kommt ein Erdbeben. Ich werde mit ungeheurer Gewalt zum Ausgang der Höhle, gegen einen engen Felsspalt gedrängt, habe wahnsinnige Angst, da nicht durchzukommen, Erstickungsgefühl. Irgendwie werde ich dann doch durchgequetscht. Raus muß ich durch einen Wasserfall. Es ist grelles Licht, und es ist sehr kalt.«

Solche Träume wie auch die übrigen Früherinnerungen sind durch Elemente aus verschiedenen Schichten des Ich-Erlebens geformt oder umgestaltet. Der Vergleich mit den realen Ereignissen muß im Einzelfall darüber entscheiden, welche Traumelemente auf frühe starke Prägungen zurückgehen können. Besonders überzeugend sind natürlich die Beispiele, wo der Traum oder eine andere Form der Früherinnerung Elemente des damals wirklich Geschehenen enthält, die dem Träumer nicht bekannt waren oder nicht bekannt sein konnten. Dafür gibt es mittlerweile viele Beispiele, von denen einige im nächsten Kapitel zu den Wiederbelebungen von Früherfahrungen im therapeutischen Bereich angeführt werden.

Noch ein letztes Beispiel für einen Geburtstraum eines fünfundvierzigjährigen Patienten:

»›Ich schwimme unter Wasser, es ist dunkel und sehr angenehm. Auf einmal merke ich, daß ich dringend Luft brauche. Ich kann aber nicht auftauchen, irgendein Gegenstand hindert mich daran. Ich versuche es krampfhaft weiter. Mit äußerster Anstrengung komme ich schließlich herauf, wie durch ein enges Loch im Wasser. Ich kriege aber immer noch keine Luft, denn ich hatte irgend etwas über den Kopf gestülpt. Schließlich riß mir das jemand mit Gewalt ab, und ich bekam endlich Luft. Es schien helle Sonne. Beim Aufwachen schnaufte ich, als hätte ich tatsächlich getaucht.‹ Einige Wochen später erfuhr der Patient, daß er eine Sturzgeburt gewesen war und noch in den vollständigen Eihäuten steckte, in der ›Glückshaube‹. Das erste, was die zu spät gekommene Hebamme tat, war, das Neugeborene von dem zu befreien, was ihm über den Kopf gestülpt war, ihm die Eihäute mit Gewalt abzureißen. Dann erst konnte er seinen ersten Atemzug tun.«

Solche Erinnerungsfragmente frühester Erfahrung können aber auch Anschluß finden an das durch Sprache entwickelte Ich und sind dann sprachlich mitteilbar. Dies ist besonders bei sehr kleinen Kindern beobachtet worden. Sie können spontan oder auf Nachfrage Elemente aus der frühen Säuglingszeit und dem Geburtsvorgang berichten. Der Hypnotherapeut David Chamberlain hat solche Beispiele gesammelt. Ihm erzählte ein Vater aus Santiago de Chile folgende Geschichte über seine Tochter:

»Als sie zwei Jahre alt war, fragte ich sie, ob sie sich daran erinnern könne, wie es war, bevor sie geboren wurde. Sie antwortete, ›das war so‹, und nahm genau die Haltung ein, die ihm von einem Röntgenbild im Gedächtnis geblieben war, das unmittelbar vor der Geburt gemacht wurde. Die Röntgenaufnahme, die man wegen eines eigenartigen Wehenverlaufs und des schlechten Zustands des Fötus gemacht hatte, enthüllte eine Steißlage, eine Art Klappmesser-Haltung, bei der das Gesäß des Fötus anstatt des Kopfes im Becken sitzt.«

Die Körpererinnerung hatte also die vorgeburtliche Situation exakt gespeichert, und im Nachspielen war sie dem Kind unmittelbar verfügbar.

Eine Nabelschnurerinnerung scheint sich in folgender Aussage eines kleinen Mädchens zu spiegeln:

»Da war eine Schlange bei mir drin ... Sie versuchte mich zu fressen, aber sie war keine giftige Schlange.« Sie erzählte auch von einem Hund, der in ihr gewesen wäre, und berichtete: »... es habe so mit dem Kind gespielt (dabei ruderte es mit den Armen) und ihn bellen gehört. Der unwahrscheinlich klingende Hund, auf den sie sich bezog, war das Hündchen, das sich die Familie etwa fünf Monate vor Geburt des Babys als Haustier angeschafft hatte. Die Mutter sagte, der Hund hätte in der späten Schwangerschaft sehr oft lange auf ihrem Bauch gelegen.«

Von einem anderen, zweieinhalbjährigen Mädchen, das bei der Geburt von der Zange gequetscht worden war, berichtet Chamberlain: »Es wurde von seiner Mutter gefragt, ob es weh tue, geboren zu werden. Es antwortete: ›Ja ... wie Kopfschmerzen.‹«

Die Beispiele machen deutlich, daß das Phänomen der frühkindlichen Amnesie, also des Gedächtnisausfalls, differenzierter zu sehen ist und sich relativiert, wenn man die verschiedenen Ebenen und Formen, in denen sich Früherinnerungen ausdrükken, berücksichtigt. Wenig erschlossen ist auch bisher die Wiederkehr pränataler Empfindungen in der Malerei von Kindern. So vermutet der Malpädagoge Wolfgang Grözinger, daß sich in den Kritzeleien des Kleinkindes manches aus der pränatalen Erfahrung des Kindes, dem rotierenden, schwebenden Raumgefühl, zum Beispiel im Rhythmus von Zickzacklinien oder Reihenbildungen erkennen läßt. Manche Kinderzeichnungen scheinen uterines Raumgefühl in höhlenartigen Kreisen und Nabelschnur- und Plazentaempfindungen in anderen Bildelementen wiederzugeben. Ausführlicher hat dies der Mainzer Pränatalpsychologe Terence Dowling am Beispiel der von Michaela Strauss gesammelten Kinderbilder erläutert.

Zudem gibt es heute eine rasch wachsende Zahl von Menschen, die durch verschiedene Selbsterfahrungsmethoden, über die später zu berichten ist, Zugang zu Erlebnisdimensionen der eigenen Säuglingszeit und der Perinatalzeit gefunden haben. So beginnen in jüngster Zeit viele auch den Säugling und den Fötus und Neugeborenen in sich zu entdecken, vergleichbar denen, die in der ersten Hälfte unseres Jahrhunderts das Kind in sich wiederfanden.

Wenn von Früherinnerung die Rede ist, taucht sofort die Frage auf, ob solche Erinnerungen nicht bloße Projektionen von Erwachsenen sind, die sich die Zeit vor, während oder unmittelbar nach ihrer Geburt so *vorstellen*, wie sie sie als wirklich erlebt wiedergeben. Diese Frage ist in jedem Einzelfall neu zu stellen und zu klären. Die Einschätzung, wie »real« Früherfahrungen sind, hängt aber wesentlich von dem Wissen und der Vorstellung von den psychologischen Möglichkeiten des Neugeborenen und des Fötus ab. Diesen sei darum das nächste Kapitel gewidmet, in dem ich mit den Fähigkeiten des Neugeborenen beginne, da diese verständlicherweise genauer bekannt sind.

IV 

WAS DER FÖTUS UND DER SÄUGLING EMPFINDEN

Empirische Untersuchungen zur Entwicklungspsychologie der frühesten Kindheit

Jedes Lächeln hat Bedeutung

Nachdem der Säugling lange Zeit durch die Lebensfremdheit vieler Wissenschaftler in der naturwissenschaftlichen Sicht auf ein primitives Reflexwesen reduziert worden war, bahnt sich hier in den letzten Jahren ein Wandel an. Es wird in der Säuglingsforschung vieles wiederentdeckt, was einfühlsamen Eltern von jeher vertraut war. So stellen nun Wissenschaftler mit Erstaunen fest, daß der Säugling ein aktiver kleiner Mensch ist, mit Empfindungen und Gefühlen, der intensiv Beziehung zu seiner Umwelt aufnimmt und diese nachhaltig beeinflußt. Überrascht beobachtet man, daß das Kind Gegenständen und Personen mit den Augen folgt, deutliche Vorlieben bei der Wahrnehmung zeigt, Gestalten erkennen kann und Vertrautes vorzieht. Große Verwunderung löste es zum Beispiel anfangs aus, als man nicht übersehen konnte, daß schon der Säugling den Erwachsenen mimisch nachahmen kann. Auch das Gehör erwies sich als voll entwickelt. Der Säugling folgt vertrauten Stimmen und kann komplexe akustische Eindrücke unterscheiden.

Die Erfahrung von Eltern, daß Kinder durch Ansprechen in tiefer Weise bewegt werden, wird durch filmisch belegte Forschungen objektiviert, die zeigen, daß der Säugling dem Rhythmus und der Melodie der Stimme folgt, gewissermaßen mit der Stimme der Mutter mitschwingt und auf sie mit einer Art Tanz antwortet. Dies ist auch schon vorgeburtlich wahrzunehmen. Auch die übrigen Sinne wie zum Beispiel der Geschmack, der Berührungs- und der Gleichgewichtssinn sind bei der Geburt, wie zahlreiche Arbeiten immer wieder belegt haben, in komplexer Weise ausgebildet. Seltsamerweise hat erst die Objektivierung durch Filmaufnahmen und Fotoserien die Wissenschaftler den intensiven Beziehungsstrom, der zwischen Mutter und Kind hin- und herfließt, wirklich bemerken lassen. Daß dieser starken Aktivität, Wahrnehmungsfähigkeit und Dichte der Interaktion ein Erleben entspricht, wird darum heute auch von niemandem mehr ernsthaft bestritten, selbst wenn häufig immer noch einschränkende Anmerkungen und abwertende Qualifikationen wie »primitiv«, »rudimentär« und »reflexhaft« zu beobachten sind. Insgesamt ist jedoch ein Umdenken im Gange, das zu weiteren, immer differenzierteren Forschungen anregt. Allgemein gilt, daß die psychologischen Fähigkeiten des Säuglings als zunehmend höher eingeschätzt werden, je besser und einfallsreicher die Methodik der Forscher wird.

Psychologen haben sich immer komplexere Konditionierungsversuche ausgedacht. Hierzu ein Beispiel, über das David Chamberlain berichtet hat:

»Die Forscher gingen davon aus, daß Babys in der Regel ihren Kopf auf diejenige Seite drehen, auf der sie an der Wange berührt werden. Normalerweise tun sie das in etwa 30 % der Fälle.

Hatten sie nach dem Drehen des Kopfes Zugang zu einer süßen Flüssigkeit, stieg die Zahl auf 83 %. Nachdem diese Voraussetzung einmal geschaffen war, brachte man den Babys bei, den Kopf beim Klang einer Glocke nach links und beim Geräusch eines Summers nach rechts zu drehen, um an die Zuckerlösung heranzukommen. Die Babys kamen rasch auf den süßen Geschmack des Erfolges. Dann wurden die Signale vertauscht, die Belohnung für die Kopfdrehung in die entgegengesetzte Richtung gegeben. Babys, die ›Glocke – links‹ und ›Summer – rechts‹ gelernt hatten, mußten das jetzt vergessen und ›Glocke – rechts‹ und ›Summer – links‹ lernen, um sich die Belohnung zu verschaffen. Das Verhalten stellte sich allmählich um und führte wieder zu einem verläßlichen Erfolg. Neugeborene haben all das in 30 Minuten bewältigt.«

Deutlich zeigten diese Experimente aber auch, daß Babys mit belasteter Geburt langsamer lernen. Weiterhin ließ sich in verschiedenen Studien nachweisen, wie wichtig der emotionale Kontakt nach der Geburt ist. Allein die Dauer der emotionalen Verbindung nach der Geburt beeinflußte die Dichte und Intensität der Mutter-Kind-Beziehung noch viele Monate später. Babys, die bei ihrer Mutter bleiben konnten, lächelten mehr und weinten weniger als solche, die nach der Geburt getrennt worden waren. Kinder, die häufiger auf dem Arm getragen wurden, hatten eine höhere Gewichtszunahme und ein schnelleres Wachstum vorzuweisen.

Die Intensität von allerersten Lernvorgängen wird besonders durch solche Studien beleuchtet, die demonstrieren, wie ausgeprägt vorgeburtliche Eindrücke behalten werden. Eine Versuchsanordnung sah dabei so aus, daß die Neugeborenen mittels der Saugintensität an ihrem Schnuller verschiedene Stimmen, die sie über einen Lautsprecher hörten, einstellen konnten; dabei gaben sie der mütterlichen Stimme und ihrem Herzschlag den Vorzug vor der Stimme des Vaters.

Wie wichtig es ist, dem Neugeborenen und seinen vielen Fähigkeiten durch einen einfühlsamen Umgang sofort nach der

Geburt gerecht zu werden, zeigt sich auch daran, daß vielerorts, wo man sich um eine »sanfte Landung« des Neugeborenen bemüht, der bei dem früheren ruppigen und distanzierten Umgang mit dem Baby übliche und angeblich »physiologisch bedingte Gewichtsverlust« nicht mehr auftritt. Besonders gilt das für frühgeborene und untergewichtige Babys, bei denen die Krankenschwester Ruth Rice nachweisen konnte, daß diese durch Streicheln, Massieren und Körperkontakt den Entwicklungs- und Wachstumsrückstand sehr viel rascher aufholen konnten.

Bezeichnend für die Einschätzung von Wissenschaftlern scheint mir die Tatsache, daß nach älteren Lehrbüchern ein wirkliches Lächeln angeblich erst am Ende des ersten Lebensjahres zu beobachten sei. Diese Angaben waren dann stets rückläufig, und jetzt ist ein »soziales Lächeln« offenbar bereits mit sechs Wochen anerkannt. Man kann Chamberlain nur zustimmen, wenn er meint, es sei längst überfällig, daß wir »jedes Babylächeln als bedeutungsvoll« akzeptieren. Da auch Frühgeborene ein Lächeln zeigen, sind wir berechtigt anzunehmen, daß auch der Fötus lächelt. Wie sensibel Babys auf die Mimik und die emotionale Bindung reagieren, zeigte ein Experiment, in dem die Mütter im Kontakt zu ihren Kindern absichtlich versuchten, deprimiert auszusehen, was dazu führte, daß die Babys binnen kurzem zu schreien begannen, wegschauten und noch Tage später Mißtrauen gegen ihre Mutter zeigten.

Beziehungsnahme im Mutterleib

Noch vor einigen Jahren war das vorgeburtliche Kind »nur« fühlbar und in seinen Bewegungen beziehungshaft zu *spüren*. Inzwischen wurde es durch die modernen technischen Hilfsmittel der intrauterinen Fotografie und des Ultraschalls auch sichtbar. Das erste Foto vom ankommenden Kind ist neuerdings das Ultraschallfoto. Das brachte eine neue Dimension in die Beziehung zu dem Kind vor der Geburt, eine neue Unmittelbarkeit und ein größeres Wirklichkeitsgefühl, vergleichbar den objektivierenden Filmaufnahmen der Mutter-Kind-Beziehung aus der Säuglingszeit. Für uns als Erwachsene scheint sich mit der Sichtbarkeit ein intensiveres Wirklichkeitsgefühl zu verbinden. Darum will ich nun einige Verhaltensbeschreibungen von Föten in ihrer uterinen Welt wiedergeben, wie sie uns die Psychoanalytikerin Alexandra Piontelli aus ihren Längsschnittbeobachtungen der fötalen Entwicklung mittels Ultraschall gegeben hat:

»Während der Ultraschalluntersuchung schien Julia extrem ruhig zu sein, aber nicht unbeweglich. Die meiste Zeit trieb sie im Rhythmus des mütterlichen Atems im Fruchtwasser, als ob sie dadurch gewiegt würde. Mehrere Male wurde beobachtet, wie sie sich rhythmisch bewegte, offenbar um einzuschlafen. Meist hielt sie die Arme an ihrer Seite, aber sie hatte sie auch zwischen ihren Beinen, oder sie führte die Hände zusammen und bewegte dabei ihre Finger mit großer Geschicklichkeit. Aber das auffälligste waren die ständigen Bewegungen ihrer Zunge. Julia schien ständig damit beschäftigt zu sein, mit ihrer Zunge zu spielen, indem sie sie zwischen den Lippen herausstreckte und wieder zurückzog. Bei den letzten Beobachtungen wurde gesehen, wie sie leidenschaftlich an der Plazenta leckte ... Einmal leckte sie auch an der Nabelschnur. Während ich Julia beobachtete, gab sie mir den Eindruck, eine ruhige Natur zu sein, mit ihrer intrauterinen Welt ›im Einklang‹.«

So verhielt sich der kleine Hans im Mutterleib:

»Er bewegte sich kaum und lag zusammengekrümmt in einer Ecke des Uterus und bedeckte seine Augen und sein Gesicht mit den Händen und Armen. Es sah fast aus, als ob er auch die Beine so hielte, daß sie das Gesicht schützten. Seine Unbeweglichkeit vermittelte nicht den Eindruck von Ruhe, wie das Treibenlassen bei Julia. Es schien aus einer Spannung zu kommen, wenn schon nicht von Panik, so jedoch auch nicht aus einer Ruhe heraus: Mit den Armen am Kopf, die Augen und Gesicht bedeckten, sah er wie eine Figur des Malers Munch aus ... Sogar der enge Raum des Mutterleibes schien für ihn zu groß zu sein. Es war fast unmöglich, sein Gesicht zu sehen ... Oft wurde die Nabelschnur zwischen seinen Armen und Beinen beobachtet, aber es war unmöglich zu sagen, ob er mit ihr etwas machte oder ob er sie hielt ... das einzig klar zu Beobachtende waren gelegentliche Erektionen.«

Und nun eine Passage aus der Beobachtung eines Zwillingspaares:

»Das Mädchen schien lebhafter als der Junge, obwohl es kleiner war. Sie bewegte häufig ihre Hände, ihre Arme, ihren Kopf und ihre Füße. Sie rieb ihre Füße, gähnte, beugte ihre Beine, streckte ihren Kopf, streckte ihre Beine, faltete ihre Hände, nahm ihre Finger in den Mund usw. ... Sie scheint lebhaft und interessiert zu sein, verschiedene Bewegungen, Positionen und Empfindungen auszuprobieren. Sie sieht wie jemand aus, der interessiert an seiner Umgebung und an seinem Leben ist ... Ihr Bruder machte, obwohl er sich auch häufiger bewegte, einen völlig anderen Eindruck. Er wirkte ruhelos, als ob er ständig auf der Suche nach einem vollständigen Frieden sei ... Wie ein Geburtshelfer bemerkte, benutzte er die Plazenta wie ein Kissen ... Ich habe den Eindruck, daß ihn jeder Reiz stört ... Auf jeden Impuls von seiner Schwester antwortete er mit Abkehrung und vergrub sogar sein Gesicht noch tiefer in eine entfernte Ecke seiner Plazenta. Und wenn sie in ihren Versuchen nicht abließ, Kontakt herzustellen, indem sie ihn mit ziemlich vorsichtigen Bewegungen ihrer Füße und Hände berührte, reagierte er, indem er sie heftig zurückstieß, worauf sie sofort reagierte, als ob sie durch seine Kraft erschreckt sei.«

Für die Wissenschaftlerin war die Kontinuität zwischen pränatalem und postnatalem Verhalten besonders auffällig. Die Verhaltensweisen der Kinder im und dann außerhalb des Mutterleibs waren fast identisch, bis in die Kleinkindheit hinein. Verbindungen zum Verhalten der Mutter ließen sich nur unsicher herstellen. Am ehesten noch im Fall des kleinen Hans, der so ängstlich in der Ecke des Uterus saß – dessen Mutter war von tiefen Ängsten bestimmt. Bemerkenswert waren die überraschenden Unterschiede in den Bedingungen, in denen sich Zwillinge in ihrem jeweiligen Uterusbereich eingerichtet hatten. Eindeutig geht aus den Beobachtungen von Piontelli hervor, daß grundlegende Eigenheiten und Ausrichtungen im persönlichen Verhalten sich schon in der geschwisterlichen Beziehung in der intrauterinen Lebenswelt entwickeln.

Es scheint mir für eine angemessene Erfassung der vorgeburtlichen Lebenswelt wichtig zu sein, immer auch das vorgeburtliche Kind als *erlebend* und *empfindend* gegenwärtig zu halten, auch wenn wir es vor allem in seinem äußeren Verhalten beobachten können. Bei psychotischen Patienten ist dieses fötale Erleben oft recht unverstellt zu sehen. Darum sei hier im Anschluß an die erwähnten Zwillingsbeobachtungen der Bericht des Schweizer Psychoanalytikers und Psychiaters Gaetano Benedetti über eine psychotische Patientin angeführt, bei der sich später herausstellte, daß sie mit einem Zwillingsgeschwister geboren war, das aber schon lange abgestorben war, mumifiziert, »fetus papyraceus«, wie die Gynäkologen das nennen. Man konnte annehmen, daß der Fötus in der Mitte der Schwangerschaft als Folge eines schweren allergischen Schocks der Mutter gestorben war. Dies war aber zum Zeitpunkt der Erkrankung der Patientin noch nicht bekannt:

»Als pubertierendes Mädchen entwickelte die Patientin mehrmals folgende Phantasie: Wenn sie einen Zwillingsbruder gehabt hätte, wäre sie glücklicher gewesen. Sie hätte ihn fast als Teil ihrer eigenen Person erlebt, statt in einer Konkurrenz zum Bruder zu stehen. Während dieser Zeit hatte die Patientin einen Traum, der sich mehrmals wiederholte. Sie sah einen Papagei, der in einem Käfig gefangen war und durch das Gitter Geschlechtsverkehr mit einem toten Vogel hatte, der draußen an den Stäben des Käfigs befestigt war. Beide Vögel schienen auch in einem bestimmten Raum zu schweben. In einem anderen Traum war dann die Rede von einer unverheirateten Frau, die sich von ihrem Freund getrennt hatte. Eine zweite, mit der ersten symbiotisch verbundene Frau trug im Traum ›die körperlichen Reste‹ des verschwundenen männlichen Wesens in einem Plastiksack. Sie sprach oft mit dem dort enthaltenen, zerfallenen männlichen Körper. Eine merkwürdige symbiotische Vorstellung.«

Zur Orientierung folgen nun einige wichtige Daten über die vorgeburtliche Entwicklung. Zur Motorik: 7. Woche: generalisierte Bewegungen bei Vermeidungs- und Zuwendungsbewegungen; 16. Woche: mimische Bewegungen; 17. Woche: regelmäßige Atembewegungen; 24. Woche: Möglichkeit zu schreien, insgesamt komplexe Bewegungsmuster in der Schwangerschaftsmitte. Sensorisch sind zuerst die Hautsinne ausgereift, etwa ab der 7. Woche; bis zur 16. Woche ist der Gleichgewichtsapparat voll entwickelt; bis zur 25. Woche das Gehör. Etwa zur selben Zeit Geschmack, Sehen, Druck-, Schmerz- und Kälteempfindungen. Das vorgeburtliche Kind reagiert intensiv auf Musik, zeigt eine Vorliebe für Mozart und Vivaldi und kann sich gegen dröhnende Rockmusik sehr heftig wehren. Auf zu laute Geräusche reagiert es mit einer Pulsfrequenzerhöhung. Gleiches läßt sich bei starken Gefühlsregungen der Mutter beobachten. Insbesondere die Streßhormone der Mutter werden über die Plazenta an den Fötus weitergegeben.

Wie das Neugeborene sich beständig lernend mit neuen Umweltreizen vertraut macht, so offenbar auch das vorgeburtliche Kind. Die Lernvorgänge scheinen besonders intensiv zu sein, subtilste Unterschiede werden wahrgenommen. Nicht nur, daß die Kinder nachgeburtlich sofort die Stimmen von Mutter und Vater unterscheiden können und vor der Geburt gehörte Lieder wiedererkennen, sondern sie unterscheiden sogar zwischen bekannten, vor der Geburt vorgelesenen Geschichten und unbekannten. Ich erinnere mich an eine Bekannte, die während der Schwangerschaft Flöte spielen gelernt hatte und nach der Geburt die Beobachtung machte, daß das Flötespielen das Kind beruhigte. Aber diese Wirkung ging nur vom Spiel der Mutter aus, das das Kind vor der Geburt gehört hatte, und nicht vom viel wohlklingenderen des Flötenvirtuosen Frans Brüggen.

Daß sich das Erlernte so außerordentlich deutlich einprägt, erklärt vielleicht die enorme beruhigende Wirkung, die nachgeburtlich vom vertrauten Herzschlag der Mutter ausgeht. Säuglinge, die von ihren Müttern isoliert wurden, aber eine begrenzte Zeit deren Herzschlag per Tonband vorgespielt bekamen, nahmen deutlich mehr an Gewicht zu als eine Kontrollgruppe. Die beruhigende Wirkung des mütterlichen Herzschlags veranlaßt die Mütter dazu, die Kinder unbewußt fast immer links auf den Arm zu nehmen, wie auch die Muttergottes den Jesusknaben in 80 % der bildnerischen Darstellungen links hält.

Wie tiefgreifend die Lernvorgänge sind, ist auch daran ablesbar, daß die Wiedererkennungsfähigkeit von Stimmen sogar schon bei fünf Monate alten Frühgeborenen geprägt war von Merkmalen der mütterlichen Stimmfrequenz und daß das vorgeburtliche Hören von und das Vertrautwerden mit Musik sich später meßbar positiv auf die Musikalität und das sprachliche Auffassungsvermögen auswirken. In die gleiche Richtung weisen auch die Erfahrungen mit pränatalen Lernprogrammen.

Die Gefühle des Babys bei der Geburt

Vor dem Hintergrund unseres Wissens über die Verhaltensaktivität, Empfindungs- und Lernfähigkeit des Fötus können wir unseren spontanen Eindrücken stärker als früher vertrauen und uns von der Idee verabschieden, das Kind bekomme von der Geburt ja Gott sei Dank nichts mit. Nur zu oft bietet das Neugeborene ein Bild des Jammers, wie es Erasmus Darwin (1731–1802), der Großvater von Charles Darwin, bereits im 18. Jahrhundert einfühlsam und seiner Zeit weit vorauseilend beschrieben hat:

»Die ersten starken Empfindungen, die nach der Geburt auf das Junge eindringen, entstehen durch die Atemnot mit Beklemmung der Brust und durch den plötzlichen Übergang aus einer Temperatur von über 37 Grad in unser kaltes Klima. Das Junge zittert, das heißt, es setzt nacheinander alle Muskeln in Bewegung, um sich von dem Druck auf seiner Brust zu befreien, und es beginnt, mit kurzen, schnellen Atemzügen Luft zu schöpfen. Gleichzeitig zieht die Kälte seine gerötete Haut zusammen, so daß sie langsam erblaßt. Der Blasen- und Darminhalt wird entleert, und aus dem Erleben dieser ersten unlustvollen Sensationen entsteht der Angstaffekt, der nichts anderes ist als die Erwartung unlustvoller Sensationen. Diese frühzeitige Kombination von Bewegungen und Empfindungen erhält sich durch das ganze spätere Leben. Durch den Angstaffekt wird Kälte und Blässe der Haut, Zittern, Beschleunigung der Atemtätigkeit und Entleerung von Blase und Darm bewirkt. Und diese Erscheinungen werden so zum natürlichen, universellen Ausdrucksmittel für diesen Affekt.«

In gleicher Weise hatte Freud über hundert Jahre später die Prägung unseres Angstgefühls durch die Geburt beschrieben. Und die Hebamme Dorothy Garley verfaßte 1924 eine Arbeit über den »Schock des Geborenwerdens«, in der sie ihre Beobachtungen mitteilte:

»In solchen Fällen (bei engem Becken) treten als Folge der durch die sehr behinderte Zirkulation hervorgerufenen Erstikkungsanfälle sicher starke Angstgefühle auf. Unter solchen Umständen geborene Kinder kommen tot zur Welt oder sind nur mit Mühe wiederzubeleben. Daß die Kinder die Erstickungsgefahr fühlen, zeigt sich daran, daß sie im Uterus während des Aussetzens der Kontraktionen oft sehr heftige Bewegungen vollführen. Die gleichen, wie jedes Geschöpf sie macht, das sich in Gefahr des Ertrinkens befindet. Beobachtet man bei einer Geburt diese krampfhaften Bewegungen des Kindes, so ist die Aussicht auf eine Lebendgeburt sehr gering. Hat der Organismus des Kindes aber erfolgreichen Widerstand geleistet, so machen sich doch noch Nachwirkungen der Angst und Erstickungsgefühle bemerkbar.«

Lebendig schildert sie die Verunsicherungen, mit denen das Kind nach der Geburt fertig werden muß:

»Das Kind muß sich an das Gefühl der Unsicherheit gewöhnen, das durch das Fehlen der bis dahin immer gegenwärtigen, immer fühlbaren, schützenden Uteruswände hervorgerufen wird. Wenn das Kind jetzt um sich stößt, berührt es nichts, das Bein fährt frei in den leeren Raum. Das Gefühl der Sicherheit wird von einem Gefühl unsicherer Isoliertheit abgelöst. Das Kind muß sich daran gewöhnen, von Händen berührt, statt wie bisher nur gewiegt zu werden.«

Auch wagt Dorothy Garley bereits damals, die traumatischen Aspekte bei erschwerter Geburt zu benennen:

»Wenn nun jede Kontraktion durch den entstehenden Druck der Mutter so starke Schmerzen verursacht, warum sollte das Kind nicht ebensolche empfinden? Diese Schmerzen wären dann der erste Gefühlseindruck, den das Kind empfängt, und deshalb von um so stärkerer Wirkung, weil der Kontrast zu dem bisher genossenen Wohlbehagen so überaus groß ist ... Nachdem normalerweise ein gewisses Mißverhältnis zwischen Kopfgröße und Beckenausgang besteht, finden immer Drücken, Pressen und Formen des Kopfes statt, bis dieser dem Beckenausgang angepaßt ist und durchtreten kann. Jede der Kontraktionen, die in Zwischenräumen von 3 bis 5 Minuten, manchmal öfter auftreten, hilft etwas dazu, aber viele und starke Kontraktionen, oft durch Tage und Nächte anhaltend, sind notwendig, wenn das Becken verengt und der Kopf sehr groß ist. Selbst wenn der Kopf diese Etappe überwunden, den Scheidenkanal erreicht hat und durchzutreten beginnt, muß der Durchlaß von dem herabkommenden Kopf noch gewaltsam ausgedehnt werden. Dabei wird der Kopf manchmal so schmal gedrückt und das innen befindliche Gehirn so zusammengepreßt, daß die Knochen sich zusammenschieben, die Zwischenräume verschwinden, einer sich über den anderen legt, das Hinterhauptbein unter den Scheitelbeinen ganz verschwindet und die Mitte der Stirne als scharfe Kante hervortritt. Dieses Überlagern der Knochen verschwindet längstens 48 Stunden nach der Geburt wieder, aber der Kopf behält für das ganze Leben eine an diese gewaltsame Verschiebung erinnernde

Form. Ist es nun begründet anzunehmen, daß solcher Druck schmerzlos vor sich gehen oder ohne tief nachwirkenden Eindruck auf das Seelenleben des Neugeborenen bleiben kann ...? Es würde aller durch das Leben gewonnenen Erfahrung widersprechen, wenn solche Erlebnisse ohne Nachwirkung blieben.«

Sehr anschaulich und psychologisch einfühlsam schildert die erfahrene Hebamme die drei Phasen der Geburt – die Eröffnungs-, die Austreibungs- und die Durchtrittsphase:

»Im ersten Stadium wird der Kopf des Kindes zwischen zwei Ringen eingepreßt. Der eine ist der Muskelhals des Uterus, der sich allmählich so erweitert, daß jede Stelle des Kopfes irgendeinmal einem Druck ausgesetzt ist. Der andere, der harte, knöcherne Ring des Beckenausganges, in dem der räumliche Umfang des Druckes auch allmählich mit dem Formen des Kopfes fortschreitet ... Sein ganzer Körper wird durch die Muskelwände zu einer Masse zusammengepreßt und diese dann als Rammbock verwendet, um den Kopf niederzuzwingen und durch den Knochenring zu stoßen. Dies alles oft durch viele Stunden!

Die Natur hat in interessanter Weise für Ausdehnungsmöglichkeiten des mütterlichen Knochenringes dadurch gesorgt, daß ein in der Mitte befindlicher Knorpel es gestattet, den Ring zu dehnen. Aber es braucht einen sehr starken Kraftaufwand, um das auch nur in geringem Maße zu erreichen ... Bei sehr schweren Zangengeburten wird der Kopf unvermeidlicherweise so sehr gequetscht, daß an den Wangen und um die Ohren tiefe Druckstellen entstehen ... Man darf nicht vergessen, daß bei einer Zangengeburt der Arzt oft mit ganzer Kraft am Kopf des Kindes zieht. Wenn dieses Kind dann von einem menschlichen Wesen berührt wird, verbindet es mit dieser Berührung die Vorstellung von einem erhöhten Schmerz, es beginnt zu schreien. ... In gewissem Maße mag das eben Angeführte eine Erklärung dafür sein, warum manche Kinder von Beginn an vor der menschlichen Berührung zurückschrecken oder wenigstens lange Angst davor behalten.

Das zweite Stadium des Geburtsaktes beginnt, wenn der Kopf

nach genügendem Formen und Pressen die Schwierigkeit, durch den Beckenring zu kommen, überwunden hat und gezwungen wird, in den Scheidenkanal einzutreten. Hier stößt er auf neue Unannehmlichkeiten, da der Hauptdruck sich jetzt auf ein anderes Gefühlszentrum erstreckt: auf das Gesicht, die Augen, Augenhöhlen und die Nase ... Kann man wirklich annehmen, daß starker Druck auf eine so große Nervenfläche keinen Schmerz verursacht noch den Eindruck einer schmerzlichen Erfahrung im Seelenleben hinterläßt? Es ist möglich, daß dieser weitere Druck eine ernste Verschärfung der Schmerzen aus dem ersten Stadium mit sich bringt, weil dort der Fötus bei den Kontraktionen zu einer festen Masse zusammengepreßt wird und so die Frage entsteht, was mit den Händen und Knien geschieht. Das Gesicht ist zur Brust hinabgebeugt, der stärkste, von der Spitze des Uterus ausgehende Druck wird auf die Hinterteile ausgeübt und die Knie dadurch zum Gesicht hinaufgezwungen. Aus dieser Lage kann man mit größter Wahrscheinlichkeit darauf schließen, daß die Augäpfel durch Hände oder Knie starkem Druck ausgesetzt sind.

Nachdem das Kind unmittelbar nach der Geburt bei Druck auf die Augäpfel Schmerz empfindet – es schreit nämlich sofort, wenn man dieselben berührt –, muß man annehmen, daß es vor der Geburt der gleichen Empfindung fähig ist ... Die Nase wird an dem Steißbein der Mutter flachgedrückt und dadurch manchmal verletzt. Die Augenhöhlen werden gegen die starken Muskelwände der Scheide gepreßt, wenn diese genötigt sind, sich zu dehnen, um den Kopf durchzulassen. Bei erstmaligem Gebären dauert dieses Ausdehnen viele Stunden, während der Druck auf das Gesicht unvermindert anhält. Sobald nun der Kopf durchgetreten ist, muß man sofort nach der Nabelschnur greifen, die man oft bis zu drei Mal fest um den Hals des Kindes gewickelt findet. Gewöhnlich ist es das Werk eines Augenblickes, die Schlingen über den Kopf zu ziehen, aber man darf nicht vergessen, daß das Gefühl des Erstickens durch das Festanliegen der Schlinge verstärkt wurde, und zwar nicht allein durch die teilweise Unterbrechung der Zirkulation in der Nabelschnur, sondern auch durch die Behinderung der Zirkulation in der Kehle.

Viele Kinder vertragen auch nicht das leiseste Gefühl von etwas Festem um den Hals, sie schreien und ziehen an jedem Halsband, lang bevor sie irgendein Gefühl des Zusammenziehens dadurch haben können. Aber die Andeutung einer Zusammenziehung durch ein Halsband kann die Erinnerungskette erwekken, die zu diesen ersten, mit der Geburt verknüpften Erlebnissen führt ... Das Waschen bedeutet für das Kind gewöhnlich einen Schock, da das Waschwasser für die Augendesinfektion, da man den Moment des Auftauchens des Körpers nicht genau vorherbestimmen kann, meist ausgekühlt ist. In jedem Fall keucht das Kind durch den Kontrast in der Temperatur und schreit. Ist aber der Pflegeperson das Schreien nicht kräftig genug, dann faßt sie das Kind bei den Fersen, schwenkt es kopfabwärts durch die Luft und versetzt ihm einen kräftigen Schlag zwischen die Schultern. Infolgedessen macht der ganze Körper eine plötzliche Biegung nach rückwärts, das Kind tut einen tiefen Atemzug und beginnt kräftig zu schreien. Nicht nur mit gedehnten Lungen, sondern auch mit allen Zeichen großer Empörung und Entrüstung, denn das Weinen hat ganz den gleichen Ton wie bei einem größeren Kind, das einen zornigen Klaps bekommt oder schmerzlich enttäuscht ist, weil ihm etwas versagt wird. Es muß eine bittere Erfahrung sein, aus diesem angenehmen Aufenthalt im Uterus zu kommen, mit einem Sturzbad von kalter Luft und kopfabwärts hängend, mit einem tüchtigen Schlag empfangen zu werden. – Wahrlich eine arge Behandlung für einen durch Unannehmlichkeiten abgehärteten Erwachsenen, aber eine schreckenerregende für ein zartes, neugeborenes Kind. Dies mag eine Erklärung dafür sein, daß sonst gutmütige Knaben und Männer unverhältnismäßig große Empfindlichkeit zeigen, wenn sie – in harmloser Kameradschaftlichkeit – unerwarteterweise zwischen die Schultern gepufft werden. Manche Pflegepersonen schlagen zu stark und zu heftig, als ob das schwache Häufchen ein schlimmes Kind wäre, das nicht eines sanften Anreizes, sondern strenger Bestrafung bedarf. Der entsetzte, mit zitternder Unterlippe und verzogenem Gesicht ausgestoßene Schrei läßt einen fühlen, daß man nicht schlagen sollte ...

Wenn das Kind nun zufriedenstellend kräftig schreit, kommt das neue Entsetzen darüber, daß es flach auf das Bett gelegt wird, wo es hilflos umherrollt. Dieses Erlebnis kann als ein wirklicher Schock angesehen werden, denn bis jetzt hatte jede Bewegung, jeder Stoß etwas berührt. Warme, schützende Wände waren ringsum – jetzt ist da nur leerer Raum und kalte Luft, absolute Ungeschütztheit –, und zum ersten Mal entsteht das schmerzhafte Gefühl der vollkommenen Verlassenheit – nichts ist in der Nähe, das dem vertrauten Gefühl körperlicher Zusammengehörigkeit und seelischen Beschütztseins entspricht. Sein eigenes Weinen ist dem Kind ein schreckliches, unvertrautes, unbekanntes Geräusch. Die ebene Fläche des Bettes und die Rückenlage erhöhen noch das Gefühl der Unsicherheit ... Schließlich schreit das Kind in vollem Schrecken und zuckt an allen Gliedern ... Es dauert manchmal sehr lange, bis Kinder die Angst vor der Rückenlage überwunden haben. Man mag sich hier fragen, ob diese frühe Erinnerung an Furcht und Hilflosigkeit in der Rückenlage nicht einen gewissen Einfluß auf Frauen während des Sexualverkehrs haben kann.

Auch die Wirkungen des Lichtes auf die Psyche scheinen sehr bedeutsam zu sein. Es ist zum Beispiel interessant zu erfahren, daß die Angst des Neurotikers vor dem Licht mit der Autorität des Vaters in Beziehung zu bringen ist. Es ist sicher, daß ein unter heutigen [d. i. Anfang der zwanziger Jahre, L. J.] Verhältnissen in einem Spital oder Kinderheim oder einer mit elektrischem Licht ausgestatteten Wohnung geborenes Kind unter dem Übermaß von strahlendem Licht leiden muß, das zum ersten Mal im Leben direkt auf seine empfindlichen Augäpfel fällt, wenn das Kind unter dem Licht auf dem Rücken liegt. Dadurch, daß der daran nicht gewöhnte Sehnerv so plötzlich dem Licht ausgesetzt wird, müssen Schmerzen entstehen, die auch seelische Wirkung hinterlassen. Wer das bezweifelt, möge sich selbst 10 Minuten lang mit aufwärts gerichtetem Gesicht unter ein strahlendes Licht legen, das – wie in Spitälern und Kinderheimen üblich – von weißen Schirmen umgeben ist, die verstärkt das Licht zurückwerfen. Dazu weiße Wände und Decken, die weißen Mäntel der Pflegepersonen und das weiße Leinen des Bettes. Selbst die des Lichtes gewohnten Augen werden starkes Unbehagen spüren.

Nun vergehen zumindest 10 Minuten, bis das Kind in eine andere Lage gebracht wird. Während dieser Zeit weint es wahrscheinlich jämmerlich über alles Ungemach, das es nach der Geburt zu erdulden hat. Man kann beobachten, daß es oft zu weinen aufhört und in einem natürlichen Bemühen die Augen öffnet, aber der Schmerz durch das grelle Licht so stark ist, daß es von neuem in Weinen ausbricht, gleichsam als Protest gegen die Schmerzwirkung.«

Ich habe diese englische Hebamme so ausführlich zitiert, weil ich ihren Aufsatz, der 1924 in der »Internationalen Zeitschrift für Psychoanalyse« erschien, für ein Dokument menschlicher Einfühlung und mutiger Wahrhaftigkeit halte. In dem Artikel findet sich auch eine Fülle von Anregungen, die in der modernen Geburtsbewegung inzwischen umgesetzt sind. Dorothy Garley hat durch ihre Worte das Tabu gebrochen, wahrhaftig und öffentlich über die Not der Geburt und des Geborenwerdens zu sprechen. Wir wissen, daß auch unter den Psychoanalytikern nur ganz wenige die Kraft und den Willen hatten, hier offen zu sein. Eine davon ist Phyllis Greenacre, die in den vierziger Jahren Artikel über die lebensgeschichtliche Bedeutung der Geburtsangst schrieb, doch ahnungsvoll bemerkte:

»Aber vielleicht ist die Geburt unausweichlich in unserem Gefühl zu eng mit dem Tod verbunden. Vielleicht ist der Kampf der Geburt zugleich zu erschreckend und zu überwältigend für uns, um bereit zu sein, ihn mit wissenschaftlicher Neutralität zu betrachten. Vielleicht haben Männer zuviel Ausschließungsangst und Frauen zuviel direkte Angst.«

Seit Ende des letzten Jahrhunderts haben immer wieder mutige Geburtshelfer offengelegt, wie stark scheinbar normale Geburten mit inneren Verletzungen, vor allem im Schädel, verbunden sind. Lapidar schrieb schon 1924 Hans Saenger, neben Philip Schwartz einer der Pioniere dieser Forschungsrichtung:

»Bei der Geburt des heutigen, zivilisierten Menschen wirken so große Gewalten auf den kindlichen Hirnschädel ein, daß der Geburtsakt als ein Trauma zu bewerten ist, von dessen Größe und Gefahren sich nur derjenige eine Vorstellung machen kann, der öfters Gelegenheit hatte, an neugeborenen Kindern Schädelsektionen vorzunehmen.«

Diese prinzipielle Aussage kann heute immer beweiskräftiger belegt werden (s. S. 61 f.).

Gleichwohl gibt es natürlich auch ganz anders verlaufende Geburten. Es kann sein, daß die Kinder voll wach und mit lebhafter Neugier zur Welt kommen. Sie sind deutlich in einem gehobenen Ausnahmezustand, was man auf den »Eustreß« der Geburt zurückführen kann. In der Zeit nach der Geburt scheinen sie in einer ganz besonderen Weise für Eindrücke und Beziehungen offen zu sein. Man vermutet, daß hier Bindungen geknüpft werden können, die ein tiefes, lebenslanges Zutrauen zu menschlichen Beziehungen vermitteln können. Wenn Mutter und Kind nach der Geburt nicht getrennt wurden, sondern zusammensein konnten, war dies in einer wesentlich dichteren Kommunikation noch über Monate hinweg durch die Analyse von Filmaufnahmen nachweisbar.

Es mag durchaus sein, daß sich positive Gefühle des Sieges und Triumphes und der Befreiung aus dieser ersten Erfahrung einer gelingenden Geburt ableiten können. Der Beifall einer jubelnden Menge mag deshalb so intensiv sein, weil er innerlich an die Freude und Gehobenheit anknüpft, die Menschen erfassen kann, die bei der Ankunft eines Menschen auf dieser Welt dabeisein dürfen.

Trotzdem glaube ich, daß wir – besonders in der jüngeren Vergangenheit – diese positive Seite der Geburt benutzt haben, um die Geburtsnot und das Geburtselend zu verleugnen und es durch eine entwirklichende Idealisierung zu verdrängen. Vieles spricht dafür, daß die menschliche Geburt wegen der widersprüchlichen Kräfte, die in der Evolution gewirkt haben, in der Regel einen traumatischen Aspekt hat, zumindest immer eine Grenzbelastung bedeutet. Daraus folgt die Notwendigkeit, alle Ressourcen und Kräfte für ihre Bewältigung zu nutzen. Voraussetzung scheint mir aber zu sein, daß wir uns den Abgründigkeiten und Schrecknissen der Geburt und ihrer Bedeutung in der historischen Entwicklung für das Erleben der Menschen stellen. Unter sogenannten natürlichen Bedingungen waren, zumindest in den Hochkulturen, die perinatale Sterblichkeit und die Belastung der Geburt immer enorm groß.

Dieser Sachverhalt ist in sich jedoch so komplex, daß er nur im weiteren Fortgang des Buches in mehreren Annäherungen entwickelt werden kann. Doch dürfen wir schon jetzt folgern, daß für das auf die Welt kommende Kind mit seiner sensiblen Reaktionsfähigkeit und Empfindlichkeit die Geburtsbelastung und -erfahrung sehr häufig den Charakter einer tiefen Erschütterung, einer Katastrophe bis hin zur Vernichtung haben. Nur zu häufig sehen die Kinder bei der Geburt wie mißhandelt aus. Die am Anfang dieses Abschnitts erwähnte Annahme, das Kind bekomme das Ganze nicht mit, ist meines Erachtens Ausdruck unserer massiven Verleugnungstendenz. Andererseits ist es durchaus bekannt, daß die Konzentration der Opioide während der Geburt stark erhöht ist, was einen gewissen Schutz gegen Streß bedeutet und den gehobenen Ausnahmezustand erklären könnte, den Neugeborene einem vermitteln können. Im positiven Falle kann darum die Geburt so etwas wie ein rauschhaftes Abenteuer und Gipfelerlebnis sein. Wegen ihrer Bedeutung seien die traumatischen Aspekte der Geburt jetzt in einem eigenen Exkurs zusammengestellt.

Zum traumatischen Aspekt der Geburt

Da wir noch ganz am Beginn eines wirklichen Verständnisses des psychosomatischen Vorgangs der Geburt stehen, sind erst einige Teilstücke zu einem solchen Verständnis erkennbar. Es wird heute leicht vergessen, daß so vertraute Praktiken wie die Dick-Read- und die Lamaze-Methode zur Unterstützung der Frau bei der Geburt erst in den vierziger Jahren entwickelt wurden. Die durch Leboyer angeregte Bewegung zur »sanften Geburt«, also die besondere Beachtung des Kindes beim Geburtsprozeß, wuchs sogar erst in den siebziger Jahren. Ein umfassendes Verständnis für die Geburtsvorgänge und überhaupt für die komplexe psychosoziale Verwobenheit der Gestaltung der Geburt entwickelt sich eigentlich erst in unseren Tagen.

War die Geburt – wie bereits erwähnt – bis ins 19. Jahrhundert in einem Bereich von Ritual, überkommener Praktik und Volksglaube angesiedelt, erfährt sie im 19. Jahrhundert und bis heute eine durchgreifende Medizinalisierung, die als sogenannte Neonatologie die Neugeborenenzeit mit umgreift und zu einer dramatischen Senkung der perinatalen Säuglingssterblichkeit auf heute unter 0,1 Prozent führte. Die Kehrseite dieser Medizinalisierung waren eine Entfremdung zwischen Mutter und Kind im Geburtsprozeß, ein Verlust der psychologischen Dimension und ein Mißachten der instinktiven Kräfte und Basisbedürfnisse von Mutter und Kind. Die Entwicklung der pränatalen Psychologie und die Bemühungen um eine »natürliche Geburt« sind Ausdruck eines Bestrebens, die Geburt als existentielles menschliches Ereignis wieder neu zu verstehen. Zur Perspektive der Gebärenden ist hier in den letzten Jahren durch das neue Selbstverständnis der Frauen eine wachsende Literatur mit vielen Erfahrungsberichten entstanden, in der auch die Situation des Geborenen durch die Bemühungen um eine »sanfte« Geburt berücksichtigt wird.

Ein Motiv für diese neueren Entwicklungen ist, daß die menschliche Geburt ein existentielles Grenzereignis ist und unser Selbst- und Lebensgefühl mitbegründet. Die menschliche Geburt ist wohl – wie beschrieben – aus evolutionsbiologischen Gründen ein Trauma, birgt aber auch für Mutter und Kind das Potential zu einer ekstatischen und verwandelnden Erfahrung. Um der Frage des psychotraumatischen Aspektes der Geburt näherzukommen – und damit auch der Therapie solcher primären Verletzungen –, möchte ich zunächst den traumatischen Aspekt der Geburt auf der somatischen und auf der physiologischen Ebene darstellen. Wir können nämlich die psychischen Verletzungen, die die Geburt hervorrufen kann, nur erschließen, indem wir Beobachtungsdaten der somatischen Ebene, der physiologischen Ebene, der Verhaltensebene und Rückschlüsse aus Wiederbelebungen von Geburtsangst in der psychotherapeutischen Situation in ein gemeinsames Bild bringen. Also zunächst zur somatischen Ebene, der Verletzung des Gehirns bei der Geburt.

Schon im 19. Jahrhundert wurden in vielen Fällen Gehirnblutungen als Todesursache bei Neugeborenen festgestellt. Eine systematischere Untersuchung begann aber erst in den zwanziger Jahren unseres Jahrhunderts und verbindet sich besonders mit dem Namen von Philip Schwartz. Er konnte zeigen, daß Geburtsschäden bei Neugeborenen, auch bei Kindern, die sonst unauffällig wirkten, viel häufiger waren als angenommen, und es erwies sich ebenso, daß ihnen vielgestaltige Erkrankungen folgten. Ist dies bei vitaler Schwäche nach der Geburt mit nachfolgendem Schwachsinn, Krämpfen und Lähmungserscheinungen noch ganz offensichtlich, so ist in unserem Zusammenhang wichtig, daß minimale Schädigungen sehr viel häufiger sind als früher angenommen. Schwartz schreibt:

»Gelähmte, verkrüppelte, schwachsinnige und epileptische Opfer des Geburtsprozesses stellen gewiß eine schwere Belastung für eine Gesellschaft dar, die sich für diese unglücklichen Geschöpfe verantwortlich fühlt. Es gibt aber auch eine zahlenmäßig noch viel größere Gruppe von Geschädigten, bei denen Defekte nur nach besonders sorgfältiger Prüfung nachgewiesen werden können. Viele dieser Gezeichneten ordnen sich in das soziale Gefüge ein, obwohl sie die genisch vorbestimmten Grade ihrer Produktivität zu erreichen vielleicht nie befähigt sein werden. Einschlägige Untersuchungen haben erwiesen, daß Geburtsschädigungen des Gehirns Neugeborener für Zustände des Kindesalters von größter ätiologischer Bedeutung sind, die als Psychopathien, Neurosen, Schwererziehbarkeit, Verhaltensstörungen und Charakterdefekte bezeichnet werden und oft genug mit kriminellen Neigungen zusammenzuhängen scheinen.«

Als schädigend sah Schwartz vor allem die Kompression des Hirns an wie auch den Sauerstoffmangel und die »atmosphärische Ansaugung«, die nach dem Blasensprung durch den Innendruck in der Gebärmutter während der Wehentätigkeit aktiviert wird und als wichtigste Treibkraft der Entbindung den Fötus aus dem Uterus herausbewegt und dabei am hervorragenden Körperteil, also meist am Kopf, angreift. Dieser oft überwältigende Minderdruck während des Geburtsprozesses erzeugt die Geburtsgeschwulst und kann die Blutströmung in den großen Blutleitern des Gehirns nicht nur umkehren, sondern auch zum Stillstand bringen.

»Kompression des Schädels und Entbindungsminderdruck erschüttern die Hirnsubstanz ... Kein Wunder, daß der Neugeborene sehr häufig im Schockzustand zur Welt kommt, halb tot ist oder so scheint. Könnte er sprechen, wie oft würden wir hören: ›Es war entsetzlich!‹, ›Es wäre besser gewesen, ungeboren zu bleiben!‹.«

In neuerer Zeit hat der Offenbacher Gynäkologe Hermann Kurrek die traumatischen Aspekte der Geburt weiter präzisiert:

»Der zunehmende Wehendruck von zehn oder mehr Kilogramm hat nicht nur intrakranielle Zirkulationsstörungen (Durchblutungsstörungen im Gehirn) und irreversible Massenverschiebungen mit Parenchymnekrose (Absterben von Organgewebe) und Hämatombildungen (Blutergüsse) zur Folge. Aus der Konfiguration des knöchernen Hirn- und Gesichtsschädels entstehen Einbuchtungen des Foramen occipitale magnum

(Schädelausgang zur Wirbelsäule) mit drohender Invagination der Medulla oblongata (verlängerter Hirnstamm). Bei Erstgebärenden läuft die Gehirnkompression über einen Zeitraum von 15–24, bei Mehrgebärenden von etwa 10–12 Stunden ab. Mit der ersten Uteruskontraktion tritt eine sich wiederholende Hypoxiegefährdung (Sauerstoffmangel) von 20–60 Sekunden, in der Phase der Preßwehen von 1–2 Minuten ein.«

Nach Meinung von Kurrek muß bei jeder Geburt mit zahlreichen Gehirnquetschungen gerechnet werden. In diesen Zusammenhang gehören auch die Untersuchungsergebnisse des russischen Kinderneurologen Alexander Ratner, der bei einer Reihenuntersuchung an Schulkindern bei ca. 75 Prozent leichte neurologische Störungen feststellte, die er auf ein Geburtstrauma zurückführte.

Wenn man die sorgfältigen Untersuchungen über die »Massenverschiebungen des Gehirns unter der Geburt« des Neuropädiaters Dagobert Müller liest, scheint einem die Aussage von Kurrek nicht unwahrscheinlich. Bedeutsam ist, daß Müller nach jahrelangen Forschungen heute von der Evolutionspathologie der Geburt und einem daraus folgenden traumatischen Aspekt bei jeder Geburt überzeugt ist. In einem 1973 erschienenen Buch hatte er diesen Schluß noch nicht ziehen wollen, weil seiner damaligen Meinung nach die Geburt als »natürliches Ereignis« keinen pathologischen Aspekt haben kann. Er schreibt mir heute:

»Bei der ersten Abfassung des Buches ›glaubten‹ wir noch an eine gewisse Teleologie der Evolution im Sinne des ›Normalen‹ und hatten daher formuliert, daß ›die Natur‹ den arterhaltendsten Vorgang wohl nicht auf eine Pathologie hin aufgebaut haben würde. Erst bei der Beschäftigung mit der vergleichenden Geburtslehre ... wurde deutlich, daß mit der Evolution des Menschen eine primäre Pathologie, eben eine Evolutionspathologie aufgetreten ist. So muß ich heute feststellen, daß die Geburt des Menschen ›normalerweise‹ ein Trauma in jedem Falle ist. Ob aus diesem Trauma jeweils eine Pathologie wird, ist eine andere

Frage. Auf jeden Fall variiert dieses Geburtstrauma die genetische Individualität zusätzlich und in jeweils zu analysierender Weise.«

Wir werden in dieser Hinsicht in den nächsten Jahren durch die modernen bildgebenden Verfahren eine zunehmend gesicherte Aufklärung gewinnen können. Die Computertomographie kann schon heute zeigen, daß verdeckte Blutungen durch die Geburt sehr viel häufiger sind, als früher angenommen wurde und auch nachweisbar war. Es ist zu erwarten, daß hier die Kernspintomographie noch zuverlässige Ergebnisse bringen wird. Darüber hinaus sind Forschungsprojekte geplant, mit denen unser Wissen über die Geburtsmechanik durch moderne Computersimulation vertieft werden soll. Doch kann unter dem Gesichtspunkt der Geburtsmechanik schon eine Kernaussage zum traumatischen Aspekt der menschlichen Geburt gemacht werden. Banal gesagt – es fehlt ein Zentimeter. Der Durchmesser des kindlichen Kopfes und der mittleren Beckenebene beträgt zirka zehn Zentimeter. Es fehlt mindestens ein Zentimeter für die Weichteile. Dieser Zentimeter wird durch die Verformung des kindlichen Schädels gewonnen. Das ist der Kern des Geburtstraumas auf der somatischen Ebene.

Auf der physiologischen Ebene wird der traumatische Aspekt der Geburt in den Konzepten der »experimentellen Neurose« des russischen Physiologen Iwan Pawlow (1849–1936) und des »Distresses« des österreichisch-kanadischen Mediziners und Biochemikers Hans Selye faßbar. Die experimentelle Neurose ist nach Pawlow Folge einer Überreizung oder der ausweglosen Verwirrung durch gleichzeitige positive und negative Verstärkung. Interessant und beziehungsreich ist, daß Pawlow einen Fall von »traumatischer« Reaktion auf einen überstarken »Reiz« bei einer Überschwemmung seines Labors beobachtete, bei dem die Versuchstiere, in diesem Fall Hunde, nur knapp vor dem Ertrinken gerettet werden konnten. Dieses Ereignis wirkte nach seiner Beobachtung auf eine Weise nach, »die man berechtigterweise mit der traumatischen Neurose beim Menschen vergleichen kann«. Bemerkenswert ist auch, daß alle Hunde ihre bedingten Reflexe »vergessen« hatten. Vielleicht geht uns in vergleichbarer Weise die Erinnerung an das pränatal »Gelernte« durch das traumatische Element der Geburt verloren.

Experimentelle Neurosen verstand Pawlow als »zerstörte höhere Nerventätigkeit«. Klinisch sind sie durch ausgeprägte Verhaltensstörungen und Verhaltensdesorganisation und alle Arten von psychosomatischen Symptomen, wie sie auch beim Menschen bekannt sind, gekennzeichnet. Was Pawlow als experimentelle Neurose beschreibt, entspricht in der Streßforschung der Erschöpfungsreaktion bei andauerndem und unverarbeitbarem Streß. In gleicher Weise sind hier Verhaltensdesorganisation und psychosomatische Symptome verschiedenster Art zu beobachten. Der kreativen Anregung des englischen Psychotherapeuten und Perinatalpsychologen Frank Lake folgend, lassen sich Konzepte von Pawlow und Selye in fruchtbarer Weise auf die Erfassung des traumatischen Aspektes der Geburt auf einer physiologischen Ebene verwenden. Das traumatische Element der Geburt würde dann als transmarginaler Streß wirksam, der über die Reaktionsformen von unerträglicher Angst, Panik und Schmerz zu einem Verhaltenszusammenbruch führt. In diesem Zustand wendet sich alles gegen den eigenen Körper, und der Organismus möchte sich dem Tod und der Vernichtung überlassen. Auf der physiologischen Ebene entspricht dem die paradoxe und ultra-paradoxe Reaktion: Schwache Reize führen dann zu starken Reaktionen, starke Reize nur zu schwachen Reaktionen, aversive, abstoßende, Reize führen zu positiven Antworten, und positive Reize lösen Schmerz und Abwehr aus. Was vorher als Schmerz vermieden wurde, kann nun in einer seltsamen Weise regelrecht gesucht werden. Auf der psychologischen Ebene dürfen wir mit Lake vermuten, daß dieser Zustand einer Verfassung entspricht, die Kierkegaard so beschrieb: »Der Gipfel der Verzweiflung ist genau dies, nicht in der Lage zu sein, zu sterben.« Der Tod wird zur einzigen Hoffnung. Welcher Psychotherapeut kennt nicht Patienten, die in dieser Verfassung zu ihm kommen?

In der Psychoanalyse entspricht dem Konzept der experimentellen Neurose und der Erschöpfungsreaktion die sogenannte Aktualneurose, also eine neurotische Fehlhaltung aufgrund von Reizüberflutung. Hierzu gehören die traumatische Neurose, die neurasthenische Reaktion und die Angstneurose. Aus den Darlegungen von Freud wird deutlich, daß er letztlich implizit eine geburtstraumatische Bedingtheit dieser drei Neuroseformen beschrieben hat. Vermutete Freud bei der Angstneurose und bei der neurasthenischen Reaktion zunächst eine sexuelle Fehlsteuerung als eigenständige Ursache, so hat er in späteren Jahren den geburtstraumatischen Bezug hervorgehoben, indem er konstatierte, daß bei einer sexuellen Störung direkt Angst entstehen kann, »d. h. jener Zustand von Hilflosigkeit des Ich gegen eine übergroße Bedürfnisspannung hergestellt wird, der wie bei der Geburt in Angst ausgeht«. Insofern nach der psychoanalytischen Theorie jede Neurose auf einen aktualneurotischen Kern zurückgeht, ist damit für die neurotischen und psychosomatischen Symptombildungen der geburtstraumatische Bezug unmittelbar hergestellt. Dieser Zusammenhang wurde in der traditionellen psychoanalytischen Überlieferung und Weiterentwicklung nicht voll realisiert, so daß die Entdeckung der Bedeutung des psychotraumatischen Aspektes der Geburt in der Primärtherapie und der LSD-Therapie eine Art Wiederentdeckung bedeutete, wenn man einmal von der sich mit den Namen Graber und Fodor verbindenden psychoanalytischen Nebenrichtung absieht.

Ist der traumatische Aspekt der Geburt auf der somatisch-anatomischen Ebene als Geburtsgeschwulst oder Schädelkonfiguration unmittelbar faßbar, so ist transmarginaler Streß natürlich ein flüchtigeres Phänomen. Es ist bekannt, daß die Streßhormone bei der Geburt stark ansteigen, bei Komplikationen extrem hoch werden. Ebenso geben die Herzfrequenzänderungen, wie sie bei der Geburt gemessen werden, einen gewissen Hinweis auf die Streßbelastung. Die unmittelbare Beobachtung des Neugeborenen und die kinderärztliche Untersuchung erlauben einen bestimmten Anhalt, wobei der sogenannte Apgar-Score, ein Meßwertsystem zur Einschätzung der Vitalfunktionen beim Neugeborenen, wohl wenig verläßlich und vieldeutig ist. Dies ist jedenfalls mein Eindruck aus Gesprächen mit verschiedenen Geburtshelfern. Nach den Angaben von Schwartz kommen etwa 30 Prozent der Kinder »ziemlich mitgenommen« zur Welt. Nach groben Schätzungen von Hebammen und Geburtshelfern, die ich befragt habe, sind etwa noch einmal 30 Prozent »deutlich mitgenommen«. Das würde also besagen, daß etwa 30 Prozent bis 70 Prozent der Neugeborenen einen Zustand von transmarginalem Streß erlebt haben. Nun ist eine solche Angabe zum heutigen Zeitpunkt sicher spekulativ. Ohne Zweifel ist hier noch viel Forschung nötig, vor allem beim Zusammenführen der Befunde auf den verschiedenen Beobachtungsebenen.

Es gibt allerdings bereits heute sehr differenzierte empirische Befunde zu den Folgeerscheinungen von traumatischen Kindheitserfahrungen wie Mißhandlung, sexueller Mißbrauch, Unfall usw. Diese Kindheitstraumen brechen später immer wieder in das Erleben und Verhalten ein, und zwar in Gestalt von halluzinatorischen Eindrücken, Verformungen des Verhaltens, spezifischen Ängsten, abergläubischen Befürchtungen, Fehlwahrnehmungen, Verleugnungen, Dämmerzuständen, Wutanfällen u. ä. Die *flashbacks* der traumatischen Situation haben ihr Pendant in den Aktualisierungen traumatischer prä- und perinataler Erfahrung in der Psychotherapie.

Wie auch immer die Relation zwischen starkem und milderem Streß bei der Geburt nun sein mag, so spricht doch vieles dafür, daß auf der psychologischen Ebene die Geburt für viele Neugeborene einen traumatischen Aspekt hat, also durch überwältigende Angst und Vernichtungsgefühle und eine allgemeine emotionale Erschütterung bestimmt ist. Dabei sprechen alle Befunde dafür, daß entscheidend für die Verarbeitungsmöglichkeit eines traumatischen Aspektes der Geburt die Art und Weise ist, wie das Kind in der Welt empfangen und aufgefangen wird. Hier sind die statistischen Untersuchungen ganz eindeutig. Geburtstraumatische Belastung und anschließende familiäre und soziale Konflikte und Überforderungen strapazieren die Lebens- und Entwicklungsmöglichkeiten eines Menschen aufs äußerste. Dies wird in der psychotherapeutischen Praxis im Einzelfall täglich bestätigt.

Die in den bisherigen Kapiteln mitgeteilten objektivierenden Beobachtungen zur Geburtserfahrung und zum vorgeburtlichen Leben sollten vor allem die Einschätzungsmöglichkeiten der psychotherapeutischen Befunde, wie sie aus der subjektiven Beobachtung des eigenen Erlebens gewonnen werden, verbessern. Diese psychotherapeutischen Befunde zur Wiederbelebung prä- und perinatalen Erlebens in den psychotherapeutischen Situationen sind ein Herzstück dieses Buches. An der Dignität und Plausibilität der Fallbeispiele wird sich entscheiden, wieweit es gelingt, überzeugend darzulegen, daß auch die Erfahrung der vorgeburtlichen Lebenszeit, der Geburt und der Säuglingszeit in uns fortlebt. Da jedes psychotherapeutische Setting uns bestimmte Zusammenhänge scharf abbildet und andere eher verbirgt, kann nur die mehrfache Annäherung mittels der Darstellung der Erscheinungsweisen prä- und perinatalen Erlebens in verschiedenen Therapieformen die Komplexität der Aktualisierung von Früherleben anschaulich machen. Dies soll in den folgenden Abschnitten durch eine Reihe ausgewählter Fallbeispiele geschehen – in der Hoffnung, daß durch deren Vielfalt der Leser eine deutliche Erweiterung seines Beobachtungs- und Erfahrungsraums erfährt.

V

VERARBEITEN DURCH WIEDERERLEBEN

Die Aktualisierung von vorgeburtlichem und geburtlichem Verhalten und Erleben in der Psychotherapie

Frühformen des Erlebens werden aktualisiert

Um die folgenden Fallbeispiele zur Aktualisierung von prä- und perinatalen Erlebensvorgängen besser einordnen zu können, will ich einige Bemerkungen zur Bedeutung der Wiederholung in der Psychotherapie voranschicken. Wir können uns die menschliche Entwicklung als eine Aufeinanderfolge von Entwicklungshorizonten vorstellen – vom Embryo über den Fötus und Neugeborenen bis hin zum Säugling, dann vom Kleinkind über das Kind, den Jugendlichen bis hin zum Erwachsenen. Jede Entwicklungsebene ist eine eigene komplexe Lebens- und Erlebenswelt, die in die Dynamik der nächsten Lebensebene hineingenommen und transformiert wird. Nach aller Erfahrung geht im

Lebensprozeß nichts verloren. Wir erleben unsere Gegenwart im Spiegel unserer Erfahrung, im Spiegel der Erfahrung auf unseren frühen Lebensebenen. Diese Erfahrung lebt in uns weiter, jedoch unbewußt, da unsere Identität sich verändert und unsere gegenwärtige Befindlichkeit der Artikulationspunkt für unser Selbstverständnis ist und der Ausgangspunkt für unser Verhalten und unsere Erwartungen.

Nun können diese Umsetzungen von einer Entwicklungsebene zur anderen an den Stellen mißglücken, wo eine unverarbeitete, traumatische Erfahrung berührt wird. Eine solche traumatische Erfahrung bleibt desintegriert und vom weiteren Entwicklungsgang ausgeschlossen; dies gilt auch für den entsprechenden Teil des Selbstverständnisses. Also dort, wo man eine nicht zu verarbeitende psychische Verletzung erlitten hat, bleibt man das Kind oder der Jugendliche, der man in diesem Moment war. Therapeutisch bedeutet das bei frühen Verletzungen, daß diese Situationen in der Behandlung wiederholt werden müssen, da das kleine Kind und natürlich noch ausgeprägter das vorsprachliche Kind sich nur auf diese Weise erneut mit einer Verletzung und ihrer nachträglichen Bewältigung befassen kann. Man kann auch sagen, die traumatische Situation muß noch einmal zur Bearbeitung durchgespielt werden. Darum sind bei sehr frühen psychischen Verletzungen, insbesondere aus der prä- und perinatalen Zeit, die Aktualisierung und Wiederholung therapeutisch noch wesentlich wichtiger als bei späteren traumatischen Situationen.

Die Verletzung selbst kann verschiedene Bereiche betreffen, etwa unmittelbar das Körpergefühl oder das Selbstgefühl oder stärker die Beziehungsebene oder insgesamt das Lebensgefühl und die Lebensstimmung wie auch das innere Vorstellungs- und Erlebensvermögen. Diese Erlebensbereiche sind jedoch miteinander verwoben und können gewissermaßen stellvertretend füreinander eintreten. Eine Beeinträchtigung der Körpererfahrung kann also auf der physischen Ebene verbleiben, aber ebenso auch auf der Beziehungsebene ausgelebt werden oder sich in inneren

Bildern und Phantasien ausdrücken. Darum kann sich auch ein und dieselbe traumatische Beeinträchtigung in verschiedenen therapeutischen Ebenen ausprägen und dort der Bearbeitung zugänglich sein. Dies wird bei den Fallbeispielen anschaulich werden. Dabei ist mir die Perspektive wichtig, daß die Beispiele nicht nur das Psychotherapeutische im engeren Sinne betreffen, sondern meines Erachtens hat die therapeutische »Inszenierung« einen weiter zu fassenden Wert. Was in ihr in besonderer Weise sichtbar wird, spielt sich in anderen Lebenssituationen in gleicher Weise, aber verdeckter ab. Nicht-integrierte Vergangenheit, gerade die des Lebensanfangs, durchzieht unser ganzes Leben und Erleben, und in besonderer Weise werden unsere sozialen und kulturellen Veranstaltungen durch unsere Erfahrungen am Lebensanfang bestimmt, einfach weil sie unser allgemein geteilter Lebenshintergrund sind. Dies wird an späterer Stelle noch thematisiert.

Es ist noch wichtig, auf einen Zusammenhang bei psychischen Verletzungen hinzuweisen. Durch die Verletzung entsteht ein Gemenge aus Erinnerungsausfall (Verdrängung) und Verstärkung der Erinnerung. Jeder kennt aus seinem Alltag die Erfahrung, daß Kränkungen geradezu fotografisch in einigen Elementen in Erinnerung bleiben können, während andere Elemente wie vollständig verschwunden sind. Genauso ist es bei vorsprachlichen Erinnerungen. Mehr oder minder entstellte Fragmente werden in einer verstärkten Erinnerung dauernd festgehalten und ragen ins psychische Erleben, wenn auch unverstanden, hinein. So kann etwa eine bestimmte Geste oder eine bestimmte Ausdrucksweise oder eine Körperempfindung durchaus mit ganz frühen Situationen, speziell der Geburt, zu tun haben. Stereotyp bei ganz unterschiedlichen Gelegenheiten wiederholte Redewendungen wie zum Beispiel »das haut mir den Kopf zusammen« können manchmal mit ganz konkreten Geburtselementen in Verbindung gebracht werden.

Früherinnerungen haben also diese Doppeleigenschaft: sich einerseits zu entziehen, andererseits überaus gegenwärtig zu sein. Die Psychoanalyse hatte diese Zusammenhänge für Konflikte und Verletzungen des kleinen Kindes dargestellt. In bezug auf die allerfrüheste Zeit sind sie uns noch neu und ungewohnt. Um dem Leser zu ermöglichen, mit den Erscheinungsweisen dieser Frühformen des Erlebens in Fühlung zu kommen, wird im folgenden ausführlich aus den Befunden verschiedener Psychotherapien zitiert.

Vorgeburtliche und Geburtserfahrung in der psychoanalytischen Therapie

In der Psychoanalyse wurde die Bedeutung perinatalen Erlebens in der Therapie durch die sogenannte Terminsetzung entdeckt. Freud war in der Analyse mit einem jungen Mann, dem er nach seinem zentralen Traum den Decknamen »Wolfsmann« gab, in eine Phase der Stockung geraten und beschloß, den Behandlungsprozeß durch die Setzung eines Termins für das Ende der Behandlung wieder in Gang zu bringen. Diese Terminsetzung provozierte, was später erst Otto Rank genauer erkannte, unbewußt die Konstellation der Geburt. Es kam offenbar zu einer Tiefenregression, einem Rückschritt in ein frühes Entwicklungsstadium – »der Kranke machte den Eindruck einer sonst nur in der Hypnose erreichbaren Luzidität« –, durch die früheste Lebenszusammenhänge zugänglich wurden. Der Patient hatte sein Leiden in eine Klage zusammengefaßt, die den Inhalt hatte, ». . . daß ihm die Welt durch einen Schleier verhüllt sei . . . Der Schleier zerriß – merkwürdigerweise – nur in einer Situation, nämlich wenn infolge eines Lavements (Einlauf) der Stuhlgang den After passierte. Dann fühlte er sich wieder wohl und sah die Welt für eine ganz kurze Zeit klar . . . Erst kurz vor dem Abschied von der Kur besann er sich, er habe gehört, daß er in einer ›Glückshaube‹ zur Welt gekommen sei.«

Es war bekannt, daß der Lebensbeginn des Wolfsmannes durch Eßstörungen belastet war. Dazu kam eine beinahe tödlich verlaufende Erkrankung mit drei Monaten. Wir wissen heute, daß unter solchen Bedingungen eines erschwerten Lebensanfangs früheste Eindrücke dem späteren Bewußtsein leichter zugänglich sind, quasi unmittelbar auftauchen können. Darum würde ich heute annehmen, daß dem Wolfsmann nach der Geburt die Welt wirklich durch den Schleier der »Glückshaube« zunächst verdeckt war. Wir haben es hier mit dem Phänomen der schon erwähnten überstarken Erinnerung bei einer traumatischen Belastung zu tun. Die starke Angstbereitschaft des Wolfsmannes und seine Erstickungsängste, die im Verlauf der Therapie zum Ausdruck kommen, sprechen ebenfalls für eine geburtstraumatische Belastung. Einen solchen Zusammenhang bestätigt auch die Entlastung vom Druck der geburtstraumatischen Reminiszenz durch die symbolische Geburtswiederholung beim Einlauf. Es ist aus der Kinderpsychotherapie geläufig, daß im Vollzug des Stuhlgangs die Geburt realsymbolisch wiederholt wird, was eben vom Druck der negativen Früherfahrung kurzfristig entlasten kann, ganz wie beim Wolfsmann.

Aber Freud zog diese Schlüsse noch nicht, sondern interpretierte die Klagen des Patienten als Ausdruck einer Rückphantasie:

»Seine Klage ist eigentlich eine erfüllte Wunschphantasie. Sie zeigt ihn wieder in den Mutterleib zurückgekehrt, allerdings die Wunschphantasie der Weltflucht. Sie ist zu übersetzen: ›Ich bin so unglücklich im Leben, ich muß wieder in den Mutterschoß zurück.‹«

Der entscheidende Schritt von Otto Rank über diese Auffassung hinaus war dann der Schluß, daß diese Phantasien eben auf realen Anklängen aufbauen:

»Damit wurde auch die Regelmäßigkeit der Wiedergeburtsphantasie (am Ende der Behandlung) verständlich und ihr reales Substrat analytisch faßbar. Die ›Wiedergeburtsphantasie‹ des Patienten erwies sich einfach als Wiederholung seiner Geburt in der Analyse, wobei die Lösung vom Libidoobjekt des Analytikers einer genauen Reproduktion der ersten Lösung vom ersten

Libidoobjekt des Neugeborenen von der Mutter zu entsprechen schien. Die Analyse erweist sich als nachträgliche Erledigung des unvollkommen bewältigten Geburtstraumas.«

Um die Auffassung Ranks zu veranschaulichen, fasse ich einige Passagen aus einem seiner ausführlichen Behandlungsbeispiele zusammen. Es handelt sich um eine Frau mittleren Alters mit einer Abhängigkeitsproblematik, die eine schwierige Geburt hatte und mit zwölf Jahren ihre Mutter verlor. Die Vaterbeziehung war negativ:

»In der vierten Stunde berichtete sie, aus einem Traum erwacht zu sein, dessen Ende war, daß das Wasser über ihrem Gesicht zusammenschlug. Dieser Traum ist ein deutliches Zurückflüchten zur (toten) Mutter vor der Analyse, die der Traum gleichzeitig symbolisiert, da sie nachträglich hinzufügt, daß sie darin auf dem Rücken auf dem Divan gelegen sei. Bereits hier ist die Parallele – analytische Situation – Mutterleibssituation – deutlich, die der Patientin aber nicht gezeigt wurde.«

20. Stunde: »›Ich war auf einem Schiff, wo wir für irgendeine Aufführung Tanzproben abhalten mußten. Dabei wurde ich an den Füßen gepackt und in horizontaler Lage heftig im Kreise herumgeschwungen.‹ Assoziationen: ›Es ist möglich, daß ich als Neugeborenes in ähnlicher Weise irgendwie geschüttelt wurde, da man mir später erzählte, ich hätte keine Luft bekommen und manche Hebammen das zu tun pflegen, meist so, daß sie das Kind mit dem Kopf nach abwärts ein wenig an den Beinen baumeln lassen. Übrigens hatte ich, was der Arzt als Ausnahme bezeichnete, schon im Laufe meines ersten Lebensjahres Keuchhusten und wurde vielleicht auch da irgendwie geschüttelt, um Luft zu bekommen. – Ich bin eine leidenschaftliche Tänzerin, hatte schon als Kind sehr viel Talent dazu, ein ausgeprägtes rhythmisches Gefühl und tanzte mit acht Jahren bereits sehr gut. Gestern war ich vom vielen Tanzen ein wenig schwindelig geworden.‹

Die Deutung ist nach dem Vorhergesagten leicht: Die Traumsensation kombiniert das unlustvolle Geburtstrauma mit der lustvollen Tanzbewegung, d. h. versucht es dadurch zu kompensieren. Da die Patientin auch ihre Hemmungs- und Schwebeträume vom achten Jahre an datiert, war das Tanzen die motorische Abfuhr und Sublimierung der gleichen traumatischen Affekte gewesen.«

In der 52. Stunde erzählt sie, »sie sei wieder genau 5 Minuten nach 3.00 Uhr aufgewacht und hatte den Traum gewußt ... Weiter berichtete sie eine merkwürdige Gewohnheit, eher ein Symptom, daß sie nämlich, wenn sie im Dunkeln erwacht, sofort aufsteht, um Licht anzuzünden, und dabei wiederholt von einer Ohnmacht befallen worden war. Offenbar, weil sie das plötzliche Licht nicht vertragen konnte ... Wir verstehen dieses Symptom so wie ihr jüngstes Verdrängen der Träume, wenn wir hören, daß das Erwachen auf den Lichtreiz der Morgendämmerung zurückgeht ... Nun scheint uns naheliegend, dazu das intensive Geburtstrauma der Patienten zur Erklärung heranzuziehen. Wenn sie den ersten Schimmer des Tageslichtes erblickt, sozusagen das Licht der Welt, oder wenn im Dunkel der Nacht plötzlich ein Licht aufflammt, so erinnert sie das an den ersten Schock, der zweifellos auch ein intensiv optischer ist, und sie kann nicht mehr schlafen – sie erwacht.«

71. Stunde: »Die Patientin erzählt, sie sei wieder sehr früh erwacht und hätte wieder etwas vom Vater geträumt, wisse aber nicht mehr, was. Nachher sei sie sofort wieder eingeschlafen und hatte folgenden Traum: ›Ich habe in meinem Zimmer geschlafen, da kam jemand herein und weckte mich. Ich stand auf, ging ins Nebenzimmer, sah auf die Wand und merkte, daß es 5 Minuten nach 11.00 Uhr war. Da dachte ich, ich kann doch nicht mehr rechtzeitig zu Dr. Rank kommen. Bis ich mich anziehe und hingehe, ist ja die Zeit fast vorbei. Außer ich sage ihm, daß ich verschlafen habe, was er verstehen wird. Dann träumte ich etwas von meinem Vater und dann, daß ich auf einem Schiff mit vielen Leuten fuhr, das plötzlich stehenblieb. Ich dachte, wir sind aufgefahren und müssen nun warten, bis die Flut kommt. Da spürte ich, daß das Schiff schaukelte, und dachte, wir bewegen uns also doch. Da wollte ich im Hafen an Land gehen, aber da

stand das Wasser über dem Landungssteg, so daß man nicht aussteigen konnte.‹ «

Deutung: »Dieser Traum zeigt – wie gesagt – klar, daß bzw. inwieweit der Analytiker jetzt bereits den Vater vertritt ... so verrät dieser Traum die auf den Analytiker übertragene gleiche Tendenz, ihn aufsitzen zu lassen, nicht zur vereinbarten Stunde zu kommen ... Warum sie nicht zum Manne kommen kann, zeigt das zweite Traumstück, welches deutlich die Mutterfixierung (das Liegen im Bett, Schiff) als Motiv angibt, gleichzeitig in der aktuellen Schicht die analytische (Mutter-)Fixierung bedeutet.«

Die Zitate machen deutlich, wie in der Sicht Ranks Früherinnerungen an reale Ereignisse mit späteren Phantasien und Entwicklungswünschen in einer komplexen Weise verbunden und dann noch zusätzlich mit der aktuellen Beziehungssituation in der Therapie verflochten sind. Nur ein elastisches »Hin- und Herschwingen« des Analytikers zwischen den verschiedenen Ebenen kann der Patientin dabei helfen, ihre Ablösungs- und Entwicklungshemmung zu überwinden und zu ihrem eigenen Leben zu kommen.

Im selben Jahr wie Rank, nämlich 1924, hatte Gustav Hans Graber sein Buch zur existentiellen Bedeutung des Milieuwechsels bei der Geburt veröffentlicht. Auch er versuchte später durch Behandlungsberichte den Hintergrund seiner therapeutischen Erfahrung zu vermitteln und betonte den rückwärtsgewandten Sog, der von der pränatalen Lebenserfahrung als einem Fluchtpunkt vor der Not des Lebens ausgehen kann: »Es ist die oft unangreifbare und unwandelbar erscheinende Widerstandshaltung des Patienten, die unsere Bemühungen mit einer starr- und primärfixierten Regressionshaltung embryonaler Daseinsansprüche absoluter Geborgenheit, gottähnlichem Geliebtwerden, absoluter Güte usw. in Bann versetzt.« Dabei kann eine geburtstraumatische Angst zum entscheidenden Hindernis für einen wirklichen Schritt ins Leben werden, wie folgendes Behandlungsbeispiel bei Graber veranschaulicht:

»Ein Akademiker mittleren Alters erklärte, daß er das ganze

Leben hindurch die Vorstellung gehabt habe, überhaupt nicht geboren zu sein. Er habe sich stets wie in einem Gefängnis erlebt, aus dem es keinen Ausgang gibt. Entsprechend steckte er in einer schweren Depression und Beziehungsstörung zur Welt – aber auch zu seiner Innenwelt. Immer wieder befiel ihn die Urangst vor der Grenzüberschreitung, der Katastrophe, die er wie einen schweren Geburtsvorgang erlebte. Verständlich, daß er sich in der Analyse zunächst einzukapseln versuchte. In Erkenntnis des intrauterinen Regressionszuges gelang ihm jedoch schließlich eine starke Aktivierung des Befreiungsdranges, was ein erfolgreiches Sich-Durchsetzen im Alltag zur Folge hatte ...«

Ebenfalls im Jahr 1924 erschien der Behandlungsbericht des ungarischen Psychoanalytikers Istvan Hollòs über die schon fast unheimlich anmutenden konkreten Reproduktionen frühester aggressiver Affektzustände eines Frühgeborenen in der therapeutischen Behandlung:

»Der erste Satz, den der Kranke in der ersten Behandlungsstunde aussprach, war: ›Ich bin mit 8 Monaten geboren‹ ... Er lebte in der Überzeugung, daß er als Frühgeborener an Geist und Körper minderwertig sei ... Schon nach einer kurzen Frist kam in der Kur die Vorstellung zum Vorschein, daß die Selbstvernichtungsphantasien des Kranken mit ihrer sein Selbst bis in die kleinsten Partikelchen zerstörenden Gründlichkeit eigentlich die Möglichkeit einer gründlichen, vollständigen Neugeburt zu schaffen bestimmt seien, wobei er in voller Reife mit rund 9 Monaten zur Welt komme. Der Anfall (von chaotischer Wut und Unzufriedenheit) selbst war eine symbolische Selbstvernichtung und Vernichtung der Eltern ... So hat der Kranke immer die Angst, zu früh zu kommen, verfrüht zu handeln. Er kann nie die Sicherheit erlangen, ob eine Sache schon zu beenden sei, und bekam auch Anfälle (von Toben und Grimassieren), wenn er mit einer Arbeit gerade ans Ende gekommen war. Er zerriß mit Vorliebe ganze Kollegienhefte, die er mit vieler Mühe vollgeschrieben, eben, wenn diese zu beenden waren ... Die Kur begann im Februar. Am 16. April erzählte der Kranke folgende Träume: ... ›Ich war im Stockfinstern, wo ich fortwährend Blut trank ... Plötzlich ward mir bewußt, daß ich im Mutterleib bin, im grünen Wasser mit einem Seil am Körper. Auf einmal begann etwas mich hinauszustoßen; es wurde immer heller. Dann erblickte ich durch die Öffnung das Zimmer ... die Nabelschnur wand sich mir um den Hals und schnürte mir den Hals zu, so wie ich in den Anfällen und nach der Injektion empfunden hatte, und ich dachte: Lieber ersticken, als die Schnur durchschneiden. Ich gehe zurück, ich will nicht wegen der Schnur mit 8 Monaten geboren werden ... Doch es war zu spät, die Schnur wurde durchschnitten, die Plazenta löste sich ab. Ich stürzte fast vom Bettrand hinunter, schrie auf und erwachte tatsächlich vor 5 Uhr; es war schon hell, da fiel mir ein, daß ich in dieser Stunde geboren wurde ... Jetzt spann sich der Traum im Wachen weiter. Ich wimmerte wie ein kleines Kind, wie in den Anfällen, und es kam mir der Einfall, daß ich bei der Geburt uriniert habe, da mußte ich aufstehen und Wasser abschlagen.‹ «

Hollòs fährt fort:

»Ich gewann im persönlichen Verkehr mit dem Kranken und in der Unmittelbarkeit mancher ganz ungewöhnlicher Ausdrücke bald die Überzeugung, daß hier die Annahme einer Mache oder Simulation nicht im entferntesten der Sachlage gerecht würde ... Der Kranke sagte selbst, daß er während der Anfälle alles beobachtete, von allem weiß, ja, sich absichtlich dem instinktiven Ablauf seiner Gesten und Handlungen, dem Trieb, der ihn zu diesen Ausbrüchen drängt, überläßt. Er will, daß ›alles herauskomme‹, nimmt an der Evolution des Geschehens in sich mit Besonnenheit und intellektuellem Interesse teil und trachtet, dieses mit Verständnis zu erfassen ... ›Ich bin mit 8 Monaten, also zu früh, zur Welt gekommen. Wie das Körperliche so muß auch das Seelische seinen normalen Entwicklungsgang haben. Da ich vor Abschluß dieser Entwicklung geboren wurde, mußte das auch im Seelischen Spuren hinterlassen, und ich habe die Idee, dies sei die Ursache, weswegen das Unbewußte bei mir sich nicht schließt. Dieser Defekt ist aber auch ein Vorteil. Diesem verdanke ich es, daß ich nicht geisteskrank werde, denn auch in den Anfällen ist mir das Wichtigste, daß ich immer weiß, was ich tue, und mich nie zurückhalte. Mag man doch glauben, ich sei verrückt, die Hauptsache ist, daß ich mich an das Bewußtsein klammern kann.‹ Ich muß noch bemerken, daß die Kur in ihrem Ablaufe typische Phasen aufwies und daß die erste Phase, nach welcher die Anfälle endlich aufhörten, mit 9 Monaten zum Abschluß kam. Der Kranke hatte von Februar bis Oktober richtig einen neuerlichen Aufenthalt im Mutterleib und eine Wiedergeburt durchgemacht und den fehlenden 9. Monat eingeholt.«

Ende der vierziger Jahre veröffentlichte der ebenfalls ungarische Analytiker Nandor Fodor mehrere Arbeiten zu den Elementen der Geburtswiederholung und ihrer Verarbeitung in der Psychoanalyse. Er gab Beispiele von sehr konkreten Reproduktionen im Traum und in der Behandlungsstunde:

»In der vierten Stunde ihrer Analyse erzählte Ivette: ›Ich träumte, daß ich ein kleines Baby war, und irgend jemand schlug mir auf den nackten Rücken, was mir einen schrecklichen Schock gab. Ich war ganz klein, nicht größer als eine Puppe, und der Schock war wie Flammen vom Licht, die in mein Hirn schossen. Das verwirrte und überraschte mich. Ich hatte dabei kein Gefühl von Schmerz und schrie nicht.‹«

Die Analyse des Traums führt dann zu einer Aktualisierung von Geburtsgefühlen:

»›Ein seltsames Gefühl in meinen Beinen. Ich fühle mich schwach, ich falle. Ich habe ein Gefühl einzusinken, ein unangenehmes Gefühl. Ich fühle mich benebelt, wie unter der Einwirkung eines Betäubungsmittels. Mein Kopf ist abwärts geneigt, ich bewege mich abwärts, ich fühle, wie ich geboren werde, es ist ein wenig schwierig, ich mache eine Anstrengung mit meinen Beinen. Es ist eine ganz gewöhnliche Stellung. Mein Kopf ist auf einer Seite, ich schieße abwärts. Ich fühle mich geängstigt. Jetzt fühle ich nichts mehr.‹ Ihr Kopf war seitwärts geneigt und hing halb über den Rand der Couch. Sie legte sich wieder richtig und seufzte: ›Es ist eine schreckliche Anstrengung – dieses Geburtsgeschäft.‹«

Ein Bericht des Schweizer Psychoanalytikers Stefan Blarer soll diese Reihe von Behandlungsbeispielen abschließen. Es geht um einen sechsundzwanzigjährigen Psychologiestudenten, der an Kontaktmangel leidet und besonders an der Unfähigkeit, eine Bindung mit einem Mädchen einzugehen:

»Bei geringer Nervosität stellte sich bei dem Patienten der Tick ein, daß er in kurzen Intervallen den Luftstrom im Hals unterbrechen mußte, worüber er sich selber sehr ärgerte. Bei der Umarmung eines Mädchens bekam er sofort das Gefühl, er werde von etwas Unsichtbarem erdrosselt. Mein Angebot, sich auf die Couch zu legen, konnte er lange nicht annehmen, weil er Angst hatte, er werde dabei von den Gefühlen erwürgt. Im Verlauf der Analyse brachte er immer an sogenannten Nahtstellen der Therapie, wenn sich ein neuer Durchbruch anbahnte, Träume mit ähnlichem Muster: ›Ich komme von einem Gang ans Licht. Ich gleite an einem Fallschirm auf den Boden, aber ich breche durch den Boden hindurch und hänge in der Leere über der Hölle ... Die Helligkeit dringt mir durch die Augen, dann wird es dunkel. Ein Mund kommt auf mich zu, um mir den Kopf abzubeißen. – Jetzt dreht es mich mit Gewalt nach links, ich möchte lieber nach rechts.‹ Die Mutter erzählte (später), daß der Patient früher als erwartet zu Hause geboren wurde. Als er schon ein bißchen herausgekommen sei, sei es nicht mehr weitergegangen, weil die Nabelschnur um den Hals gewickelt war. Man ließ sofort den Arzt kommen, es verging aber etwa eine halbe Stunde, bis die Geburt zu Ende geführt werden konnte.«

Erfahrung von vorgeburtlichen und geburtlichen Erlebensvorgängen in der Hypnose

Heutzutage ist anders als in vergangenen Zeiten deutlicher zu erkennen, daß sich in der Hypnose selbst vorgeburtliche und frühe postnatale Erlebenszustände aktualisieren können. Dies kann so weit gehen, daß sich frühe Reflexe aus dem Lebensanfang wieder einstellen.

Die Einsicht in diese Zusammenhänge war schon im 19. Jahrhundert geäußert worden, und auch in der frühen Psychoanalyse hatte man darüber ausführlicher diskutiert. Diese Zusammenhänge sind neuerdings im einzelnen von Terence Dowling dargestellt worden.

Die Einsicht, daß die Hypnose wesentlich bestimmt ist durch die Aktualisierung von prä- und frühen postnatalen Erlebniszuständen, ist oft dadurch verdeckt worden, daß man vor allem den Techniken und Effekten der hypnotischen Bewußtseinsveränderung Aufmerksamkeit geschenkt hat. Da die Hypnose so ausgeprägt frühes Erleben aktualisiert, kann es nicht verwundern, daß gerade die Hypnotherapeuten über besonders eindrückliche Aktualisierungen von prä- und perinatalen Reminiszenzen berichten konnten.

Es wurde beobachtet, daß bei hypnotischen Altersrückführungen spontan die Kopf- und Schulterbewegungen während der Geburt wieder auftraten. Ein Vergleich mit den realen Geburtsberichten ergab ganz verblüffende, nahezu vollständige Übereinstimmung. Bei solchen Sitzungen konnten sich auf ein Geburtstrauma bezogene Beschwerden wie Migräne, Nackenkopfschmerz und asthmatische Anfälle in einer Sitzung auflösen. In seltener Deutlichkeit können sich Elemente der Geburt in einer traumartigen Körpererfahrung aktualisieren. Auch pränatale Glücks- oder Schreckmomente, die in der Hypnose mit dem Bewußtsein erfaßt wurden, erwiesen sich bei der objektivierenden Nachprüfung als richtig. Dies spricht dafür, daß die prä- und perinatale Auffassungs- und Verarbeitungsmöglichkeit des Kindes viel komplexer ist als bisher häufig angenommen. Die experimentellen Untersuchungen des Entwicklungspsychologen Anthony DeCasper zum Wiedererkennen von vorgeburtlichen Eindrücken lassen etwas von der Komplexität vorgeburtlicher Wahrnehmungsfähigkeit deutlich werden.

Zur Zeit können wir die oft erstaunlichen Berichte zur Wiedererinnerungsfähigkeit in Hypnosesitzungen nur erst einmal nachdenklich zur Kenntnis nehmen. So berichtet der Hypnotherapeut Claus Bick folgenden Fall:

»Die fünfundzwanzigjährige Renate Sch. hatte schwere Angstzustände, Depressionen und Hitzewallungen. In der Hypnoanalyse führten wir sie bis in den Mutterleib zurück. Als sie die Zeit etwa drei Monate vor der Geburt wiedererlebt, bekommt sie plötzlich Herzrasen, ein starkes Hitzegefühl wallt in ihr auf, und sie ruft: ›Das ist das Gefühl, mit dem meine ganzen Beschwerden angefangen haben.‹ Sie beginnt zu weinen, erzählt, daß es immer heißer werde, und meint, heißes Wasser sei im Spiel. Und dieses Wasser macht ihr Angst: ›Es wird immer heißer, ich kann es nicht mehr ertragen, mein Herz rast immer mehr!‹ Ich führe sie einen weiteren Monat zurück – keine Beschwerden. Wieder drei Monate vor – ebenfalls keine Beschwerden. Nach Abschluß der Hypnoanalyse und Zurückführung in den normalen Bewußtseinszustand lag ein Verdacht nahe: Abtreibung! Ein Telefongespräch mit ihrer Mutter brachte Gewißheit: Nach einigem Zögern gab die Mutter zu, daß sie, als sie mit Renate schwanger gewesen war, mehrere Abtreibungsversuche, unter anderem mit heißen Sitzbädern, unternommen hatte.«

Es folgt ein Bericht von einer Patientin, die unter schweren Kopfschmerzen sowie zusätzlich unter Angstzuständen und Depressionen litt:

»Während der Hypnoanalyse erlebt sie sich immer wieder mit Kopfschmerzen: in der Schule, beim Spiel auf einer Wiese, wo sie sich plötzlich den schmerzenden Kopf hält. Erst als wir sie in den Mutterleib zurückführen, ist sie beschwerdefrei. Wir gehen also auf den Geburtsvorgang ein. Plötzlich ruft die Frau: ›Mein Kopf!‹ Auf meine Frage: ›Was ist mit dem Kopf?‹ meint sie: ›Er fällt, er fällt auf den Boden!‹ – ›Ist denn niemand da?‹ – ›Nein!‹ – ›Haben Sie Kopfschmerzen?‹ frage ich spontan. Sie antwortet: ›Ja, gerade habe ich Kopfschmerzen.‹

Nachforschungen bei der Mutter brachten Licht in die Angelegenheit. Die Mutter hatte Birnen eingemacht und eine ganze Menge genascht. Sie war der Meinung, bis zum Geburtstermin sei noch Zeit. Als sie am nächsten Tag einen Drang im Leib verspürte, führte sie ihn auf die Birnen zurück und glaubte, die Toilette aufsuchen zu müssen. Doch so weit kam sie gar nicht mehr. In ihrer Angst riß sie einen Eimer aus dem Schrank, und dann folgte die unerwartete und außergewöhnliche Geburt ihrer Tochter. Nachdem dieses Erlebnis verarbeitet war, kamen die Kopfschmerzen nie wieder.«

So wird die hypnoanalytische Wiederbelebung einer traumatischen Geburtserfahrung einer Patientin beschrieben. Sie berichtet in ihrer Geburtsanalyse von Angst und fährt fort:

»›Es ist so dunkel, ich will heraus, ich will heraus. Meine Mutter wehrt sich, sie hat Angst, sie hat Angst, weil sie alleine ist. Sie hält mich zurück, sie ruft nach jemandem. Es ist so dunkel, ich will heraus, es ist so dunkel, ich habe Angst, ich habe Angst, ich will heraus. Laßt mich doch heraus!‹ Sie beginnt zu schreien und zu weinen. Die Nachforschungen ergaben, daß die Mutter zum Zeitpunkt der Geburt allein war und der Vater auf dem Wege zur Hebamme war. Sie fährt dann fort: ›Es ist so schrecklich, ich falle, ich falle, ich zittere so.‹ Aus der Antwort auf die Frage, wo sie jetzt sei, war zu entnehmen, daß sie schließlich als Sturzgeburt zur Welt gekommen sei.«

In vielen Protokollen von Hypnotherapeuten ist festgehalten, daß Kinder vorgeburtlich die Ablehnung oder den Streit ihrer Eltern mitbekommen. Dies wird durch Berichte aus der LSD-Selbsterfahrung, die später ausführlicher dargestellt werden, bestätigt. Ebenso gibt es dramatische Darstellungen über das Alleinsein nach der Geburt, die ein Artikulationspunkt für spätere Verlassenheitsgefühle sein können.

Neben der Beglaubigung der Hypnoseberichte durch Überprüfungen der realen Ereignisse gibt es die von David Chamberlain entwickelte Möglichkeit, den Hypnosebericht der Mutter über die Geburt mit dem des Kindes zu vergleichen. Auf diese Weise ergibt sich eine experimentelle Anordnung, die auch eine statistische Auswertung zuläßt. Die Übereinstimmungen liegen bei über 90 Prozent. Hierzu ein Beispiel, bei dem, wie bei anderen Hypnoseberichten von Chamberlain auch, kritisch anzumerken ist, daß sie der gefälligeren Wiedergabe und der leichteren Lektüre zuliebe stilisiert sind und die Stückhaftigkeit und Mühseligkeit der Reproduktion der Erinnerung in der hypnotischen Regression nicht plastisch werden lassen. Darunter leiden Glaubwürdigkeit und Authentizität. Chamberlain gibt über die Aussagen von Linda und ihrer Mutter in der hypnotischen Regression folgenden Bericht:

»*Beginn der Wehen*:

LINDA: Ich spüre, wie sich bei meiner Mutter Spannung aufbaut und verkrampfe mich. Dann entspanne ich mich, ich habe das Gefühl, als wollte ich gerne weiterkommen, aber ich bleibe da, wo ich bin. Ich bin da ganz eingequetscht. Wenn ich so eingequetscht bin, will ich vorwärtskommen, und wenn ich mich entspannen kann, möchte ich mich zurückstoßen.

MUTTER: Mein Mann wollte mir nicht glauben, daß die Wehen angefangen haben, er wollte den Arzt nicht anrufen. Da rief ich selbst an, und er sagte mir, ich solle in die Klinik gehen. Ich war froh, daß es Zeit war. Mein Mann fuhr mich im Auto hin.

LINDA: Sie geht ... setzt sich in ein Auto oder so was. Ich bin in einer merkwürdigen Stellung. Ich kann spüren, wie das Auto vibriert. Ich fühle mich wirklich ungemütlich, weil ich sowieso schon in einer sehr unbequemen Haltung bin ... Ich bin total eingeklemmt. Meine Schultern sind eingequetscht, mein Hals ist noch dazu verdreht. Ich möchte ihn gerne wieder gerade ausstrecken, aber es geht nicht.

Im Kreißsaal:

LINDA: Ich glaube, sie liegt jetzt auf dem Tischdingsda. Meine Mammi ist auf jemanden böse, nicht auf mich. Sie ist sehr zornig. Ich glaube, es ist eine Frau, nicht der Arzt.

MUTTER: Eine Frau schreit, jemand in einem anderen Raum. Sie schreit andauernd, und das reizt mich ebenfalls zum Schreien. Meine Nerven sind angespannt ...

LINDA: ... Ich fühle mich eng eingezwängt, aber mein Hals wird nicht mehr gequetscht. Vorher bin ich immer, wenn sie sich entspannt hat, wieder irgendwie zurückgerutscht ...

MUTTER: Der Arzt kommt herein, ich bin froh ... Die Wehen schmerzen ...

Geburt:

LINDA: Ich habe meinen Kopf verdreht, wie, weiß ich nicht. Mein Kopf ragt ein bißchen heraus. Ich beginne, meinen Kopf zu drehen, um ihn wieder nach dem Körper auszurichten, weil der steckengeblieben war. Ich fand das qualvoll und wollte den Kopf wieder richtig haben. Der Arzt umfaßt mit den Händen meine Schläfen. Ich will, daß er losläßt. Ich versuche, mich wieder nach innen zu stoßen, weil ich das nicht mag. Ich bin frustriert, weil ich es allein tun will. Ich will, daß ich es schaffe. Ich will nicht, daß er mich anfaßt. Er drückt mich, es würde etwas länger dauern, aber es wäre für mich angenehmer ...

MUTTER: Ich kann die Wehen nicht mehr spüren, nur den Druck, nicht den Schmerz. Der Arzt dreht den Spiegel so, daß ich etwas sehen kann. Ich kann die schwarzen Haare meines Babys sehen ... Der Kopf des Babys ist draußen ...

Auf dem Bauch der Mutter:

LINDA: Sie legen mich meiner Mutter auf den Bauch. Jetzt geht es mir viel besser ...

MUTTER: Dann bringen sie das Baby und legen es mir auf den Bauch ...

Auf dem Weg zur Säuglingsstation:

LINDA: Ich glaube, ich wurde als erste weggebracht. Ich hatte die Augen zu und rollte mich zusammen, weil sie mich von meiner Mutter wegnahmen ...

MUTTER: Sie rollen mich mit dem Baby hinaus, beide nebeneinander ...«

Chamberlain faßt zusammen:

»Die Berichte von Mutter und Kind standen miteinander im Zusammenhang, enthielten viele Fakten, die übereinstimmten und Bezug zueinander hatten, und wiesen eine angemessene

Ähnlichkeit der Gesamtsituation, der Personen und der Abfolge auf. Die unabhängig voneinander entstandenen Berichte fügen sich in vielen Punkten ineinander, wie eine Geschichte, die von zwei Standpunkten aus erzählt wird. In manchen Fällen war die Übereinstimmung geradezu unheimlich.«

Durch die Stilisierung wirken die Berichte von Chamberlain zum Teil zwar manchmal obskur, doch sollte einen dies nicht daran hindern, darüber nachzudenken, was aus der eigenartigen Präzision bei Erinnerungen in der Hypnosesituation für unser Selbstverständnis und unser frühestes Erleben folgt. Sicher gibt es hier zur Zeit noch mehr Fragen als Antworten.

Geburtsaktualisierungen in der Primärtherapie

Arthur Janov hat aus der Beobachtung, daß Patienten mit gezielter Unterstützung spontan in sehr tiefe Regressionen geraten können, seine Primärtherapie entwickelt. Bei der Urschrei-Therapie ist die »zurückkehrende« Wiederholung von Teilen der Geburt, sogenannten Geburtsprimals, ein wichtiges Element. Als Beispiel seien einige Passagen aus einem Bericht über einen Patienten, der in Steißlage geboren wurde, angeführt:

»Gleich zu Anfang des Urerlebnisses klagte der Patient über ein Kältegefühl an den Beinen und am Gesäß – und tatsächlich fühlte sich die Haut des Patienten kalt an. In Abständen von wenigen Sekunden krümmte er sich zusammen und wurde von Zuckungen erfaßt, doch er konnte sich nicht erklären, was er da durchmachte ... ›Mein Körper zuckte wie verrückt, und dann hatte ich alle möglichen Schmerzen, vor allem im Rücken. Mein Stöhnen, es war wie ein Kämpfen, damit ich nicht zerschmettert werde ... Ich habe ein Druckgefühl von einer Stelle knapp über meinem Gesäß aufwärts (zu den Achselhöhlen) – kurz unterhalb meiner Schulterblätter verspüre ich den stärksten Schmerz, weil ich meine Hände vorn gefaltet habe ... Mein Körper ist unten kalt, oben warm. Es scheint so, als sei ich in der Mitte geteilt, und deshalb schmerzt der obere Teil meines Körpers ... Es ist, als würde mein Rückgrat verdreht und als würden mich starke Muskeln zerquetschen ... Ich habe Schmerzen in der rechten Schulter. Ich weiß nicht, was sie bedeuten, es ist, als werde ich auf einer Rutschbahn festgehalten und als verrenke jemand meinen Körper und verdrehe die Schultern. Und alles reißt mir den Rücken weg ...‹«

Sehr aussagekräftig ist das seinen Lebenszusammenhang betreffende Resümee des Patienten:

»Mein ganzes Leben lang war ich auf dem Sprung, mich auf eine Schlägerei mit jemandem einzulassen, der mich anstieß oder auch nur anrempelte. In der Schule reagierte ich übermäßig heftig, wenn irgendein Kind mich zufällig anstieß, und dann gab es eine Prügelei. Nun geht mir auf, daß ich mich immer gegen diesen frühen Schmerz zur Wehr gesetzt habe. Alles, was mir heutzutage Schmerz bereitet, setzt jenen Geburtsschmerz frei, und dann muß ich um mich schlagen, um mich vor weiteren Schmerzen zu schützen.«

Diese Bewertung zeigt, wie dicht unter der Oberfläche des Alltagserlebens solche frühen traumatischen Prägungen liegen können und unser Verhalten unbemerkt beeinflussen.

Als ein weiteres Beispiel der Bericht von Klaus Bieback, einem deutschen Primärtherapeuten, über eine zweiundzwanzigjährige Frau, deren Erwachsenwerden durch archaische Ängste behindert ist:

»Tatsache in der Lebensgeschichte dieser Frau ist, daß ihre Mutter, als sie mit ihr im dritten Schwangerschaftsmonat auf einer Urlaubsreise war, beinahe ihr Kind verloren hätte – Blutungen hatten eingesetzt. Der Muttermund hatte sich 25 Millimeter geöffnet, die Ärzte im Krankenhaus glaubten erst an einen künstlich eingeleiteten Abbruch, was aber nicht zutraf. Die Mutter mußte fünf Tage total liegen und durfte sich nicht bewegen. Die Ärzte sagten, die Chance dafür, es zu schaffen, sei 5 Prozent. Sie bekam Valium, alle ihre Lebensregungen wurden ganz, ganz langsam. Die Blutung kam zum Stillstand. Das Kind wurde dann nach weiteren sechs Monaten normaler Schwangerschaft gesund geboren.«

Im folgenden Traumbericht der jungen Frau findet sich eine bizarre Übersetzung von Angst aus archaischer Zeit:

»›Meine jüngere Schwester war vom Vater zu mir geschickt, um mir zu helfen: Da ist ein hoher Berg wie ein Kegel. Er ist wie eine Pyramide, und seine Wände sind spiegelglatt. Ganz oben auf der Plattform steht unser Auto. Nur die Reifen passen noch auf die Plattform, so daß das Auto überguckt und es fast abrutscht. Vater sitzt am Steuer und neben ihm seine Schwester. Mutter und ich befinden uns draußen. Ich muß nun Vater dirigieren, wie er fahren soll, einmal nach vorn, einmal rückwärts. Es geht um Millimeter, ich kann es gar nicht ansehen. Es geht um Leben und Tod, und ich habe die volle Verantwortung und wollte und konnte es eigentlich nicht. Es geht lange hin und her, dann ist es geschafft. Ich habe es machen müssen, nichts ist passiert, ich habe es hinter mir. Aber da geht das gleiche nach hinten los. Das Auto ist an einer senkrechten, glatten Wand. Nur die Vorderreifen halten sich noch an der Plattform. Ich muß es dirigieren, so daß es nicht zu schnell geht. Alles ganz, ganz langsam. Eigentlich ist es nicht zu schaffen. Man könnte abstürzen. Das Auto mußte total senkrecht stehen und durfte sich nur Millimeter bewegen, sonst hätte es sich nicht halten können. Sonst wäre es abgestürzt und explodiert. – Und da bin ich aufgewacht.‹

Ich möchte dem Traum hier eine Überschrift geben, wie ich sie der jungen Frau gegeben habe. Sie lautete: ›Das Leben hatte Vorfahrt vor dem Absturz – ganz, ganz langsam.‹ Dann sagte ich noch: ›Sie und das Auto haben es großartig gemeistert. Herzlichen Glückwunsch.‹ Sie schaute mich überrascht und dankbar an. Sie und ich wußten, daß ich sie auf ihrem gefährlichen Berg besucht hatte. Mit dem Blick auf den guten Ausgang konnte eine Integration des traumatischen Erlebens begonnen und fortgesetzt werden.«

Dieser Bericht macht deutlich, wie im Traum und in der Kommunikation der therapeutischen Situation symbolische »Abkömmlinge« des pränatalen Traumas präsent werden können, deren Wiederbelebung notwendig ist, um durch eine nachträgliche Verarbeitung Unabhängigkeit in einem Erwachsenenleben zu gewinnen.

Wiedererleben eines perinatalen Traumas in der psychoanalytischen Regressionstherapie

In der neueren Psychotherapie gibt es verschiedene Bemühungen, Elemente des psychoanalytischen, des primärtherapeutischen und des körpertherapeutischen Ansatzes miteinander zu verbinden, um für den Patienten zur Aktualisierung von traumatischen Früherfahrungen eine optimale therapeutische Situation zu schaffen. Ein Beispiel dieser Bemühungen ist die psychoanalytische Regressionstherapie, wie sie der Psychoanalytiker Wolfgang Hollweg entwickelt hat. Ich zitiere seinen Bericht über die Behandlung eines neunjährigen Mädchens, das an unklaren rheumatischen Beschwerden im Bereich der Beine erkrankt war:

»Ich fordere sie (in der ersten Therapiesitzung) auf, sich auf den Boden zu legen, die Augen fest geschlossen zu halten und sich intensiv auf die Schmerzen in ihrem Bein zu konzentrieren. Sie sollte mir dann sagen, was in ihrem Körper vor sich geht. Nach wenigen Minuten beginnt sie zu lachen. ›Ich möchte einen Purzelbaum machen!‹ Ich fordere sie auf, dem Drang nachzugeben. Sie macht gleich mehrere Purzelbäume hintereinander. Plötzlich hört sie damit auf und sagt: ›Es geht nicht mehr, ich müßte einen Purzelbaum machen, aber es ist dazu viel zu eng!‹ Ihre Stimme klingt jetzt ganz verändert. Sie klingt angespannt und ängstlich. Schließlich sagt sie: ›Ich stecke in einem ganz engen Raum. Ich muß da raus, mit dem Kopf voran. Aber ich liege verkehrt herum. Ich kann mich nicht drehen!‹

In den nächsten Sitzungen erlebt das Mädchen seine Geburt. Sie ist eine sogenannte ›Steißlage‹. Sie kann einen sehr befreienden Zusammenhang knüpfen zwischen ihrer Geburtslage und ihren Ängsten, von denen sie immer wieder auf der Toilette überfallen wird. Sie kommt dort von der Vorstellung nicht los, eine Hand würde von unten her nach ihrem Gesäß greifen und sie in die Tiefe ziehen. Den Zusammenhang mit dem Geburtsgeschehen kann sie unmittelbar erfassen und die damit verbundenen Ängste ein ganz erhebliches Stück weit auflösen.

Nach dieser Phase nimmt sie sich wieder im Mutterleib wahr, und zwar im letzten Schwangerschaftsmonat. Sie liegt verkehrt herum, mit dem Gesäß nach unten und mit angezogenen Beinen, die Füße gegen die Bauchdecke der Mutter gestemmt. Sie spürt, wie, von den Füßen ausgehend, ein ungeheurer Druck auf Unterschenkeln und Knien lastet. Sie empfindet ihn als so schmerzhaft, daß sie im Mutterleib sogar zu wenig Schlaf und Entspannung findet. Einige Sitzungen später erfolgt ein Erlebnis, in dem sie die Ursache der Steißlage aufdeckt. Sie hört zunächst das Geräusch eines Automotors. Dann nimmt sie plötzlich zusammen mit dem Geräusch, Kreischen der Bremsen, einen gewaltigen Ruck wahr und fühlt sich herausgeschleudert. Erst jetzt liegt sie falsch. Bis zu diesem Ereignis war sie noch in der richtigen Geburtslage gewesen. Was war geschehen? Die Mutter hatte bis in den neunten Schwangerschaftsmonat hinein Fahrstunden genommen. Bei einer heftigen Bremsung hatte sich der Fötus gedreht und konnte die falsche Lage in der Folgezeit wegen der zunehmenden Enge nicht mehr korrigieren, obwohl es, wie die Therapie zeigte, versucht wurde. Da nach diesem Erlebnis die Symptomatik rasch abklang, so daß das Mädchen das Gymnasium problemlos besuchen konnte, wurde die Therapie abgebrochen.«

Der Bericht erläutert sich durch seine Plausibilität selbst. Er zeigt deutlich, daß ein Mensch in einer Konfliktlage spontan auf traumatische Fixierungen zurückfallen kann, was nur allzu leicht übersehen wird. Es bedarf sicher einiger Übung, diese »rückwärtsgewandten« Bedingungen im Erleben und Verhalten, die letztlich ganz alltäglich sind, wirklich wahrzunehmen. Gelingt das, so wird es auch leichter, solche sogenannten Klosettängste, wie sie Hollweg von seiner Patientin berichtet, wirklich mit der Geburtssituation in Verbindung zu bringen. Grundsätzlich kann man es so formulieren: In uns schwingen immer unsere gesamte Lebenserfahrung und damit auch unsere prä- und perinatalen Erlebnisse mit. Bei raschen Veränderungen und Umstellungen fügt sich unser Geburtserleben fördernd oder hemmend als Urerfahrung von Veränderung und Wandel in unseren Alltag als Heranwachsende oder Erwachsene ein.

Bildhaftes Erleben prä- und perinataler Zustände in der LSD-Erfahrung

Es gibt eine umfangreiche Literatur zur Selbsterfahrung mit LSD, jedoch ist diese nur ganz unzureichend in bezug auf die Aktualisierung prä- und perinataler Urerfahrung erschlossen. Nur wenige Autoren wie Hanscarl Leuner, Stanislav Grof, Ralf Bolle und Athanassios Kafkalides haben die LSD-Erfahrung systematisch unter dem Gesichtspunkt der Reaktivierung frühester Erlebensvorgänge untersucht.

Zum Thema LSD ist eine Zwischenbemerkung bzw. Erläuterung nötig. Das LSD zählt zu den sogenannten psychoaktiven Substanzen, die gewöhnlich unbewußte seelische Inhalte in der Art eines intensivierten Wachtraums erlebbar machen. In den sechziger und siebziger Jahren waren, zum Beispiel in Teilen der Subkultur, Hoffnungen geweckt worden, mittels LSD eine Bewußtseinserweiterung bewirken zu können. Doch zeigte sich rasch, daß bei einer neurotischen Konfliktdisposition eine Destabilisierung der Persönlichkeit erfolgen und einer süchtigen Regression der Weg gebahnt werden konnte. LSD ist jedoch, wird es in kontrollierter Weise eingesetzt, ein wertvolles Instrument zur Erforschung seelischer Tiefenregressionen.

Hier ein typischer Bericht von einer LSD-Selbsterfahrung von der amerikanischen Geburtsvorbereiterin Leni Schwartz:

»Nach 20 Minuten begann ich die Wirkung der Droge zu fühlen ... Die spirale Form, mit der ich mich identifizierte, verwandelte sich in einen dunklen höhlenartigen Raum. Ich fühlte seine Grenzen ... ich begann, mich langsam in einem langen Tunnel entlangzubewegen. Die Wände buchteten sich rhythmisch ein und aus. Sie bestanden aus einem feuchten Gewebe, das sich in einer pulsierenden, zusammenziehenden, ausdehnenden Bewegung fand. Am Ende des Tunnels war ein blaues Licht ... Wie der blaue Himmel eines schönen Frühlingstages ... Plötzlich änderte sich alles. Ich fühlte einen unerträglichen Druck auf meinem Kopf und Körper, einen quälenden Schmerz. Ich wurde von rückwärts durch eine überwältigende Kraft gestoßen, aber es war keine Bewegung nach vorwärts möglich. Statt dessen verengten sich die weichen Wände. Alle Bewegung hörte auf. Ich war gefangen, dem Ersticken nahe und zu klein und zu machtlos, um gegen die unerwartete Gewalt anzukämpfen. In einem ängstlichen Schrei, in einer Mischung von Wut und Furcht, hörte ich mich rufen: ›Helft mir, ich bin zu klein, ich kann nicht atmen, ich kann es nicht allein machen. Warum habt ihr mich verlassen, wo seid ihr? Ich brauche euch.‹ Für eine Zeit, die mir unendlich erschien, fühlte ich mich dem Sterben nahe – allein, verlassen, in einem dunklen Käfig ohne Luft. Da war kein Ausgang, ich konnte nicht vorwärts und nicht rückwärts. Dann, ebenso unerwartet, wie die Bewegung aufgehört hatte, begann sie wieder. Das Pulsieren war intensiv und rhythmisch. Ich begann wirklich zu kämpfen und arbeitete mich vorwärts, wimmerte und schrie oft vor Schmerz ... Dann hörte der Kampf plötzlich auf, und ich brach aus meinem Gefängnis aus in einen Kreis von klarem blauem Licht. Das Herausgestoßenwerden war vom intensiven Schmerz in meinem Kopfnacken begleitet. Ich rang nach Luft ... Ich war erschöpft, aber frei.«

Leni Schwartz beschreibt sehr überzeugend, wie sie nach dieser eindrücklichen LSD-Geburtserfahrung vielerlei Zusammenhänge zwischen Grundgefühlen ihres Lebens herstellen kann. Oft war sie von Verlassenheitsängsten und Mutlosigkeit heimgesucht worden, die sich jetzt im Zusammenhang mit der Geburtserfahrung neu verstehen ließen. Oft bedeuteten kleine Enttäuschungen für sie dramatische Augenblicke des Verlassenseins. Sie hatte immer versucht, jede nur denkbare Möglichkeit, verlassen zu werden, zu vermeiden. »Nun versuchte ich, diese Gefühle mit dem zu verbinden, was ich über meine Geburt wußte.« Auch durch Gespräche mit ihrer Mutter konnte sie mancherlei Beziehungen zwischen ihrer LSD-Erfahrung und realen Ereignissen herstellen.

Eine sehr unmittelbar wirkende Aktualisierung einer Mutterleibserfahrung seines Patienten Richard bei einer LSD-Sitzung schildert Stanislav Grof:

»Er fühlte, daß er im Fruchtwasser schwamm, durch die Nabelschnur mit der Plazenta verbunden. Er nahm wahr, daß durch den Nabelbereich Nahrung in seinen Körper floß, und er erlebte wunderbare Gefühle der symbiotischen Einheit mit seiner Mutter ... Aufgrund von Anzeichen, die er nicht zu identifizieren und zu erklären vermochte, diagnostizierte er sich als einen ziemlich reifen Fötus vor der Geburt. In diesem Zustand hörte er plötzlich seltsame Geräusche, die aus der Außenwelt kamen. Sie hatten einen sehr ungewöhnlich hallenden Klang, als ob sie in einem großen Raum widerhallten oder durch eine Wasserschicht hindurchdrängen. Der daraus resultierende Effekt erinnerte ihn an die Art von Klängen, die Techniker bei modernen Musikaufnahmen durch elektrische Mittel erzielen. Er kam zu dem Schluß, daß die Bauchwand und das Fruchtwasser die Verzerrung bewirkten und daß in dieser Abwandlung Geräusche von außen den Fötus erreichten. Er versuchte festzustellen, was die Geräusche hervorrief und woher sie kamen. Nach einiger Zeit konnte er menschliche Stimmen erkennen, die lachten und riefen, und Klänge, die den Tönen von Karnevalstrompeten ähnelten. Plötzlich kam ihm der Gedanke, daß dies der Jahrmarkt gewesen sein muß, der in seinem Heimatdorf jedes Jahr zwei Tage vor seinem Geburtstag stattgefunden hatte. Nachdem er die Informationsfragmente zusammengefügt hatte, kam er zu dem Schluß, daß seine Mutter kurz vor seiner Geburt den Jahrmarkt besucht haben müsse.

Als Richards Mutter selbst über die Umstände der Geburt befragt wurde – ohne daß sie etwas von seiner LSD-Erfahrung gehört hatte –, brachte sie von sich aus u. a. folgende Geschichte vor: ›In dem recht langweiligen Dorfleben war der jedes Jahr stattfindende Jahrmarkt eines der seltenen, aufregenden Erlebnisse.‹ Obwohl sie sich im letzten Stadium der Schwangerschaft befand, hätte sie um nichts in der Welt diese Veranstaltung versäumt. Trotz nachdrücklicher Einwände und Warnungen von seiten ihrer Mutter und Großmutter verließ sie das Haus, um an dem Fest teilzunehmen. Nach der Meinung ihrer Verwandten hatten die lärmende Umgebung und die damit verbundenen Aufregungen die Geburt des Patienten beschleunigt. Richard bestritt, je von dieser Geschichte gehört zu haben – und seine Mutter erinnerte sich nicht, ihm je davon erzählt zu haben.«

Unzweifelhaft fügt das LSD dem Erleben nichts hinzu, sondern hebt lediglich Hintergrundprozesse des Unbewußten in die Klarheit eines bilderstarken Bewußtseins. Durch den methodischen Rahmen der systematisch vergleichenden LSD-Erfahrung war es möglich, die perinatalen Basiserfahrungen in ihrer jeweiligen besonderen Ausprägung als Grundstrukturen des Erlebens im Erwachsenenalter zu erkennen. Grof nannte diese Grundstrukturen Matrizen, womit gemeint ist, daß die pränatale Phase, die Eröffnungs-, Austreibungs- und die Durchtrittsphase der Geburt jeweils grundlegende psychische Strukturen für das spätere Erleben vorprägen. Diese Grunderfahrungen bilden das Fundament, den Hintergrund und Ausgangspunkt späterer Welterfahrung und Erlebnisverarbeitung.

Wenn auch die Muster der Matrizen, wie es bei einem ersten Entwurf nicht anders sein kann, systematische Verzerrungen durch die subjektive Sicht von Grof enthalten, so sind sie doch als ein konzeptueller Durchbruch in der psychodynamischen Erfassung der prä- und perinatalen Grundmuster des Erlebens einzuschätzen. Die systematischen Verzerrungen betreffen eine Unterschätzung des pränatalen Traumas bzw. eine Überschätzung des »guten Mutterleibes«; ebenso werden die kreativen und produktiven Elemente des Geburtskampfes zu gering eingeschätzt und die destruktiven Todes- und Vernichtungsaspekte zu hoch bewertet. Dadurch kommt es bei Grof zu einer gewissen Aufspaltung zwischen einer »guten« pränatalen Urerfahrung und einer »schlechten« Todeserfahrung bei der Geburt und zu einer bestimmten Mythologisierung des ganzen Erlebens. Trotzdem ist das System der perinatalen Matrizen, wenn man die genannten Verzerrungen nicht übersieht, ein sehr brauchbares Konzept zur Erfassung und Einordnung von frühen Erfahrungen. Zusammenfassend will ich deshalb Elemente der verschiedenen Stadien vor und während der Geburt nach Grof aufführen:

Perinatale Matrix I – die Ureinheit mit der Mutter:

Das Leben in der Gebärmutter wird mit einem »glückseligen, undifferenzierten, ozeanischen Bewußtseinszustand verbunden«. Versuchspersonen hatten die Empfindung, »mit der Umwelt zu verschmelzen« und »mit den wahrgenommenen Objekten (eins zu sein)«.

Irritationen im vorgeburtlichen Leben, zum Beispiel durch körperliche oder seelische Belastungen der Mutter, geben die Versuchspersonen unter LSD als sehr konkrete Erinnerungen wieder. Diese können in optischen Störungen bestehen, zum Beispiel von einem Nebel eingehüllt zu sein, oder sich konkret in Körperempfindungen wie Kopfschmerz, Schwächegefühlen oder Frieren ausdrücken. Auch »Visionen von Dämonen« und »zornigen Gottheiten«, die bei manchen Experimenten auftraten, deuten auf vorgeburtlich erfahrene Krisen hin.

Perinatale Matrix II – Antagonismus mit der Mutter (Kontraktionen in einem geschlossenen uterinen System):

Diese Phase umfaßt das erste klinische Stadium des Geburtsvorgangs. Dies ist, auch physisch gesehen, eine Situation von großer Bedrängnis und Bedrohung, voll Schmerz und Eingezwängtsein. »Die Testperson fühlt sich in einer klaustrophobischen Welt eingeschlossen und erlebt unglaubliche physische und psychische Qualen.« Nicht einmal der Gedanke an Selbstmord scheint hier tröstlich zu sein. Bilder der Hölle und unendlicher Qual steigen auf. Assoziationen an abstoßende und mißgestaltete Wesen treten auf. »Die Qual der Geburt ist identisch mit der Qual des Todes.« Das Schicksal mythologischer Figuren wie Sisyphos, Tantalus oder Prometheus wird als bildhafter Vergleich für die erlebten Qualen genannt; wie auch die Vertreibung aus dem Paradies oder das Leiden Jesu Christi am Kreuz. »Eine Intensivierung der Erfahrung führt typischerweise zur Vision eines gigantischen, unwiderstehlichen Strudels, eines kosmischen Wirbels, der den Betroffenen und seine Welt erbarmungslos in sich einsaugt.« Die typischen körperlichen Empfindungen während der Erinnerungen an diese Phase sind extremer Druck auf Kopf und Körper, Ohrensausen, Atem- und Herzbeklemmungen, abwechselnd Hitze- und Kälteströme.

Perinatale Matrix III – Synergie der Mutter (Vorwärtsbewegung durch den Geburtskanal):

»Die Testperson erlebt Sequenzen einer immensen Verdichtung von Energie und ihrer explosionsartigen Entladung und gibt dem Gefühl Ausdruck, daß mächtige Energieströme ihren ganzen Körper durchfließen.« Diese Erfahrungen werden oft von Visionen von Naturkatastrophen begleitet: Erdbeben, Vulkanausbrüchen, sintflutähnlichen Gewitterstürmen. Aber auch sadomasochistische Vorstellungen und generelle sexuelle Erregungen gehen mit diesen Erinnerungen einher. Dazu paßt die Beobachtung, daß Jungen bei der Geburt eine Erektion haben können.

Perinatale Matrix IV – Trennung von der Mutter (Beendigung des symbiotischen Einsseins und Bildung einer neuen Beziehungsform):

Nach den bedrängenden Qualen wird plötzlich »Erleichterung und Entspannung« verspürt. An diese die Geburt abschließenden Ereignisse werden manchmal sehr präzise Erinnerungen wiedergegeben, die von unabhängig befragten Zeugen bestätigt wurden: Gerüche von Betäubungsmitteln, Klappern von medizinischen Instrumenten, Lichtreize, aber auch spezifische medizinische Maßnahmen wie der Gebrauch von Geburtszangen oder wie Wiederbelebungsbemühungen. »Nachdem der Erlebende die tiefste, totale Vernichtung erfahren hat und auf dem kosmischen Tiefpunkt angelangt ist, wird er von Visionen eines blendenden weißen oder goldenen Lichts überfallen ... Die Empfänglichkeit für Naturschönheiten ist erheblich gesteigert, und ein einfaches, unkompliziertes Leben in engem Kontakt mit der Natur erscheint als die begehrenswerteste Daseinsform ... Der wahrscheinlich am häufigsten vorkommende symbolische Bezugsrahmen für dieses Erlebnis sind Christi Tod am Kreuz und seine Wiederauferstehung, das Karfreitagsmysterium und die Enthüllung des Heiligen Grals ... Die perinatalen Wurzeln des Christentums zeigen sich deutlich darin, daß hier gleichzeitig Qual und Tod (Christus am Kreuz), die Gefährdungen des neugeborenen Kindes (die Tötung der Kinder durch Herodes) und mütterliche Sorge und Schutz (Maria und der kleine Jesus) hervorgehoben werden ...«

Die erstaunliche Fülle der Bilder und Beziehungen im Rahmen dieser Drogenexperimente mag befremdlich sein und zur Kritik herausfordern. Trotz allem bleibt jedoch ein Kern von richtigen Beschreibungen der Grunddimensionen früher Erfahrung, die wir in unseren sozio-kulturellen Systemen projektiv umformen und durcharbeiten. In diesem Sinne ist unsere früheste Erfahrung eben auch in der Projektion unter Drogen wieder gegenwärtig, und da von den Verzerrungen und Manipulationen dieser tiefsten Vorstellungen Heil und Unheil unserer Gesellschaft wesentlich mitbestimmt werden, ist eine Erfassung dieser Zusammenhänge eine wirkliche Aufgabe der Zeit. (An späterer Stelle wird hiervon ausführlich zu handeln sein.)

Das Fortwirken von pränataler Erfahrung im Lebens- und Selbstgefühl eines erwachsenen Menschen kann in der LSD-Selbsterfahrung unmittelbar durchsichtig werden. Der griechische Psychiater und Psychotherapeut Athanassios Kafkalides entwickelte hierzu den Begriff des »akzeptierenden« und des

»zurückstoßenden Mutterleibes«. Zur Illustration einer Prägung durch einen »zurückweisenden Mutterleib« ein Beispiel von Kafkalides. Es handelt von einer zwanzigjährigen, alleinstehenden Frau, die sich seit ihrer Kindheit wie ein verängstigtes Tier gefühlt hat. Sie fürchtete sich vor allem und jedem, konnte nirgends Unterstützung finden. Sie fühlte in sich nur Schuldgefühle und bestrafte und quälte sich wegen dieser Gefühle. Hier Auszüge aus dem Protokoll der LSD-Selbsterfahrung:

»›Als ich meine Mutter schwanger sah, fühlte ich, daß ich in ihrem Bauch war, und sie schlug mich fürchterlich. Mir wurde klar, daß sie mich abtreiben wollte, und ich fühlte mich ängstlich, weil jeder gegen mich war, und ich fühlte mich sehr schwach ... Der Mutterleib ist etwas Unreines. Er enthält Papierfetzen, Glassplitter. Wenn jemand dahin gelangt, ist er ein Nichts. Es ist wie ein Grab, wie in einer Plastiktasche ... Ich kann das Meer nicht sehen, weil es mich ertränkt. Und wenn ich ertrinke, werde ich ein kleines Baby, ein Fötus, und dann ... dann ist da das Grab ... Und wenn ich im Mutterleib nicht existierte, wie könnte ich glauben, jemals zu existieren ... Ich fühle mich ständig tot und verteidige mich ständig ... Wann komme ich aus dieser Situation heraus? Es ist schwarz. Ich komme nackt heraus, und die Leute lieben keine Nackten. Ich fühle mich, als ob ich brenne ... Ich sehe schwarze Asche ... Was ist das? Der Mutterleib ist alles. Ich komme in die Welt, als ob ich verbrannt bin. Wenn ich geboren bin, komme ich aus dem Mutterleib, kann ihn aber nicht bekämpfen, weil ich mich überall in ihm fühle. Ich habe das Gefühl, daß ich etwas vom Mutterleib habe, sogar wenn ich außerhalb bin ... Nun bin ich das kleine schmutzige Kind, das sie nicht wollten.‹«

In solchen Berichten wird ein existentielles Elend frühester Ablehnung deutlich, wie es sich hinter bedrückenden Angst- und Minderwertigkeitsgefühlen verbergen kann. Für diese Patientin gab es nur eine schreckliche, lebensverneinende Lektion zu lernen. Wie sich eine solche Lektion in einem mehr psychoanalytisch orientierten Behandlungsprozeß widerspiegeln kann, hat Marie Cardinal in ihrem Buch »Schattenmund« geschildert.

Neurophysiologisch gesehen entspricht der bilderreichen Form der LSD-Selbsterfahrung eine Aktivierung der rechten Hemisphäre des Gehirns gegenüber der linken Hemisphäre, also der mehr bildhaft verarbeitenden Hirnbereiche gegenüber den mehr abstrakt und sprachlich verarbeitenden. Gleichzeitig bedeutet dies ein mehr dem kindlichen oder kleinkindlichen Denken und Empfinden ähnliches Aktivierungsmuster. Die Einnahme psycholytischer Substanzen hat also möglicherweise eine Art neurophysiologisch bedingte Regression des Erlebens und eine Aktivierung früherer Erlebensschichten zur Folge.

Geburtserleben im Rebirthing

Leonard Orr, der Begründer des Rebirthing, hatte durch persönliche Erfahrungen die große Bedeutung eines gesteigerten Atemrhythmus als Mittel der Rückführung in früheste Erlebenszustände erkannt. Er entdeckte, daß es durch eine Veränderung des Atmens in Richtung auf ein rascheres Babyatmen möglich war, regressives Erleben anzustoßen.

Dies ist an sich nichts anderes als eine Art westliche Wiederentdeckung der bewußtseinserweiternden Potentiale veränderter Atmung, des sogenannten kreisförmigen Atmens, wie sie in asiatischen und vorderasiatischen Kulturen von jeher bekannt sind und angewandt werden. Auffällig ist, daß die Wirkungen kreisförmigen Atmens in verschiedenen westlichen Ländern gleichzeitig entdeckt wurden. Doch war Orr der offensivste Vertreter dieser neuen Technik zur Bewußtseinsveränderung. Die Regression kann dabei auf verschiedene Stufen gehen, insbesondere auch auf perinatale oder ganz frühe postnatale Stadien, wohl deshalb, weil perinatale Atemnotstände relativ häufig sind und die Atemveränderung des Rebirthing spezifisch solche Reminiszenzen und perinatalen Körperzustände zu aktualisieren scheint. Hierzu ein Beispiel des Rebirthing-Therapeuten Wolfgang Strasser:

»In meiner zweiten Sitzung kam z. B. ein sehr wesentlicher Teil meines Geburtserlebnisses zum Vorschein. Ich hatte das Gefühl, langsam, aber sicher auf einen dunklen Schlund zuzudriften und diesem Schlund nicht entkommen zu können, was starke Todesängste hervorrief. Dieses Erlebnis entsprach offenbar der Phase des Zusammengepreßtwerdens im Geburtsvorgang. Ein zweites Durcharbeiten der Geburt kam erst viel später, nämlich in der dreißigsten Sitzung. In dieser zweiten ›Geburtssitzung‹ kam ich zunächst in einen recht schönen, ruhigen Atemrhythmus hinein, und alles war natürlich und harmonisch. Aber langsam fühlte ich, wie ein ungeheurer Druck meinen Körper, insbesondere auf der linken Seite, immer stärker und stärker zusammenpreßte, so daß es fast nicht mehr auszuhalten war ... Nach einiger Zeit ließ dieser Druck nach, und es wurde um mich herum etwas heller. Ich begann zu frieren, ich zitterte am ganzen Körper und hatte richtig Zähneklappern. Ein Gefühl großer Einsamkeit machte sich in mir breit. Womit ich aber am meisten zu kämpfen hatte, war der Eindruck, daß sich mein Bewußtsein langsam, aber sicher davonmachen wollte ... Einerseits dachte ich mir, daß dies wohl eine meiner Geburtserfahrungen war, daß offenbar meine Geburt mit großen Schwierigkeiten verbunden sein mußte und ich nach der Geburt offenbar nicht genau wußte, ob ich das alles überleben würde. (Laut Berichten von Personen, die bei meiner Geburt anwesend waren, verlief sie tatsächlich ziemlich kompliziert.) Dann kam die Begleiterin und legte mir einfach die Hände auf den Körper und auf den Kopf, und schlagartig fühlte ich mich sehr viel besser, konnte noch viel besser entspannen, wußte, daß ich nicht allein auf der Welt war. Nach einigen Minuten hatte ich plötzlich die Gewißheit, nicht sterben zu müssen ... Es war, wie dem Leben neu geschenkt worden zu sein. Ein großes Hungergefühl stellte sich ein. Mit dem Hungergefühl verschwanden langsam all die vorherigen drastischen Erlebnisse, und ich kehrte wieder zu meinem Platz zurück.«

Möglicherweise werden beim Rebirthing, wie eben erwähnt, besonders Erlebnisse unmittelbar nach der Geburt aktiviert. Jedenfalls haben Rebirther zu diesem Thema besondere Beiträge beigesteuert. In der Ausdrucksweise von Terence Dowling kann man die psychosomatische Gesamtkonstellation der individuellen Geburt als »Geburtsskript« bezeichnen. Solche Geburtsskripte, die eben somatisch-psychische Erfahrungen und fundamentale Beziehungsstrukturen zusammenfassen, können, wenn sie in der späteren Interaktion zwischen Mutter und Kind nicht ausreichend integriert werden konnten, eine prägende Wirkung für die spätere Lebensgestaltung entfalten und sich in fixierten Einstellungen und Handlungsinszenierungen ausdrükken, wie zum Beispiel: »Ich muß mich anstrengen, alles ist Kampf! Ich bin schuld. Ich werde hin- und hergezerrt. Ich bin machtlos. Ich finde keinen Ausweg. Ich werde verletzt. Ich komme nicht durch. Ich muß plötzlich für mich selbst sorgen.«

Dies ist aber nur eine Ausformung des Geburtsskripts. Man kann beobachten, daß nicht selten in einer sehr dranghaften Weise elementare Figuren des eigenen Geburtsskripts in komplexen sozialen Handlungsabläufen wiederholt und durchgespielt werden. Man kann dies als nachträgliche Integrationsversuche verstehen, zum Teil aber auch einfach als Ausdruck einer geburtsbedingten Einseitigkeit in der Lebens- und Selbstauffassung, und zwar in dem Sinne, daß die Betreffenden es einfach nicht besser »wissen«. Hierher gehören sich ständig wiederholende Lebensmuster wie abrupte Beziehungsbrüche, masochistische oder sadistische Abhängigkeitskonflikte, ewiges Zuspät- oder Zufrühkommen, destruktive Kampfsituationen, chaotisches Scheitern usw.

Wie die Beispiele aus der LSD-Selbsterfahrung gezeigt haben, können durch das Herbeiführen von Tiefenregressionen Leidens- und Notzustände aktualisiert werden, die die Bewältigungsmöglichkeiten des Betreffenden überschreiten. Das hat sehr oft zur Folge, daß die empfundene Qual abgewehrt wird, indem der ihr vorangehende Zustand – das pränatale Leben – zu einer paradiesischen, ideal guten Welt stilisiert wird. Gerade die Rebirthing-Bewegung zeigt diese Gefahren von Heilserwartungen und Heilsgemeinschaft, wie sie immer wieder zu beobachten sind; es kommt dann zu einem angstbestimmten, mythisierenden Kurzschluß hin zu letzten Sicherheiten. Die ernüchternde Wirklichkeit sieht jedoch so aus, daß im Bereich der pränatalen Psychologie noch ein umfangreiches Forschungsfeld vor uns liegt, allenfalls erste Ahnungen und erste Eindrücke vorhanden sind und zugleich wesentlich mehr Unsicherheiten und offene Fragen bestehen als gesichertes Wissen.

Die Bedeutung des Früherlebens in den verschiedenen Psychotherapien

Die vielen Fallbeispiele sollten es dem Leser neben der Information über einzelne Therapieformen auch ermöglichen, Zusammenhänge zur eigenen Erfahrung herzustellen. Vielleicht ist es gelungen, die verhüllte Darstellung des einen oder anderen Elements der eigenen Frühgeschichte zu entdecken und zu entschlüsseln, die Projektion zurückzunehmen und dabei die Erfahrung eines Stücks Bewußtseinserweiterung zu machen. Gleiches kann sich im Gespräch mit Bekannten und Freunden über die Bedingungen des eigenen Lebensanfangs ereignen. Überraschende Zusammenhänge zwischen früher Erfahrung und aktuellem Verhalten sowie individuellem Weltbezug können sich auftun und zu einem tieferen Verständnis des eigenen Lebens führen. Nur das Ineinander von Erweiterung des Selbst- und des Weltbezugs kann einen wirklichen Zugang zur lebensgeschichtlichen Bedeutung unserer Früherfahrung vermitteln. Darum folgt nun wieder ein Kapitel zu empirischen Beobachtungen der Folgen von prä- und perinatalen Einwirkungen.

VI

DIE STRAPAZEN DER GEBURT

Empirische Befunde zu den Folgewirkungen von prä- und perinatalem Streß

Vorbemerkung

Die Wirkungen von prä- und perinatalem Streß lassen sich auf verschiedenen methodischen Ebenen nachweisen. Zu dieser Erscheinung liegt auch eine Reihe fachlicher und allgemeinverständlicher Übersichten vor. Das Problem besteht weniger im Nachweis des Streß-Syndroms, das sich für das pränatal gestreßte Individuum als eine später verminderte Streßresistenz oder erhöhte Irritierbarkeit durch Streß auswirkt – dies kann sowohl beim Tier wie auch beim Menschen als bestätigt gelten. Das Problem besteht im gefühlsmäßigen Widerstand gegen diese Befunde. Sie werfen vielleicht beunruhigende Fragen nach den Bedingungen des eigenen Lebensanfangs auf, konfrontieren uns mit der Hilflosigkeit und dem Ausgeliefertsein am Beginn unseres Lebens und rühren an die heilige Scheu, die uns vor bedrohlichen und ängstigenden Folgen einer Begegnung mit primären Ängsten schützt. Doch können eine Überwindung dieser Scheu und eine Auseinandersetzung mit dem inzwischen vorhandenen Wissen zur Bedeutung von traumatischen Einflüssen in unserer Lebensfrühzeit uns dabei helfen, mit der schädlichen Wirkung von Verdrängungen und Projektionen besser umzugehen und eine mögliche Vorbeugung in Gang zu setzen.

Die Folgewirkungen von unverarbeitbarem prä- und perinatalem Streß haben sowohl für das Individuum wie auch kollektivpsychologisch für die großen sozialen Gruppen Bedeutung. Schon jetzt ist mit einiger Sicherheit abzusehen, daß eine entscheidende Wurzel von destruktiven sozialen Konflikten die Aktivierung von prä- und perinatalen traumatischen Erfahrungen in äußeren Notsituationen und deren Ausagieren in psychosozialen Abläufen ist. Eine nüchterne Prüfung dieser Zusammenhänge erfolgt am besten auf der Basis der objektivierenden Befunde zum pränatalen Streßsyndrom und seinen Folgewirkungen. Darum seien hier einige Arbeiten zu diesem Thema, die durch andere Publikationen bekannt geworden sind, noch einmal im Überblick vorgestellt.

Vorgeburtlicher Streß bei Tieren

Schon in den fünfziger Jahren konnte der amerikanische Streßforscher William R. Thompson überzeugend belegen, daß die Jungen von gestreßten Rattenweibchen bis ins reife Alter Verhaltensauffälligkeiten im Sinne einer größeren Ängstlichkeit zeigten. Er nahm eine somatische Vermittlung mütterlichen Stresses durch Streßhormone, die auch beim Menschen plazentagängig sind, an. Die Wirkung des pränatalen Stresses erwies sich als generationsübergreifend, insofern nicht nur bei den als Föten gestreßten Rattenweibchen überhaupt weniger Befruchtungen, mehr spontane Aborte, vaginale Blutungen und längere Schwangerschaften zu beobachten waren, sondern die Jungen selbst, also die Enkel der pränatal gestreßten Mütter, weniger lebensfähig waren und ein geringeres Geburtsgewicht hatten. Neuere Forschungen ergaben neben der Bestätigung einer erhöhten Ängstlichkeit in Belastungssituationen nach pränatalem Streß Befunde einer veränderten Dopamin(Aminosäure)-Aktivität im Hirn als Folge der pränatalen Streßeinwirkung.

Vieles spricht auch für eine Übertragbarkeit eines anderen tierexperimentellen Befundes auf den Menschen. Danach fördert pränataler Streß beim männlichen Individuum eine Feminisierung, oder, anders ausgedrückt, vorgeburtlich wird bereits ein Mutterkomplex angelegt. Dies geschieht dadurch, daß die Streßsituation den Androgenspiegel verändert, was wiederum die geschlechtsspezifische Hirndifferenzierung beeinflußt. Interessant ist, daß manche der durch pränatalen Streß bewirkten Verhaltensdefizite durch eine besondere Fürsorge und intensiven Körperkontakt vermindert werden konnten. Dies bestätigt die bereits mehrfach erwähnten Beobachtungen beim Menschen, daß prä- und perinatale Traumatisierungen nachgeburtlich in einer guten Betreuung aufgefangen werden können.

Die neuropsychologische Empfindlichkeit nach der Geburt zeigt sich auch darin, daß Versuchstiere durch die Art des Umgangs mit ihnen nach der Geburt lebenslang positiv oder negativ geprägt werden konnten. Durch Trennung von der Mutter konnten bei neugeborenen Ratten Verhaltensstörungen verursacht werden. Durchaus vergleichbar, wie mir scheint, ist, daß bei Kindern, die unter frühkindlicher Vernachlässigung und Trennung von der Mutter gelitten hatten, verminderte schulische Leistungen festgestellt werden konnten.

Vorgeburtlicher und Geburtsstreß beim Menschen

Auch diese Untersuchungen will ich lediglich in einem zusammenfassenden Überblick darstellen, da sie vielfach besprochen und diskutiert sind. Die massenhafte Verunsicherung von schwangeren Müttern in der Kriegszeit hatte den Charakter eines unfreiwilligen weitreichenden Experiments, das in dem Entwicklungspsychologen Lester Sontag einen sensiblen Beobachter fand. Bei den Kindern waren auffällige Erhöhungen der Herzfrequenz in der vorgeburtlichen Zeit und vermindertes Geburtsgewicht als Ausdruck der erhöhten Beunruhigung festzustellen. Diese Pulsfrequenzerhöhungen und eine stärkere Irritierbarkeit waren bis ins Erwachsenenalter nachweisbar. Diese Arbeit inspirierte den Frauenarzt Antonio Ferreira zu einer statistischen Untersuchung über die Bedeutung der mütterlichen Einstellung zum ungeborenen Kind, die ergab, daß bei einer negativen und ängstlichen Einstellung zum ungeborenen Kind die Babys statistisch auffällig waren.

Diese und andere Arbeiten wiederum führten zu einer prospektiven Studie des Psychologen Gerhard Rottmann, der aufgrund der Einschätzung des Verhaltens und der seelischen Verfassung der Mutter die Befindlichkeit des Neugeborenen vorhersagte. Dies war in einer statistisch signifikanten Weise möglich. Je konflikthafter, ambivalenter und ablehnender die Mutter sich in bezug auf ihr vorgeburtliches Kind verhielt, desto belasteter war das Neugeborene. Je ausgeglichener und dem vorgeburtlichen Kind zugewandter die Mutter war, desto ausgeglichener war das Neugeborene. Der Freiburger Psychoanalytiker Theodor Hau hat die Auswirkungen von vorgeburtlichem Streß auf die Befindlichkeit des Neugeborenen aufgrund einer umfangreichen Literaturdurchsicht in folgenden Sätzen zusammengefaßt:

»1. Wenig Schlaf, steigende Unruhe, starke Reizbarkeit, Wahrnehmungsstörungen, Merkfähigkeitsstörungen.
2. Im späteren Gefolge: Störungen der Begriffsbildung, erniedrigter Verbal-, Vorstellungs- und Gesamt-IQ.
3. Exzessives Schreien, z. T. mit Apathie und Adynamie, Zustände starker motorischer Unruhe.
4. Untergewicht und Gewichtsverlust, Störung der Nahrungsaufnahme, gastrointestinale Störungen.«

Nun kann die starke Reaktion des vorgeburtlichen Kindes auf Streß nicht verwundern, da inzwischern die anekdotischen Geschichten allgemein bekannt sind, in denen eine Mutter ein Rockkonzert verlassen mußte, weil das Kind sich so heftig bewegte und sich nicht mehr beruhigte. Solche Geschichten scheinen auch zu belegen, daß sich die Mutter durch ein inneres, emotionales Zwiegespräch durchaus mit dem vorgeburtlichen Kind in Verbindung setzen kann. Die Erregungsunruhe von vorgeburtlichen Kindern durch Erschrecken oder Panik der Mutter konnte bei einem Erdbeben in Italien bei Ultraschalluntersuchungen unmittelbar beobachtet werden. In etlichen Fällen hielt die Bewegungsunruhe der vorgeburtlichen Kinder bis zu acht Stunden an; bei einigen war danach über viele Stunden eine verminderte Bewegungsaktivität festzustellen. Auch experimentell kann man durch die Kombination von psychologischen Testmethoden und Ultraschallbeobachtung nachweisen, daß sich mütterliche Angst mit vermehrter Bewegung des Fötus korreliert ist.

Die Untersuchungen von Dennis Stott in den siebziger Jahren zur komplexen Langzeitwirkung von pränatalem Streß belegen, daß besonderer emotionaler Streß der Mutter vor der Geburt in Gestalt von schwierigen persönlichen Konflikten regelmäßig von einer erhöhten Krankheitsanfälligkeit des Kindes nach der Geburt und in der Kindheit gefolgt ist. Er spricht sogar fast von einem 1:1-Verhältnis. Stott vermutet, daß sich möglicherweise pränataler, emotionaler Streß deshalb so stark auswirkt, weil er auf einer biologischen Ebene ein Auslöser für eine Beendigung der Schwangerschaft ist.

In einer Serie von Studien konnte Benjamin Pasamanick schon in den fünfziger Jahren zeigen, daß pränataler Streß mit verschiedenen psychischen Erkrankungen wie Leseschwierigkeiten, Ticks, Verhaltensstörungen, aber auch Minderbegabung korreliert. Der Berliner Neuroendokrinologe Günter Dörner konnte aufweisen, daß pränataler Streß bei der Entstehung bestimmter Formen der Homosexualität des Mannes eine Rolle spielt. Hierzu bestehen sehr präzise Vorstellungen. Pränataler

Streß verändert die Hormonsituation und beeinflußt die Gehirndifferenzierung. Die diesbezüglichen Modelle, ausgehend von Tierversuchen, sind sehr durchgearbeitet. Neuerdings konnte Dörner zeigen, daß in den streßreichen Jahren des Zweiten Weltkrieges in Deutschland mehr Homosexuelle geboren wurden als in der Zeit davor und danach. Auch gaben die Mütter homosexueller Männer eindeutig häufiger pränatale Streßsituationen an als die Mütter von heterosexuellen Männern.

Für die Kinderpsychotherapeuten und natürlich auch für die betroffenen Eltern ist bedeutsam, daß Lester Sontag in seinen Langzeitstudien herausfand, daß überaktive, gestreßte Föten sich als Kinder vermehrt ängstlich gegenüber Aggressionen, der Kontaktaufnahme zu anderen Kindern zeigten und generell zurückhaltender darin waren, sich anderen anzuschließen. Kinder mit perinatalen Belastungen können in einer besonderen Weise schreien, die den Eindruck vermittelt, das Kind sei krank. Dieses Schreien kann drängend, anstrengend und entnervend sein.

Besonders plastisch zeigten sich die Zusammenhänge zwischen perinatalem Streß und späterer Irritierbarkeit auch in einer von dem österreichischen Psychologen Sepp Schindler erwähnten Untersuchung, in deren Verlauf eine Gruppe von 29 Kindern mit Sauerstoffmangelsituationen während der Geburt mit Kindern ohne Geburtsbelastung verglichen wurde. Beim Entwicklungs- und Intelligenztest ergaben sich keine Unterschiede, jedoch waren stärkere Verhaltensschwierigkeiten festzustellen, und zwar in drei Kategorien:

»a) ein höherer Grad von Sensitivität (z. B. ein Knabe, der am Tag nach dem Weggang einer Hausgehilfin in deren Zimmer laut schrie);

b) intensive Reaktionen, die in keinem Verhältnis zum Anlaß stehen (z. B. ein Knabe, der lange Zeit jeden Tag vor dem Kindergarten erbrach);

c) vermehrte Irritation ... bei neuen Situationen (z. B. der Widerstand eines Knaben gegen das Haareschneiden, so daß ihn 3 Männer halten mußten).«

So beunruhigend die Befunde über pränatalen Streß auch erst einmal sein mögen, so können sie doch ein nachdrücklicher Anstoß für eine bessere Unterstützung der jungen Eltern durch Staat und Gesellschaft sein. Heutzutage führen Existenzgründung, Berufstätigkeit und die Geburt von Kindern oft zu einer Überbelastungssituation, deren Leidtragende nicht zuletzt die Kinder in ihrer vorgeburtlichen Lebenszeit sind. Hier sind Weichenstellungen für eine reale Besserung auch kurzfristig möglich, wenn das gesellschaftliche Gewissen berührt ist. Das zunehmende Engagement für eine »sanfte Geburt« bei Eltern, Hebammen, Gynäkologen und Krankenhäusern ist ein plastisches Beispiel dafür, daß solche Veränderungen möglich sind.

Viele empirische Belege zur möglichen Verletzbarkeit des vorgeburtlichen Kindes sind gleichzeitig ein Hinweis auf seine hohe Sensibilität und Empfänglichkeit für Einflüsse, insbesondere auch seine Fähigkeit zu einer Kontaktaufnahme.

So zeigt auch die folgende Beobachtung die starke Bezogenheit des vorgeburtlichen Kindes auf den Gefühlszustand der Mutter: Während der Ultraschallaufnahme wurde der Mutter gesagt, wenn keine Spontanbewegungen zu beobachten waren, auf dem Monitor seien keine fetalen Bewegungen festzustellen, und dies sei ein Hinweis auf eine Entwicklungsstörung. Wenn dies, wie erwartet und beabsichtigt, bei der Mutter Schrecken auslöste, reagierte in allen Fällen das Kind sehr rasch und begann sich intensiv zu bewegen. Sehr eindrücklich über eine negative Kontaktaufnahme ist die Anekdote von Peter Fedor-Freybergh, einem der bedeutendsten Pioniere der pränatalen Psychologie, die Thomas Verny berichtet hat:

»Bei der Geburt war Kristina kräftig und gesund ... Kristina aber lehnte die Brust ihrer Mutter aus unerfindlichen Gründen ab ... in der Neugeborenenabteilung trank sie gierig eine ganze Flasche Fertigmilch ... Aber als Kristina am nächsten Tag zur Mutter gebracht wurde, lehnte sie die Brust erneut ab, und das wiederholte sich auch an den folgenden Tagen ... An die Brust einer anderen Frau angelegt, griff sie danach und begann mit aller Macht zu saugen. Überrascht erzählte Fedor-Freybergh Kristinas Mutter am nächsten Tag, was geschehen war. ›Warum reagiert Ihr Kind so?‹ fragte er. Die Mutter wußte es nicht. ›Waren Sie krank in der Schwangerschaft?‹ Sie verneinte. Fedor-Freybergh fragte sie dann ohne Umschweife: ›Wollen Sie das Kind eigentlich?‹ Die Frau schaute zu ihm hoch und antwortete: ›Nein, ich wollte abtreiben, aber mein Mann wollte das Kind. Deshalb habe ich es bekommen.‹ Das war neu für Fedor-Freybergh, aber offenbar nicht für Kristina. Schon seit langem hatte sie die Ablehnung der Mutter schmerzlich gefühlt. Jetzt, nach der Geburt, weigerte sie sich, die Mutter anzunehmen, weil die Mutter sie ihrerseits vorher abgelehnt hatte.«

In den letzten Jahrzehnten hat der Holländer Frans Veldman entdeckt, daß wir alle über Möglichkeiten der Tiefenkommunikation, der spontanen Einfühlung verfügen, wie sie beim vorgeburtlichen Kind und beim Kleinkind noch von Natur aus gegeben sind. Veldman kann zeigen, daß er selbst oder auch die Mutter durch »psychotaktile Kontaktnahme«, eine besondere Art der Beziehungsnahme, die den anderen unmittelbar einschließt, zum vorgeburtlichen Kind einen emotionalen Bezug herstellen kann. Diese Kontaktnahme läßt sich dadurch objektivieren, daß das Kind einer Einladung zur Beziehungsaufnahme folgt, sich zu der auf den Leib gelegten Hand hinbewegt und sich in sie einschmiegt. Dies ist von außen sichtbar, läßt sich aber auch durch Ultraschall belegen. In gleicher Weise kann die Mutter diese empathische Kontaktnahme zu ihrem Kind erlernen. Veldman hat die wissenschaftliche Erforschung dieser Tiefenkommunikation als Haptonomie bezeichnet. In diesem Sinne haptonomisch begleitete Kinder scheinen sich nach der Geburt nach den Aussagen von unabhängigen Beobachtern in einer dramatisch zu nennenden Weise günstig zu entwickeln und mit ihrem Entwicklungsquotienten anderen weit voranzueilen. Die besondere Bedeutung der haptonomischen prä- und perinatalen Begleitung liegt darin, daß durch die hier erreichbare Tiefenentspannung und die Lockerung des Schambeinknorpels und der Kreuzbein-

Beckenknochengelenke etwa zwei Zentimeter gewonnen werden können, der normalerweise »fehlende Zentimeter« also mehr als ausgeglichen würde.

Es spricht vieles dafür, daß in der pränatalen Kontaktnahme ein großes, ungenutztes menschliches Potential verborgen ist. Nachdem die Säuglingssterblichkeit in den letzten hundert Jahren drastisch gesenkt wurde, besteht heute die Möglichkeit, daß die Kinder nicht nur physisch gesund zur Welt kommen, sondern auch den Raum für eine gute psychische Entwicklung erhalten. Der Fachausdruck für diese vorgeburtliche Beziehungsnahme heißt »Bonding« und ist eben Voraussetzung für die nachgeburtliche Bindung. Die Bemühungen, den Müttern Hilfestellung beim pränatalen Bonding zu geben, werden in der letzten Zeit sehr intensiviert. Die günstige Wirkung einer emotionalen Begleitung in der Zeit um die Geburt herum auf die Gesundheit von Mutter und Kind läßt sich sogar statistisch eindeutig belegen.

Umgekehrt ist natürlich die Unerwünschtheit einer Schwangerschaft ein ungünstiger Faktor für die Entwicklungsbedingungen. Dies wurde in einer tschechoslowakischen Längsschnittuntersuchung in der Weise überprüft, daß 220 Kinder über zwanzig Jahre untersucht wurden, bei denen der Antrag der Mutter auf Schwangerschaftsunterbrechung zweimal abgelehnt worden war. Dabei sind sicher pränatale und postnatale Einflüsse schwer voneinander zu trennen. Dennoch ist eindrücklich, daß Kinder aus ehemals unerwünschter Schwangerschaft ihr bisheriges Leben wesentlich weniger positiv werteten als die Mitglieder der Kontrollgruppe. Ebenso war die allgemeine Lebenszufriedenheit herabgesetzt und die Lebensunzufriedenheit gesteigert. Bei ehemals unerwünschten Kindern sind Enttäuschungen in Liebesbeziehungen häufiger. Sie meinen auch häufiger, daß »Liebe mehr Kummer als Freude bringt«. Soweit sie schon verheiratet waren, bezeichneten sie ihre Ehe signifikant häufiger als weniger glücklich. Eine ähnliche Studie ist auch aus Schweden bekannt. Dabei ergab sich, daß die jugendgerichtliche Belastung ungefähr doppelt so hoch war. Die Bremer Sozialwissenschaftler Gerhard Amendt und Michael Schwarz haben neuerdings eine umfassende Übersicht zur empirischen Forschung der lebensgeschichtlichen Bedeutung von Unerwünschtheit vorgelegt.

Man kann heute davon ausgehen, daß pränatale Belastungen der Mutter und des vorgeburtlichen Kindes eine Prädisposition für eine schwierige Geburt darstellen und ebenso für ein geringes Geburtsgewicht. Daher ist es möglich, für wissenschaftliche Studien das niedrigere Geburtsgewicht als Hinweis für prä- und perinatale Belastung anzusehen, um hierauf statistisch signifikante Studien aufzubauen. In einer solchen Studie des dänischen Pädiaters Bengt Zachau-Christiansen, die 9000 Schwangerschaften umfaßte, ergab sich, daß Kinder mit niedrigerem Geburtsgewicht vermehrt Schulschwierigkeiten haben. Eine besonders umfassende Studie zur Langzeitbedeutung von perinatalen Belastungen stammt von der Sozialwissenschaftlerin Emmy Werner. Sie zeigt, daß prä- und perinatale Belastungen bei günstigen nachgeburtlichen Bedingungen in ihren Folgeerscheinungen bis zum Erwachsenenleben hin sich wesentlich verbessern können. Sind die Bedingungen jedoch ungünstig, kommen also perinatale Belastung und frühe familiäre Instabilität zusammen, dann führt dies zu Schul- und Verhaltensschwierigkeiten, auch bei sonstiger sozial günstiger Situation.

Im Sinne des schon mehrfach erwähnten notwendigen Zusammenspiels von objektivierender und erlebnisbezogener Beobachtung behandelt das nächste Kapitel die Folgen von prä- und perinataler Belastung wieder auf einer psychologischen Ebene.

VII

ÄNGSTE, AGGRESSIONEN UND FIXIERUNGEN

Folgestörungen von prä- und perinatalen Psychotraumen

Vorbemerkung

Vor dem Hintergrund meiner psychotherapeutischen Erfahrung gehe ich im folgenden davon aus, daß frühe und früheste Erlebenszustände nicht »primitiv«, »dumpf« und »reflexhaft-unbewußt« sind, sondern eher intensiv, gefühlsgeladen und umfassend. Frühe Kindheitserinnerungen haben für viele einen besonderen Zauber. Immer wenn es gelingt, mit frühesten Eindrükken und Erlebnissen in innere Berührung zu kommen, ist dies eine besonders ergreifende und starke Erfahrung. Schon das kindliche Erleben hat einen eher projektiven Charakter als unser Erwachsenenerleben, das heißt, die ganze Welt erscheint dem Kind im Spiegel seiner inneren Gefühle. Die Angst vor dem »schwarzen Mann« scheint sich ganz unmittelbar zu realisieren, und die weihnachtliche Freude läßt alles auf der Welt in einem besonderen Glanz erstrahlen. Wir dürfen vermuten, daß das Erleben des Fötus und Neugeborenen in noch stärkerem Maße projektiv bis zum Halluzinatorischen ist. Manche Träume und Erfahrungen in Ausnahmezuständen mögen etwas von der imaginativen Intensität des frühestkindlichen Erlebens vermitteln. Es scheint mir sinnvoll, mit Frans Veldman dieses früheste kindliche Erleben als »affektives Bewußtsein« zu bezeichnen im Unterschied zu unserem ich-reflexiven und sprachlichen Bewußtsein.

Eine wesentliche Aufgabe der Entwicklung hin zum Erwachsenen scheint darin zu liegen, die verschiedenen Erlebensschichten immer neu in einer stimmigen Weise aufeinander zu beziehen. In Träumen, Spielen und Phantasien, Körperempfindungen und gefühlshaften Erwartungen kann etwas von ganz frühen Gefühlen im aktuellen Erleben gegenwärtig sein. Dies gilt insbesondere dann, wenn in der Frühzeit bestimmte Erlebenskomplexe nicht integrierbar waren. Das Nicht-Integrierte lebt mit der ihm eigenen Intensität in uns fort und kann in Ängsten und Symptomen in Versuchungs- und Belastungssituationen zum Ausbruch kommen. Hierzu sollen jetzt einige Beispiele folgen.

Kinderängste

In vielen Kinderängsten kann prä- und perinatal Erlebtes wiedererwachen als Zeichen dafür, daß ein Kind diese Ereignisse nicht mit der späteren Elternerfahrung zusammenbringen kann oder durch ein verwirrendes Elternverhalten auf eine schon überwundene Angst zurückgeworfen wird. Was einerseits wie eine Störung oder auch wie ein Symptom erscheinen kann, ist gleichzeitig ein Lösungsversuch für nicht zu vereinbarende Erfahrungen. Eine der häufigsten Kinderängste ist sicher die Dunkelangst, die durch verschiedene Anlässe ausgelöst werden und etwa bedeuten kann, daß ein Kind eine Veränderung in der Familie im Spiegel der Veränderung der Geburt erlebt und sich dann ähnlich im Dunkeln eingeschlossen fühlt wie zu Beginn der Geburt. Im gleichen Sinne kann man Ängste von Eingeschlossensein, zum Beispiel beim Überziehen von engen Kleidungsstücken, Eisenbahnängste und Tunnelängste als unbewußte Wiederholung der Geburtsangst verstehen.

Auch die sehr häufige Angst, von einem wilden Tier gefressen und verschlungen zu werden, läßt sich als Widerspiegelung einer Geburtsangst verstehen. Angst vor sehr großen und mächtigen Tieren kann eine Angst vor der großen Leiblichkeit der Mutter wiederholen. Kleine Tiere sind wohl deshalb so ängstigend, weil sie beunruhigende Urwünsche, in die Sicherheit des Mutterleibs zurückzuschlüpfen, in Gang setzen. Man darf wohl vermuten, daß dem kleinen Kind auf einer affektiven Ebene Prä- und Perinatalzeit durchaus noch bewußt sind. Hierfür spricht etwa das Spiel eines kleinen Mädchens, das ein Nest mit einem Wecker baute, um offenbar die Situation im Mutterleib zu simulieren, und seiner Mutter erklärte: »Als ich noch in deinem Bauch war, hat es immer sch, sch gemacht«, wohinter sich Erinnerungen an pränatale Gefäßgeräusche verbergen dürften.

Die bewußte Frage der Kinder nach ihrer Herkunft deutet den Verlust dieses affektiven Wissens und den Wechsel auf ein neues Bewußtseinsniveau an. Nun möchten sie sich gerne auf einer kognitiven Ebene mit ihren Eltern über ihr Gewordensein und damit ihre Identität in der Welt verständigen und nicht mehr, wie zuvor, in einem szenischen Spiel. Hierzu noch ein Beispiel von Otto Rank von einem Mädchen, das offenbar zwischen eigenen Verschlingungsängsten und ersten Identifizierungsversuchen mit der Mutter schwankt. Rank berichtet:

»Ein kleines Mädchen von 3¾ Jahren, das sich ebenso oder mehr vor kleinen als vor großen Hunden fürchtet, hat auch Angst vor Insekten (Fliegen, Bienen usw.). Auf die Frage der Mutter, warum sie sich denn vor diesen kleinen Tieren fürchtet, die ihr ja nichts tun könnten, erwidert die Kleine ohne Zögern: ›Sie können mich doch schlucken!‹ Dabei aber macht sie beim Herannahen kleiner Hunde die gleichen charakteristischen Abwehrbewegungen wie etwa Erwachsene bei einer Maus: Sie beugt, indem sie die Beine fest zusammenpreßt, die Knie so tief, daß sie ihr Kleidchen bis ganz an den Boden ziehen und sich damit bedecken kann, als wolle sie das ›Hereinschlüpfen‹ verhindern. Ein andermal, direkt um die Ursache ihrer Bienenangst von der Mutter befragt, erklärt sie widerspruchsvoll, sie wolle in den Bauch der Biene hinein und doch wieder nicht.«

Eine typische Symbolisierung einer Geburtsangst ist die Besorgnis, von einer Spinne gefangen, umsponnen und erstickt zu werden. Ähnliches wird durch das Bild des Sumpfes ausgedrückt. Die so häufige Schlangenangst kann ihre Wurzel in der Angst vor der Nabelschnur haben. Der Doppelaspekt der heilbringenden und der bedrohenden Schlange spiegelt die zwiespältige Erfahrung in bezug auf die Nabelschnur wider, die einerseits nährend, »heilend« erfahren wurde und dann, im Ablauf der Geburt, wenn die Sauerstoffzufuhr über die Plazenta ungenügend wird, als gefährlich und verfolgend, wie es der englische Analytiker Francis Mott aus der Analyse vieler Träume erschlossen hat. Für diese Interpretation spricht auch die Analogie zur ägyptischen Mythologie, nach der der Pharao auf seiner nächtlichen uterinsymbolischen Fahrt von einer heilsamen Schlange umgeben und geschützt ist, während er sich vor dem geburtssymbolischen Sonnenaufgang mit der bösen Schlange Apophis auseinanderzusetzen hat.

Um die Kinderängste noch besser zu verstehen, ist es wichtig, sich zu vergegenwärtigen, daß die frühe Mutter zunächst die uterine Mutter ist, dann die Geburtsmutter und anschließend erst die menschengestaltige nachgeburtliche Mutter. Dies findet zum Beispiel in alchimistischen Bildern seinen Ausdruck darin, daß die frühe Mutter auf einem Walfisch sitzend gezeigt wird, mit großen milchgebenden Brüsten, also das Bild der nährenden Mutter, oder als Bild der im Walfisch symbolisierten uterinen Mutter, deren Element das Wasser ist. Eine andere häufige Symbolisierung dieser uterinen Mutter ist die Kröte, wie sie uns auch aus vielen Märchen bekannt ist.

Durch den Krankheitsbericht von Freud ist die Pferdeangst des fünfjährigen kleinen Hans besonders bekannt geworden. In der Phobie kommt die Geburtsangst des kleinen Jungen, die durch das Miterleben einer Schwangerschaft der Mutter und der Geburt einer kleinen Schwester aktiviert ist, in vielerlei Formen zum Ausdruck. Zunächst hat er nur auf der Straße vor dem Beißen der Pferde Angst. Wenn er also das schützende Mutter-Elternhaus verläßt, besteht die Gefahr des Beißens, vergleichbar dem Kontakt mit der *vagina dentata*, als er den schützenden uterinen Raum verließ. Die Geburt der Schwester bedeutet für ihn einen Verlust des Alleinbesitzes der Mutter und einen Schub für seine männliche Individuation. Auf der tieferen Schicht aktiviert dies die Urerfahrung der ersten Trennung von der Mutter. Darum steht am Anfang der Entwicklung der Phobie eine Verlassenheitsangst: Die vertraute Mutter ist plötzlich nicht mehr da. In der Auseinandersetzung mit seiner erwachenden männlichen Identität zögert der ängstliche kleine Hans, seinen Penis als Penis zu entdecken und in eine neue Individualität hineinzufinden. Dies bedeutet eine Trennung aus der kleinkindhaften Mutterbindung, und er fürchtet, wie bei der Geburt, alles zu verlieren. Der Penis wird zur Nabelschnur, die die Verbindung zur Mutter sichert, aber in verhängnisvoller Weise durch Geburt und Abnabelung bedroht ist. Freud hat die Mutteraspekte alle benannt, die Angst aber ganz auf den Vater bezogen, da für ihn Vaterschutz und Vaterangst die beherrschenden Kindheitsgefühle waren.

Eine andere durch Freuds Bericht berühmt gewordene Kinderangst ist die des bereits erwähnten Wolfsmannes. Der Wolfsmann träumte im Alter zwischen drei und fünf Jahren davon, wie er nachts im Bett liegt, das Fenster sich öffnet und er Angst hat, von Wölfen, die auf einem Baum sitzen, gefressen zu werden. Auch dieser Traum läßt sich auf einer geburtssymbolischen Ebene lesen, auch wieder in dem Zusammenhang, daß der Wolfsmann sich als kleiner Junge mit seiner sich entwickelnden Männlichkeit auseinandersetzt und sich damit aus der kleinkindhaften

Mutterwelt herauslöst, was eben die perinatalen Empfindungen aktualisiert. Dann wäre der Traum so zu verstehen, daß, wenn das Fenster zur Welt sich öffnet, die durch das Zimmer symbolisierte bergende Mutter zur »fressenden Geburtsmutter« wird, wie sie im Wolf symbolisiert ist. Den Baum, der zunächst friedlich erscheint, dürfen wir mit Dowling als Projektion der Plazentaerfahrung verstehen, also im Sinne einer noch vorgeburtlichen Muttersymbolik. Dabei sind die Winterlandschaft und der Baum, der im Stamm, im Wipfel und in den Zweigen wie abgebrochen erscheint, ein Indiz, daß in diesem Fall auch pränatale Traumatisierungen vorlagen und sich symbolisiert haben. Also auch in der Ausgestaltung des Objektes spiegelt sich die Stimmung der früheren Erfahrung wider.

»Kinderfehler«

Ganz vertraut ist, daß Kinder in Konfliktsituationen gewissermaßen auf eine frühere Lebensebene zurückgleiten, wo sie sich noch sicherer fühlen dürfen. Das Kind, das schon laufen kann, fängt wieder an zu krabbeln, das Kind, das schon abgestillt war, will wieder an die Brust usw. Diese regressiven Bewegungen können in den sogenannten Kinderfehlern oder kindlichen Unarten Symptomwert gewinnen. Auch kann die Regression über die Babyzeit zurück bis ins Vorgeburtliche reichen. Typisch ist etwa das Beispiel einer Patientin, die als Baby gleich nach ihrer schwierigen Geburt an einem feuchten Tuch mit den Lippen spielte und von diesem »Schmusetuch« ihre Kindheit über nicht wieder zu trennen war. Ohne Zweifel suchte sie pränatale, sicherheitgebende Empfindungen nach der Geburt in dem Stoffetzen wiederaufzufinden.

So kann das Daumenlutschen Rückfall auf das Lutschen an der Brust sein, ebenso auf das Lutschen an der Nabelschnur oder am Daumen vor der Geburt. In gleichem Sinne können Bettnässen und Einkoten ein Rückgehen in die Babyzeit bedeuten oder auch eine Flucht noch weiter zurück in die lustvolle Verantwortungslosigkeit der pränatalen Existenz. Die Urangst vieler Kinder vor dem Verlust der Eltern und eine daraus resultierende Trennungsängstlichkeit können ihre Wurzel in einer abrupten Trennung, einer schwierigen Geburt, in der das Kind nicht aufgefangen wurde, haben.

Neurotische Symptome

In beeindruckender Klarheit stellt Otto Rank bereits 1924 fest:

»Als Kern jeder neurotischen Störung hat die Analyse bekanntlich die Angst erwiesen. Und da wir die Herkunft der Urangst aus dem Geburtstrauma durch Freud erkennen, müßte sich eigentlich die Beziehung darauf überall leicht nachweisen lassen, ganz ähnlich wie in den Affektreaktionen des Kindes.«

Aber Rank unterschätzte den weiten Weg, der jeweils nötig ist, um den Inhalt dieses Satzes zu realisieren – welche Selbstauseinandersetzung und Aufhebung eigener Verdrängung oder Erweiterung des Bewußtseins hierzu erforderlich ist.

Es hat darum auch etliche Jahre gedauert, bis es dem ungarischen Psychoanalytiker Nandor Fodor in einem nächsten Schritt möglich war, das pränatale Trauma in seiner Bedeutung voll zu würdigen. Daß diese Erkenntnisse sich breiter durchsetzen konnten, ist dann letztlich wesentlich der Überwindung der Verdrängungsschwelle der Geburtsangst durch die LSD-Selbsterfahrung und die regressionserleichternden Verfahren der Hypnose und der Primärtherapie zu verdanken (s. S. 81 ff.). Vielleicht ist aber die veränderte Zeitstimmung noch wichtiger, die seltener in idealisierten Führern und Utopien ihre primäre Sicherheit sucht, sondern mehr in dem neuen Kulturideal einer demokratischen Selbstverantwortung. Vor dem Hintergrund der Rankschen Grundformel, daß jedes neurotische Symptom auch eine perinatale Wurzel hat, können wir in diesem Zusammenhang nur einige exemplarische Beispiele geben. Andererseits ist es so, daß die Reichweite dieses Paradigmas noch keineswegs ausgelotet ist und auch seine Grenzen noch nicht vermessen sind.

In der psychotherapeutischen Beobachtung ist festzustellen, daß Individuationsbewegungen, Lebensveränderungen und -umstellungen gerade deshalb neurotische Ängste und Beschwerden auslösen können, weil eine Veränderung auch immer an die Urveränderung des geburtlichen Existenzwechsels rührt oder, anders gesagt, das Unbewußte an die angstauslösende Urtrennung von der Mutter erinnert. Man kann auch sagen, wir erleben jede Lebenssituation im Spiegel unseres frühestkindlichen affektiven Bewußtseins, und dort, wo es nicht in die höheren Entwicklungsschichten hinein transformiert ist, gibt es seine archaischen Kommentare in Form von Elementen der Geburtserfahrung, was dann als neurotische Symptomatik beschrieben wird. Kurz gesagt, neurotische Symptome sprechen in einem perinatalen Dialekt.

Besonders eindrücklich und mit dem Geburtsgeschehen verbunden ist dies bei den phobischen Ängsten. So kann etwa ein Paternoster vom affektiven Bewußtsein her unmittelbar als bedrohende Geburtsbewegung imaginiert werden, oder ein Tunnel wird zum verschlingenden Geburtskanal. Die Reaktion erfolgt mit der frühkindlichen Totalität, und es bleibt dem Betreffenden nur übrig, diese Auslöser einer Tiefenregression zu meiden. Oft kann allein die Aufklärung über den Geburtszusammenhang eine hilfreiche Entlastung bringen.

Ängstlich-depressive Gefühle können ihre Wurzeln in einer Fixierung auf die erste Geburtsphase der Eröffnung haben. So war ein depressiver Patient immer von dem bedrohlichen Bild begleitet, alles treibe auf einen verschlingenden Schlund zu. Er hatte eine sehr schwierige und verlängerte Geburt erlebt, die dadurch belastet war, daß die Mutter noch keine Einstellung zu ihrer Weiblichkeit gefunden hatte und sich gegen den Geburtsprozeß selbst heftig wehrte. Mutter und Kind waren in dieser Situation im wahrsten Sinne heillos verlassen. Dies entsprach auch dem Lebensgefühl des Patienten. Aktuell aktiviert war diese Urfixierung durch den traumatischen Verlust eines Lebenspartners, auf den der Mann alles gebaut hatte. Die Ehe selbst war eine Art Flucht in eine vorgeburtliche Geborgenheit und Ungeborenheit. Der Tod des Partners bedeutete die Auflösung dieses weltflüchtigen Lebensarrangements und einen Absturz in sein Geburtsunheil.

Auch zwangsneurotische Symptombildungen sind in der Regel von perinatalen Fixierungen durchzogen. Es liegt meist ein komplexes Zusammenspiel von prä-, peri- und postnataler Belastung vor. Das vorgeburtlich schon beeinträchtigte und verängstigte Kind findet in der Geburt nicht zu einer Kooperation mit der Mutter und hat sich danach häufig in ein zwanghaftes Familien- und Beziehungsmuster einzufügen. Ein wirkliches Getragensein ist nicht erlebt worden, so daß der Lebensbezug gewissermaßen in den schmerzhaften Erfahrungen besteht, die in den zwanghaften Ritualen auf magische Weise »gebannt« werden. Die rituellen Waschungen sollen die vorgeburtliche Reinheit wiederherstellen und die Geburt rückgängig machen.

Eine Patientin hatte zum Beispiel ein kompliziertes Zwangssystem entwickelt, was ihr die Fiktion erhielt, überhaupt nie die Erde zu berühren, eigentlich noch ungeboren zu sein. Kamen unfreiwillige Berührungen zustande, dann wurde dies mit rituellen Waschungen aufgefangen. Öfter fand ich bei Zwangskranken die kurzschlußartige Idee, durch die eigene Aktivität und die eigenen Bewegungen die Geburt in ihrem Unheil ausgelöst zu haben. Die genannte Patientin hatte die Angst, durch ein bestimmtes Anecken oder durch Abnehmen des Telefonhörers eine Weltkatastrophe auszulösen. Auch durch ausgedehnte Türöffnungs- und Türschließungs-Zeremonien versuchte sie, einen Zustand vor der Geburt wiederherzustellen.

Es mag vielleicht befremden, mit welch scheinbarer Leichtigkeit in den genannten Beispielen Bezüge zwischen dem Erwachsenenleben und der prä- und perinatalen Lebensebene hergestellt werden. Möglicherweise kann hier die Beachtung von metaphorischen Ausdrücken, die ganz unmittelbar mit der Geburt zusammenhängen können, eine Brücke zum Verstehen bilden. Solche Wendungen können – wie schon an anderer Stelle erwähnt – oft in einer ganz verblüffenden Weise mit der jeweiligen Geburtsfigur des Betreffenden zusammenhängen. Beispiele sind etwa solche Ausdrücke wie »Es gibt keinen Ausweg« bei jemandem, der in einer verzögerten Geburt zur Welt kam, oder die Wendung »Ich fühle mich in alle Richtungen gerissen« bei jemandem, bei dem eine Zangenentbindung notwendig war. Die amerikanische Psychologin Sandra Landsman hat solche Beispiele gesammelt: »Mit dem Kopf gegen die Wand schlagen«, »es gibt keine Lösung«, »ich fühle mich wie betäubt«, »es gibt niemanden, der mir hilft«, »ich muß immer alles alleine machen«, »ich komme niemals durch«. Die genannten Beispiele zeigen bereits in Ansätzen, daß das Lebensgefühl insgesamt durch eine pränatale oder perinatale Schädigung in einer gravierenden Weise beeinträchtigt sein kann. Diese frühe Möglichkeit einer »Irritation« des Ichs und eines Minderwertigkeitsgefühls durch pränatale Beeinträchtigung ist von dem Psychoanalytiker Alfred Adler schon 1907 entdeckt worden. Adler dachte dabei zunächst mehr an Erkrankungen der Mutter und Traumatisierung durch Alkohol und Gifte, während wir heute durch die erwähnten Forschungen z. B. von Stott und Grof sagen können, daß insbesondere Beeinträchtigungen durch emotionale Ablehnung und Konflikte und Ängste der Mutter hier wichtig sind. Ich erinnere mich an einen Patienten, der in Belastungssituationen von fast anfallartigen Entwertungs- und Entkräftigungsgefühlen heimgesucht wurde. Eine genaue Analyse ergab das Vorliegen eines Abtreibungsversuchs in der Mitte der Schwangerschaft.

Der griechische Psychiater Kafkalides schließt einen Behandlungsbericht über die LSD-Selbsterfahrung einer sechsundzwanzigjährigen Frau mit folgenden Zeilen:

»In einer Nachbesprechung gab die Patientin zu ihrem Lebensgefühl noch folgenden Kommentar: ›Mein alltägliches Gefühl von Zurückgewiesenheit, Lächerlichkeit, ein Nichts zu sein, unfähig zu Kontakten zu sein, eine Frau zu sein – all das stammt von der Zurückweisung und Abstoßung, die ich im Mutterleib erfuhr. Ich projiziere meine Mutterleibserfahrung auf ein bedrohliches Monstrum und auf die Menschen, die mich umgeben, die mich letztlich alle zurückweisen, wie der Mutterleib es getan hat. Als ein Fötus im Mutterleib fühlte ich Mutters Zurückweisung, als ein Versuch, mich zu töten ... Letztlich lebe ich immer noch im Mutterleib.‹«

Wie sich vorgeburtlicher Streß auf die Psyche des Kindes und des Erwachsenen auswirkt

Wenn auch nur von wenigen Psychotherapeuten diese Perspektive der prä- und perinatalen Wurzeln neurotischer Symptombildungen verfolgt wurde, so liegen doch in der Zwischenzeit so viele Beobachtungen vor, daß schon Systematisierungen möglich sind, wie sie der englische Theologe und Psychotherapeut Frank Lake bereits in den siebziger Jahren formuliert hat. Er geht davon aus, daß sich durch eine negative Beziehung der Mutter zum vorgeburtlichen Kind ein sogenanntes Distress-Syndrom entwickelt und der kindliche Gefühlsbezug zur Mutter daran deutlich wird, wie die Plazenta erlebt wird. Ein Beleg für diese Annahme könnte sein, daß in allen Kosmologien der Lebensbaum, den man als eine projektive Gestaltung des pränatalen Plazentaerlebnisses verstehen kann, eine zentrale Rolle spielt, und zwar als eine Art Inkarnation mütterlichen Wesens, von dem alles abhängt. Bei emotionalem Streß würde es für den Fötus darum gehen, die übergroßen Gefühle durch Aufspaltungen, projektive Verschiebungen und durch sich wiederholende Abwehrhaltungen zu bewältigen. Diese Bewältigungsmuster lassen sich durch einen Vergleich der Befunde aus der LSD-Selbsterfahrung und der psychodynamischen Ableitung aus der Beobachtung von psychischen Symptomen rekonstruieren. Die Hauptabwehrmanöver sind nach Lake:

- die hysterische Spaltung, bei der der negative Affekt innerhalb des Körpers, in der Nähe des Nabels, gesammelt wird. Das Innere des Körpers ist schlecht und gefährlich, das Äußere wird als gut bewahrt. Ich denke dabei an eine meiner Patientinnen, die nach einer ambivalent ablehnenden Schwangerschaft geboren wurde und die das Gefühl hatte, der ganze Unterleib sei mit Dreck und Schmutz angefüllt. Sie litt unter stärksten Selbstunsicherheitsgefühlen, wirkte dabei aber nach außen strahlend und blühend. Diese innere Aushöhlung des Selbstwertgefühls machte es ihr unmöglich, eine weibliche Identität zu entwickeln;
- die phobische Projektion, bei der der negative Affekt als Bedrohung von außen kommt. Die Plazenta ist bedrohlich. Dies wird später als Krake oder Spinne symbolisiert. Die Bedrohung der Nabelschnur erscheint als Bedrohung durch Schlagen. Die guten Objekte sind ebenfalls außen untergebracht. Wie Lake anmerkt, liegt bei der Klaustrophobie häufig eine Geburtskomplikation vor. Phobische Symptome sind sehr verbreitet und können in der Behandlung sehr hartnäckig sein. Die Patienten sind ständig auf der Flucht vor dem phobischen Objekt, suchen Halt bei einer schützenden Person und bauen sich immer neue Zufluchtsstätten;
- die ängstlich-depressive Ambivalenzreaktion, zu der es kommt, wenn guter und böser Einfluß miteinander verquickt sind; der Fötus blockiert dann, verkrampft. Er will die Nabelschnur loswerden, was gleichzeitig seinen Tod bedeutet. Fühlt sich in Wut gefesselt. Diese Reaktionen zeigen viele Patienten, die in destruktiven Abhängigkeitsverhältnissen ausharren, weil jeder Verselbständigungsversuch mit Vergeltung bedroht ist;
- die zwangsneurotische Spaltungsreaktion, bei der das Schlechte innen und außen lokalisiert ist, mit dem Gefühl der Unfähigkeit, das Einströmen von anekelnden und empörenden negativen Gefühlen steuern zu können. Es besteht eine tiefe Angst, die Nabelschnur zu berühren. Trennungsrituale

beginnen. Mir fällt hierzu ein Patient ein, der während der Schwangerschaft eine schwere Erkrankung der Mutter mit starker Mangelernährung und massiver Ablehnung des Kindes zu überstehen hatte und in der Pubertät mit eigenartigen Reibebewegungen in einem Bus, der offenkundig Mutterleibsbedeutung hatte, begann, ein Ritual, das sich zu immer weitergehenden Zwängen auswuchs.

Weitere Abwehrmanöver gegen übermäßige negative Affektmengen waren die paranoide Abwehr mit dem Aufbau einer Verfolgungswelt und die schizoide Orientierung gegen jede nähere Berührung und den Rückzug in eine geistige Innenwelt.

Natürlich sind diese Vorschläge mehr erste Orientierungsversuche in einer zu erkundenden Lebensregion, doch habe ich sie hier angeführt, damit die Ansatzpunkte für eine pränatale Neurosenlehre sichtbar werden. Wenn massivere pränatale Traumatisierungen vorliegen, bei denen keine späteren Aufarbeitungsmöglichkeiten bestanden, dann können die impulsiven Affekte das Selbst- und Beziehungserleben so überschwemmen, daß nur langfristige therapeutische Begleitungen aussichtsreich sind.

Bisher nur wenig bekannt ist, daß gerade Partnerbeziehungen ein weitverbreiteter Austragungsort für solche primären Affekte sind, die in beständiger Wiederholung ausgelebt werden. Auch hier kann, wie bei manchen Phobien, einfach der Hinweis auf den Zusammenhang mit der Geburt oder dem vorgeburtlichen Dasein sehr entlastend sein. Andererseits bieten die pränatalen Wurzeln einer Beziehungsstörung gleichzeitig auch eine Erklärung für die Hartnäckigkeit und relative Unbeeinflußbarkeit von schweren Partnerkonflikten, deren Dynamik eben durch solche Frühtraumen gespeist sein kann.

Psychosomatische Erkrankungen

Es ist heute im Ansatz möglich, zwischen pränatal und perinatal bedingten psychosomatischen Symptombildungen zu unterscheiden. Dem Verstehen leichter zugänglich sind die perinatalen Symptombildungen, einfach weil die Geburt das dramatischere und sichtbarere Ereignis ist. Diese wurden darum auch als erste von Otto Rank entdeckt und beschrieben:

»Zu den direkten körperlichen Reproduktionen des Geburtstraumas führen ... alle neurotischen Atembeschwerden (Asthma), welche die Erstickungssituation wiederholen, der so vielgestaltiger Verwendung fähige Kopfschmerz (Migräne), der auf die besondere schmerzhafte Rolle des Kopfes beim Geburtsakt zurückgeht, und schließlich ganz direkt alle Krampfanfälle, wie man sie übrigens schon bei ganz kleinen Kindern, sogar Neugeborenen, als fortgesetzte Erledigung des primären Geburtstraumas beobachten kann.«

Damit war der Bereich der perinatalen Psychosomatik eröffnet. Wenn man sich den Geburtsprozeß innerlich vergegenwärtigt, dann lassen sich die aus ihm hervorgehenden psychosomatischen Symptome unmittelbar ableiten, wie sie in der durch viele Fallbeispiele reich belegten Übersicht von Arthur Janov aufgeführt sind: Würgegefühle im Hals, chronische Müdigkeit, lokalisierte Schmerzen, Benommenheit, Druck, Vernichtungsgefühle, Luftnot, Verspannungen im Nacken und in den Schultern, Gefühle des Erdrücktwerdens, chronische körperliche Spannungen, generalisierte Körperschmerzen, habituelle Kopf- und Halshaltungen, Impulsivität, Schwindel, Asthma, Kopfschmerzen und Migräne, Gelenkschmerzen, Bronchitiden usw.

Zwei Beispiele aus der Arbeit von Janov sollen diese Angaben illustrieren. Bei einem Patienten bestand eine krankhaft veränderte Haltung des Kopfes und des Halses:

»Nach einigen Wochen eines Geburts-Primals, bei dem ich außerordentlich starke Schmerzen im Hinterkopf und in den Schultern wiedererlebte, begann ich eine ungeheure Lösung der ganzen physischen Spannung zu spüren, die ich dort mein Leben lang eingefroren hatte: Die Muskeln und Sehnen um mein Genick herum schienen auf wunderbare Weise von einer lebenslangen Konstriktion befreit zu sein.«

Und ein anderer Patient von Janov mit Gesichtsschmerzen schrieb:

»Bei meinen Geburts-Primals habe ich immer sehr viel Schmerz in meinem Gesicht gespürt. Im Schlaf ist ebenfalls das Gesicht der Schmerzbereich. Ich habe ein Gefühl, als wäre die rechte Seite nach außen gedrückt. Ich fragte meine Mutter über meine Geburt aus, und sie sagte, es gab während der Entbindung einen völligen Stillstand, und danach kam ich ›mit sichtbar zusammengedrücktem Gesicht, vor allem über der Nase‹ heraus. Das paßte zu dem, was ich immer im Gesicht gespürt habe – was ich im Geburtskanal wahrgenommen haben muß, als die Komplikationen eintraten. Mein Gesicht wurde zusammengedrückt, und ich fühlte Gefahr.«

Da sich die etablierte psychosomatische Forschung der Frage nach der Wiederbelebung von frühen Traumen in den psychosomatischen Symptomen bisher verweigert hat, liegen nur vereinzelte empirische Arbeiten vor, so von Lee Salk zur Asthma-Erkrankung; dieser Autor hat auch die bekannten Arbeiten über das nachgeburtliche Erinnern des vorgeburtlich gehörten mütterlichen Herzschlages veröffentlicht. Er verglich die Geburtsberichte von dreißig asthmatischen Kindern mit denen einer Kontrollgruppe. Die Befunde waren in erstaunlicher Weise signifikant. Die Asthmatiker-Gruppe hatte dramatisch mehr perinatale Komplikationen erlebt, so daß dieser Zusammenhang als erwiesen gelten kann. Dies entspricht auch meiner Erfahrung aus der psychotherapeutischen Behandlung von Patienten. Bei einem Patienten tauchten sehr oft Träume von Luftnot und Ertrinken auf. In vielen Träumen trieb er in einem Kanal, und es ging darum, ob er sich durch Schwimmbewegungen über Wasser halten konnte oder ertrinken mußte. Sein erster Traum in der Therapiezeit handelte von einem Schacht, den er mit Hilfe des

Therapeuten, der ihm eine Leiter hinabreicht, hinaufklettert. Hiermit war das Programm der Loslösung aus der perinatalen Verstrickung sehr bildhaft benannt. Diese war verwoben mit einer komplizierten Abhängigkeitsproblematik von der Mutter in der Kindheit und Jugend. Das Asthma entwickelte sich, als er das Gefühl hatte, durch die Ehesituation mit seiner Frau erdrückt und erstickt zu werden. Die Asthma-Anfälle wurden stets von einem Erstickungsgefühl ausgelöst.

Bei einem anderen Asthma-Patienten war im Gegensatz zum vorgenannten die Geburtssituation genau bekannt. Die Mutter versuchte, die Geburt zu einem bestimmten Zeitpunkt zu erzwingen, indem sie zur Geburtseinleitung vom Stuhl sprang. Dadurch kam es zu einer zunächst forcierten und dann verzögerten Geburt. In Belastungssituationen kann der Patient immer wieder in eine notvolle Geburtsstimmung geraten. Es dreht sich dann alles ums Durchkommen oder Nicht-durchkommen-Können. Die Fahrt zum Arbeitsplatz wird dann jedesmal zu einem imaginativen Kampf durch den Geburtskanal mit angstvollen Verzögerungen und zu einem artistischen Autofahren, um es dennoch zu schaffen.

Besonders deutlich können die perinatalen Zusammenhänge auch bei Kopfschmerzen sein, wobei immer gilt, daß der perinatale Konflikt in komplizierter Weise mit späteren Problemen verquickt ist und dann das Wiederbeleben der perinatalen Empfindungen diese anderen Schwierigkeiten mit ausdrückt. Bei einem Patienten reichten, wenn er angespannt war, schon das Durchfahren einer Talsenke und die dabei erlebte Begrenzung aus, um depressive Enge und Kopfschmerzgefühle auszulösen. In der Analyse selbst ging es immer wieder um ein quälendes Steckenbleiben, um verschlossene Türen, um ein Nicht-Durchkommen, bis schließlich in einer geburtstraumatischen Reproduktion über mehrere Stunden die Elemente der Geburt wiederholt und zu einem wesentlichen Teil bewältigt wurden. Es war die Ambivalenz des Leidens vor der verschlossenen Tür und der Angst vor der Vernichtung durch das Geburtstrauma, die das

Erleben des Patienten hin und her riß. Nachgeburtlich war seine Situation in der Familie dadurch bestimmt, daß er das Gefühl hatte, in dieser Familie sei wegen mehrerer älterer Geschwister für ihn kein Platz: Es gab auch hier für ihn kein Durchkommen zu einer anerkannten Autonomie.

Auch bei epileptischen Anfällen ist der perinatale Zusammenhang im Erleben des Patienten oft unmittelbar präsent und wurde deshalb schon früh in der Psychoanalyse entdeckt. Immer wieder sprechen die Patienten davon, daß der Anfall sich mit elementaren Vernichtungsängsten und dem Gefühl, nicht durchzukommen, verbindet. Die epilepsiekranke Schriftstellerin Sue Cooke beschreibt ihre Anfälle folgendermaßen:

»Nur wir wissen, warum wir uns schlagen. Bei mir geschieht es, weil ich in einem Grab oder unter den Wassermassen eines tiefen, schwarzen Ozeans begraben worden bin und verzweifelt versuche, aus der Tiefe wieder zum Licht zu kommen. Jeder Muskel meines Körpers ist beteiligt an dieser enormen Anstrengung, an diesem Kampf ums Überleben.«

Auch hier ist wieder daran zu erinnern, daß es zu einem solchen Fortwirken von primärer Geburtsnot und Geburtserregung bei einem Patienten nur dann kommt, wenn es aufgrund von Beziehungskonflikten zwischen den Eltern in der Kindheit und Jugend nicht möglich war, die Geburtsnot in vielen Interaktionen gewissermaßen abzuarbeiten.

Noch nicht beschrieben ist meines Wissens der perinatale Zusammenhang bei der sogenannten Herzneurose, bei der in Trennungssituationen plötzlich die tödliche Angst auftritt, das Herz bleibe stehen. Auch hier ist der Angstanfall wieder im Zusammenhang mit nachgeburtlichen Abhängigkeits- und Ablösungskonflikten zu sehen. Die Patienten gehen aus Angst vor dem Getrenntsein in der Partnerschaft oder im beruflichen Bereich Abhängigkeitsbeziehungen ein, in denen sie die Sicherheit der frühesten Geborgenheit suchen. Wenn diese Abhängigkeitsbeziehungen aus äußeren oder inneren Gründen in Frage gestellt sind und nun ein Trennungs- und Individuationsschritt nötig wäre, kommt es gerade hierdurch zu einer Wiederbelebung der primären Individuations- und Trennungsangst der Geburt. Oft ist es auch ein Todesfall, der die Ungewißheit aller Bindungen ins Bewußtsein hebt und die Herzangst auslöst. Das Symptom selbst sehe ich als Wiederholung des angsterregenden Schocks bei der Kreislaufumstellung im Zusammenhang mit Geburtsschwierigkeiten. Ich vermute insbesondere, daß die Kreislaufumstellung zum ängstigenden Kreislaufschock werden kann, wenn zu früh und forciert abgenabelt wird und der Organismus gezwungen ist, eine Umstellung, die Minuten braucht, in Sekunden zu vollziehen. Durch das perinatale Trauma kann die »Innenwelt« der pränatalen, magisch-hypnotischen Muttererfahrung nur unzureichend von der »Außenwelt« der postnatalen Muttererfahrung differenziert werden. Beides bleibt zum Teil miteinander verbunden.

Wenn Patienten erst einmal, durch eine äußere Belastungssituation ausgelöst, auf solch eine Geburtsfixierung zurückgefallen, regrediert, sind, ist ihr ganzes Leben von Geburtstrennungssituationen durchzogen. Die Trennung vom Haus oder vom eigenen Auto, die beide dann mutterleibssymbolische Bedeutung gewinnen, kann panische Ängste auslösen. In diesen geburtssymbolischen Abläufen wird dann der ungelöste Individuationskonflikt ausgelebt. Den »hilfreichen« Sinn einer solchen Symptomatik kann man darin sehen, daß ein Stück nachträgliches Durcherleben der Geburtsangst und deren Verarbeitung Voraussetzung für den von der Lebenssituation geforderten Individuationsschritt sind.

Während also perinatale Schädigungen durch den Geburtsprozeß selbst geformt und dadurch auch leichter zu erkennen sind, ist das pränatale Trauma oft schwerer auszumachen; es bildet jedoch ebenfalls die pränatale Bedingung ab. Dies kann bei indirekteren Verletzungen, zum Beispiel bei einem Abtreibungsversuch, deutlicher sein, der sich in plötzlichen Schwächezuständen und Ohnmachten oder auch Verfolgungsängsten des Betroffenen ausdrücken kann. Schwere vegetative Störungen mit diffusen muskulären Verspannungen können Ausdruck eines fortdauernden fötalen Stresses sein. Eindrücklich war mir hier eine Patientin, die in die Psychotherapie kam, um »Sterbehilfe« zu bekommen. Sterben war ihr einziger Wunsch. Sie wurde von quälendsten, diffusen Schmerzen und Verzweiflungsgefühlen umgetrieben und zeigte verschiedene psychosomatische Symptome. Sie erschien mir wie ein Monstrum an Negativität. Es war mir möglich, den Verdacht auf einen pränatalen Notzustand durch Rücksprache mit der Mutter zu klären. Die Schwangerschaft war durch eine verzweifelte Lebenssituation der Mutter belastet gewesen, in der sie das Kind in einer elementaren Weise hatte loswerden wollen. Über diese Situation war nie gesprochen worden. Die Mutter hatte versucht, alles in sich zu verbergen und dem Kind gegenüber später unbelastet zu erscheinen. Darum fand die Patientin als Kind keinen Artikulationspunkt für ihr latent gespürtes Leid. Nur eine Existenz als »Sonnenschein« ihrer Mutter war ihr erlaubt. Das Lebensgefühl der Patientin war so quälend, weil es für sie – wie in ihrer vorgeburtlichen Lebenszeit aufgrund des Unglücks der Mutter – keinen Ruhepunkt in der Welt gab. Schon das Liegen auf einer Sommerwiese löste unerträgliche Schmerzen und das Gefühl aus, zu brennen. Dieser Patientin war es nicht möglich, ihre negativen Spannungen irgendwie zu gestalten. Bei geringeren Belastungen ist es durchaus möglich, daß der von der Mutter kommende negative Affekt vom Fötus gewissermaßen in einem psychosomatischen Verspannungs- und Schmerzzustand organisiert wird, zum Beispiel im Verdauungstrakt, in der Rückenmuskulatur oder in der Haut. Es kommt dann zu den in der psychosomatischen Medizin beschriebenen tiefen Verzerrungen und konfliktreichen Belastungen von ganzen Organsystemen.

Unkomplizierter ist manchmal eine Verbindung zum vorgeburtlichen Leben bei Hauterkrankungen herzustellen. So träumte ein Patient, der in der Schwangerschaft einer starken Ablehnung ausgesetzt gewesen war und nach der Geburt eine Neurodermitis entwickelte, immer wieder von zusammenbrechenden Häusern und Gebäuden, die in Brand gerieten. Da er nach der Geburt weggegeben wurde, waren spätere Begegnungen mit der Mutter bei kleinen Konflikten durch blitzartiges Zurückfallen auf die pränatale Ambivalenzebene gefährdet. In Minuten konnten sich die Hauterscheinungen voll ausbilden, als er zum Beispiel in den Ferien seine Mutter traf und nicht genau wußte, ob sie ihn in kurzer Zeit wieder verlassen würde. Dieser Patient konnte in der Analyse jedoch wieder Kontakt zu guten pränatalen Zuständen finden und symbiotische vorgeburtliche Vereinigungswünsche in Träumen und Beziehungsgefühlen aktualisieren, was mit einem Verschwinden der Symptomatik einherging. In Situationen, wo diese Vereinigungswünsche zusammenbrachen, traten die Störungen wieder auf.

Wie erlebnisnah fötale Befindlichkeit sein kann, zeigt das Beispiel einer Patientin, die mit dreizehn Jahren wegen einer Schädigung ihres Hörorgans vom Schwimmen befreit wurde, obwohl es dafür objektiv keinen Anhalt gab. Es war nun so, daß allein das Schwimmen schon in ihr den fötalen Regressionszug aktualisierte und sie die Orientierung verlor, schräg nach unten, geradeaus oder zur Seite schwamm, ähnlich wie der Fötus frei in seinem Urmeer paddelt und bei Belastungen auch das Gleichgewicht verlieren mag. Ein ähnlicher Gleichgewichtsverlust begann bei der Patientin, wenn sie sich im Dunkeln aufhielt, wo sie ins Taumeln geriet, ähnlich wie vielleicht der Fötus, wenn er den inneren Bezug zur Mutter verliert. Die Aufklärung dieser starken Beeinträchtigungen durch Hinweise auf vorgeburtliches Erleben kann sehr entlastend sein, da solche Schwächen etwas sehr Kränkendes und Entmutigendes haben können.

Dissoziale Entwicklungen und Kriminalität

Es ist bekannt, daß dissoziale Entwicklungen oft davon bestimmt sind, daß früheste Ängste und Aggressivierungen durch prä- und perinatale Traumatisierungen, durch »intrauterinen

Hospitalismus« (Hau), durch die ungünstigen nachgeburtlichen Bedingungen nicht aufgefangen wurden, sondern sich ständig szenisch wiederholten, und zwar oft in wenig verwandelter und symbolisierter Form. Das klassische Beispiel ist die Ödipus-Sage, wo die prä- und perinatal erlittene Gewalttätigkeit später im Vatermord wiederholt und die pränatale Regressionstendenz im Mutterinzest ausgelebt wird. Die Nähe und Heftigkeit der frühen Ängste bedingten die enormen Behandlungsschwierigkeiten. Hier ein Traum eines dissozialen Jugendlichen, in dem sich eine ganze Szenerie von prä- und perinataler Traumatisierung entfaltet:

»Ich fahre zusammen mit Großmutter in ihrem Auto auf einer Straße. Plötzlich tut sich die Straße vor uns auf, wir sind in einer riesigen Hölle, in einer Art Kochtopf. Die Straße führt in Windungen an den Wänden hoch, dann kreuz und quer durch die Hölle. Rechts und links von der Straße liegen Türen. Wenn sie sich einmal für kurze Zeit öffnen, sehen wir dahinter riesige Feuer und Teufel, die Menschen quälen. Wir haben furchtbare Angst, weil von allen Seiten plötzlich ein Angriff kommen kann.«

Dies entspricht der Szenerie der zweiten und dritten perinatalen Matrix, wie sie Grof beschrieben hat (s. S. 95 f.), die sich hier, ohne LSD-Einnahme, unmittelbar aktualisiert.

Dramatisch werden die Zusammenhänge zwischen pränatalen Belastungen und krimineller Entwicklung in den Gesprächsprotokollen beleuchtet, die Balthasar Gareis und Eugen Wiesnet veröffentlicht haben:

»Im dritten Monat meiner Schwangerschaft mit Anton wollte ich heiraten. Als mein Vater dies erfuhr – ich war damals 17 Jahre alt –, wurde er fürchterlich wütend und schlug auf mich ein. Ich durfte nicht heiraten, weil der Mann nicht nach meines Vaters Geschmack war ... Seit dem Tag, an dem er von meiner Schwangerschaft erfuhr, hatte ich keine ruhige Minute mehr. Wenn ich abends später nach Hause kam und er merkte, daß ich mich mit dem Vater von Anton getroffen hatte, konnte ich die ganze Nacht nicht mehr schlafen, so hat er mich beschimpft und geschlagen. Ich weinte dann die ganze Nacht. Damals habe ich auch versucht, mir das Leben zu nehmen, aber ich fand dann doch nicht den Mut dazu, weil ich an mein Kind dachte ... In der Zeit bis zur Geburt wurde ich so nervös, daß ich bei der geringsten Kleinigkeit zu heulen begann ... Es kam schließlich so weit, daß mich Antons Vater auch nicht mehr mochte, weil ich mich zu sehr gehenließ ... Die Geburt von Anton war mein schlimmstes Erlebnis. Als Anton auf die Welt kam, war sein linker Arm gelähmt ... Beim Stillen habe ich ständig geweint, so daß Anton daraufhin ebenfalls heulte. Anton war viel krank, er war zappelig, nervös und sehr schreckhaft ... Meine beiden anderen Kinder sind ganz anders. Bei denen hat es auch während der Schwangerschaft keine unliebsamen Ereignisse gegeben. Heute meine ich, daß die Schwangerschaft die wichtigste Zeit im Leben eines Kindes ist. Anton hat ein gutes Gemüt, er wollte keinen Mord begehen, er kann nichts dafür, daß er so ist.«

Der Junge, Anton, war in der Schule gelegentlich durch mißtrauische Haltung, Gereiztheit und unberechenbare Handlungen von Selbstbeschädigung bis zur massiven Aggression aufgefallen.

»Mit 17 Jahren beging Anton einen brutalen Mord an einem 16jährigen Mädchen, das er durch minutenlanges Würgen und mehrfaches Strangulieren grausam tötete. Anton beging die Tat ohne jede gefühlsmäßige Regung ... Die Persönlichkeitsstörung äußert sich in erhöhter Reizbarkeit, Neigung zu Mißtrauen und Eifersucht. Dazu kommen Verstimmungen, die sich bis zur Selbstmorddemonstration steigern. Auf besondere Belastungen und Widerstände in seiner Umgebung reagierte Anton ungewöhnlich. Einerseits zeigte er eine Tendenz, seinen Willen um jeden Preis durchzusetzen, andererseits wich er Schwierigkeiten aus, war unentschlossen und wurde sentimental.«

Und ein zweiter Bericht über einen jungen Mann von sechzehn Jahren namens Uwe, der einen schweren Raub mit Mißhandlung des Opfers verübte. Aussagen der Mutter:

»Es fing eigentlich schon bei der Schwangerschaft an. Als ich merkte, daß ich mit ihm schwanger war, da bin ich zum Arzt gegangen und habe gar nicht glauben können, daß ich nochmals ein Kind bekommen sollte. Auch mein Mann war so enttäuscht, weil wir doch nur eine kleine Wohnung hatten. Sie glauben gar nicht, wie unglücklich ich über die Schwangerschaft war! Ich war so nervös und so fertig, war manchmal todtraurig und hatte eine solche Wut auf das Kind. Manchmal dachte ich sogar an Abtreibung, aber das wäre doch ein Unrecht gewesen. Ich war damals so nervös, daß sich die Nervosität bei mir auf das Gesicht gelegt hatte. Ich bekam nämlich ein Muskelzucken, das ich lange Zeit hatte. Auch heute noch, wenn ich nervös bin, wie z. B., als ich von der Tat gehört habe, kommt dieses Zucken wieder. Die Aufregung muß sich auf das Kind übertragen haben. Es war sehr schwächlich, als es auf die Welt kam, und wäre fast gestorben. Da habe ich großes Mitleid bekommen und habe es mir anders überlegt. Dann hat er die Muttermilch nicht vertragen, schlecht getrunken und meist wieder alles ausgebrochen. Dadurch hat er sehr wenig zugenommen und war oft krank. Er hatte dauernd Fieber, Halsentzündung und Ausschläge. Ich weiß auch nicht, woher das kam. Er war so nervös und zappelig, daß er in der Entwicklung weit zurückgeblieben ist ... Die Unruhe und Nervosität sind auch heute noch bei ihm zu spüren ... Wenn Uwe heute aufgeregt ist, dann zuckt er immer mit den Augenmuskeln. Er braust immer so schnell auf. Beides hat er von mir seit der Schwangerschaft. Die anderen drei Kinder sind ganz anders ... Aber trotzdem, Uwe kann nichts dafür! Hätte ich mich doch damals nicht so aufgeregt, als ich merkte, daß er unterwegs war.«

Ich stelle mir vor, daß manche kriminelle Tat quasi die Umsetzung einer pränatalen Leidens- und Qualphantasie ist, so etwas wie die Verwirklichung des oben wiedergegebenen Höllentraums. Voraussetzung ist dabei immer, daß das prä- oder perinatale Trauma in der Zeit nach der Geburt eben nicht verarbeitet werden kann. Der berühmt gewordene Fall des Jürgen Bartsch, der Kinder in einer Höhle ermordete, trägt in der Tatinszenierung die pränatalen Züge der Wiederbelebung eines Abtreibungstraumas, das über die sexuelle Perversion auf das Opfer abgelenkt wird. Die Tat hat Bartsch, wie er berichtete, vorher vielfach halluziniert (s. S. 66). Die Angaben zum Lebensbeginn sind spärlich, jedoch für alle negativen Vermutungen offen. Er wurde unehelich geboren: »Er verbringt das erste Lebensjahr in der Klinik. Seine Mutter, die ihn sowieso nicht haben wollte, stirbt bald nach seiner Geburt.«

Die Befunde zur Erforschung der Jugendkriminalität sind auch statistisch in bezug auf die Bedeutung der Prä- und Perinatalzeit sehr eindrucksvoll. Folgende Zahlen finden sich bei Gareis und Wiesnet:

»Aus einer psychosozialen ›broken-home-Situation‹ stammen 67% der jugendlichen Strafgefangenen, und ehelich geboren wurden 32%. Die Geburt war bei 57% unerwünscht, die Mutter war bei 33% unglücklich und seelisch belastet.«

Die Autoren führen hierzu aus:

»Das Kind erfährt dadurch [die Unerwünschtheit der Schwangerschaft, L. J.] bereits vom Beginn seines Lebens an das fundamentale Gefühl des Unerwünschtseins ... Häufig wird dem Jugendlichen die Tatsache der Unerwünschtheit später bei familiären Auseinandersetzungen vorgeworfen.«

Als Beispiel die Aussage einer siebzehnjährigen jungen Frau mit einer kriminellen Entwicklung:

»Als ich geboren wurde, waren meine Eltern noch nicht verheiratet. Es war dann eine Muß-Heirat wegen der Leute. Darum haben mich auch meine Eltern nie richtig gemocht, das habe ich immer gespürt, daß ich schon von Geburt an abgelehnt war. Ich denke oft mit Schrecken an zu Hause zurück.«

Man kann auch in der Form, wie die Gesellschaft mit ihren dissozialen Mitgliedern umgeht, eine szenische Wiederholung prä- und perinataler Traumatisierungen sehen. Dies ist besonders deutlich bei den mittelalterlichen Strafen, die sich als prä- und perinatale Verletzungen entschlüsseln lassen. Die Tat selbst ist ein gescheiterter Versuch der Selbstfindung, der eben an dem

Fixierungspunkt des frühen Traumas scheitert. Die Situation wird jedoch dadurch kompliziert, daß in der Durchführung der Bestrafung in Haftanstalten oder Zuchthäusern die Gesellschaft wiederum eigene prä- und perinatale Ängste an den Dissozialen exekutiert und sich dadurch von ihnen entlastet. Der Fortschritt in der Strafjustiz stellt ja in gewissen Grenzen einen Bewußtwerdungsprozeß in dem Sinne dar, daß diese primitive projektive Exekution eigener Ängste zurückgenommen wird.

Selbstmordgefährdung

Wir können heute aufgrund empirischer Untersuchungen sagen, daß die Selbstmordinszenierung in ihrer jeweiligen Ausgestaltung dem Ablauf der Geburt folgt. Wenn eine Geburt mit gewaltsamen Beeinträchtigungen verbunden war, dann wird der Tod durch gewalttätige Mittel, wie Sich-vor-den-Zug-Werfen oder Erschießen, gesucht, wenn aber die Geburt durch eine narkotische Betäubung bestimmt war, dann wird der Tod eher durch bewußtseinslähmende Mittel wie Schlaftabletten o. ä. angestrebt.

Immer wieder wird in der Literatur der Wunsch des Suizidenten betont, sich wieder mit dem mütterlichen Urwesen zu vereinigen, was nur über eine geburtsregressive Rückkehr in die pränatale Welt möglich erscheint. Insofern sind die Suizidinszenierungen entgleiste Wiedervereinigungs- und Wiedergeburtsbemühungen, um sich in einer ausweglosen Lebenssituation zu erneuern. Dieses Gefühl der Ausweglosigkeit kann wiederum eine Wurzel in einer pränatalen oder perinatalen Schädigung haben. Wonach eigentlich gesucht wird, ist das erneute Durchstehen dieser damals nicht zu bewältigenden Gefahr, um im eigenen Leben einen Neuanfang zu schaffen. Hierfür spricht auch, daß nach einer Untersuchung des Psychiaters David Rosen die Menschen, die einen Sprung von der Golden Gate Bridge in San Francisco überlebt haben, nach dem Durchleiden dieser elementaren Erfahrung alle zu einem neuen Lebensanfang gefunden haben. Für alle war der Todessturz ein Stück weit Erledigung uralter Todesangst und damit Chance für einen Neubeginn.

Aber nur zu häufig kommt es in ständig wiederholten Selbstmordinszenierungen nicht zu einem Neuanfang, sondern zu einem stets neuen Steckenbleiben im Urtrauma, einfach weil die primäre Belastung oder die Schwierigkeiten der aktuellen Situation zu groß sind. Hierzu ein Beispiel der Berner Psychotherapeutin Eva Eichenberger:

»Frau A. ist eine junge, künstlerisch begabte Frau, die auf den ersten Blick einen recht lebendigen und mutigen Eindruck macht. Es zeigt sich aber, daß sie bis jetzt auf alle an sie gestellten Anforderungen im Leben mit Panikzuständen und Depressionen reagiert hat: Ihren Beruf als Lehrerin konnte sie nicht ausüben, von ihrem Mann hat sie sich getrennt, sie ist nur beschränkt arbeitsfähig, desorientiert, ängstlich. Einer ihrer stets wiederkehrenden Aussprüche bei unserer ersten Begegnung war: ›Ich schaffe es nicht!‹, der andere ›Ich bringe mich um!‹. Sie führte schon im Eintrittsgespräch ihre zwanghaften Selbstmordgedanken darauf zurück, daß sie zu Hause das sechste von sieben Kindern war, daß sie das Leben ihrer Mutter bei der Geburt gefährdet hätte und daß sie durch ihr Dasein an den Existenzsorgen ihres Vaters schuld sei ...

Die Familie bekam sieben Kinder, die drei jüngsten wurden entgegen dem dringenden ärztlichen Rat gezeugt und alle unter Lebensgefahr der Mutter und wohl auch unter für die Kinder lebensbedrohenden Umständen geboren. Die Mutter war sich sicher, daß sie die Geburt von Frau A. nicht überleben würde. Sie erwies sich aber als leichter als diejenige des vorhergehenden Kindes. Jedoch bekam die Mutter meiner Patientin nach dem Wochenbett eine schwere Gebärmutterentzündung. Sie war damals so erschöpft, daß sie Angst hatte einzuschlafen, weil sie befürchtete, dann zu sterben. Frau A. wurde an Leute weggegeben, die an dem kleinen Säugling Freude hatten. Die Mutter soll wochenlang nicht nach ihrem Kind gefragt haben. Frau A. berichtet, sie könne sich diese Erschöpfungsdepression der Mutter gut vorstellen. Selbst habe sie in Situationen, wo sie sich überfordert fühlte und deshalb schwer krank wurde, ›ähnliche Zustände‹ durchgemacht. Frau A. fühlte sich während ihrer Kindheit und Pubertät nie als Individuum ...

Indem Frau A. mit mir zusammen versuchte, sich in das erwartete und neugeborene Kind, das sie einmal war, hineinzufühlen, erkannte sie schon bald ihre zwanghaften Selbstmordgedanken und ihre sie bei alltäglichen Anforderungen überfallenden Vernichtungsängste als alte Gefühle wieder. Ihre Regressionstendenz, das heißt, ihre Abwehrhaltung dem Leben gegenüber, ist so übermächtig, weil ihr die Mutter, die mit der Geburt des Kindes ihren Tod erwartete, in ihrer Erschöpfung und inneren Auflehnung kaum Ermunterung und Anregung zum Leben geben konnte.«

Nach meinem Eindruck ist ein Umgang mit chronisch selbstmordgefährdeten Patienten nur mit einer wirklichen Einbeziehung dieser primären Lebensgefährdungen möglich, was voraussetzt, daß man deren Bedeutung auch wirklich angemessen gewichtet. In der Pubertät ist im Zusammenhang mit der Individuationskrise in dieser Altersstufe die Selbstmordgefährdung höher, weil durch die Ablösung von der Kinderwelt und den Übergang zur Erwachsenenwelt die Geburtserfahrung mit den entsprechenden subjektiven Körpergefühlen aktualisiert wird. Wer einige Male gesehen hat, in welcher Erschöpfung, quasi im Schock und blau angelaufen, manche Babys zur Welt kommen, kann sich vorstellen, wie quälend es ist, wenn die entsprechenden Gefühle wiederaufleben, vor allem dann, wenn auch pränatale Streßzustände vorlagen, also das Kind schon vorgeschädigt in die Geburt hineinging. Dies war bei einem meiner Patienten der Fall, der in krisenhaften Belastungssituationen mit den Eltern auf diese naheliegenden Körpergefühle regredierte. Er erlebte insbesondere seine Glieder wie leblos und tot, als ob das Blut im wahrsten Sinne des Wortes in den Adern erstarrt sei. Um irgendwie zu einer Lösung zu kommen, mußte er sich die

Arme aufritzen, was ihm eine gewisse Entlastung brachte. Dieses Aufritzen der Arme ist in der Pubertät ein relativ häufiges Selbstmordmittel und wird von Terence Dowling darauf zurückgeführt, daß es nachgeburtlich bei der Kreislaufumstellung zu einem venösen Blutstau in den Gliedern kommt, der mit quälenden Gefühlen verbunden sein kann.

Da der Selbstmord ein so dramatisches und abgegrenztes Ereignis ist, ist er für quantifizierende Untersuchungen geeignet. Hatte schon Grof aufgrund der LSD-Selbsterfahrung vermutet, daß das gewaltsame Selbstmordmuster Bezug zur zweiten und dritten perinatalen Matrix hat (s. S. 95 f.), während Suizid mittels Drogen in Zusammenhang mit der Verwendung von Anästhetika steht, so wurden diese Befunde durch die Arbeiten des Schweden Bertil Jacobson statistisch verifiziert. Diese Studie wurde durch epidemiologische Untersuchungen inspiriert, die in den USA durchgeführt worden waren und zeigten, daß die Suizidalität ein bestimmtes Verteilungsmuster in jeder Jahrgangsklasse hatte. Dieses Muster blieb stabil, unabhängig davon, ob der Selbstmord mit zwanzig, vierzig oder sechzig Jahren verübt worden war. Es sah jedoch anders aus bei denjenigen, die zwischen 1920 und 1925 geboren worden waren, im Vergleich zu denen, die zwischen 1925 und 1930 geboren waren.

Die Auswertung der Studien hatte ergeben, daß Geburtskomplikationen ein wesentlicher Faktor für die Gestaltung des Suizids sein mußten. Man hatte nun die Vermutung, daß das Verteilungsmuster durch die unterschiedlichen Umstände bei der Geburt bedingt war, die sich nach wissenschaftlichen und modischen Trends in faßbarer Weise verändern. Die schwedische Kontrollstudie von Jacobson bestätigte diese Hypothese. Im Rahmen dieser Studie wurden einige Stockholmer Krankenhäuser, die unterschiedliche Geburtsbetreuungen durchführten, miteinander verglichen. Je nach Krankenhaus und dort verwandter Geburtsmodalität war auch die Selbstmordgestaltung der dort geborenen Erwachsenen unterschiedlich.

Die genannten epidemiologischen Studien waren auch der

Ausgangspunkt der statistischen Untersuchung von Lee Salk zum adoleszenten Selbstmord. Die epidemiologischen Studien hatten gezeigt, daß die Selbstmordrate von Adoleszenten in den letzten Jahrzehnten kontinuierlich angestiegen war. Man interpretierte, daß durch den Ausbau und die Verbesserungen der Neugeborenenmedizin und die entwickelte Geburtshilfe viele Kinder auch äußerst traumatisierende Geburtskomplikationen überleben, bei denen sie früher gestorben wären. Diese Kinder gehen mit einer traumatischen Belastung in die Pubertät und haben dann bei dieser erneuten Reifungsbelastung ein höheres Suizidrisiko. Salk verglich die Geburtsberichte von 52 Adoleszenten mit denen von zwei Kontrollgruppen, und die Zusammenhänge waren auf einer statistischen Ebene eindeutig. Die Suizidenten hatten ganz erheblich mehr Geburtskomplikationen in der Vorgeschichte erlebt als die Mitglieder der Kontrollgruppen. Besonders gravierend war der Unterschied bei den Merkmalen »verlängerte Luftnot, chronische Erkrankung der Mutter während der Schwangerschaft und keine Schwangerschaftsuntersuchung in den ersten zwanzig Wochen der Schwangerschaft«. Dies zeigt, daß neben der perinatalen auch pränatale Beeinträchtigung bei der Suizidneigung von Bedeutung sind.

Psychotische Erlebensveränderungen

Die neuere, von dem Kinderpsychiater Reinhart Lempp ausgehende kinderpsychiatrische Forschung hat ein entwicklungspsychologisches Modell zu den Ursachen der Schizophrenie formuliert, das die Schizophrenie als eine Realitätsbezugsstörung beschreibt, wobei die Symptome entgleisende Regressionsprozesse auf diese Störungspunkte sind. Dabei stechen die prä- und perinatalen Störmomente als eine Ursachengruppe neben den postnatalen Ursachen hervor. Es gibt zahlreiche Arbeiten, die die krankheitsauslösende oder -fördernde Bedeutung von prä- und perinatalen Schäden für die spätere Entwicklung der Schizophrenie belegen. Die Forschung der pränatalen Psychologie kann den Beginn dieser Realitätsstörung in der pränatalen Zeit aufweisen. Diese natürlich überwiegend auf Einzelfällen aufbauende Forschung hat zum Teil auch schon das Niveau der quantifizierenden Analyse erreicht. Eine statistische Auswertung der Wahninhalte von Patienten, die in der Pubertät an Schizophrenie erkrankt waren, ließen sich in stimmiger Weise realen Ereignissen in der Perinatalzeit zuordnen. Dies entspricht den vielen Einzelbeobachtungen über die Wiederkehr von prä- und perinatalen Erlebensinhalten im psychotischen Erleben. Letztlich läßt sich der psychotische Ausnahmezustand dadurch charakterisieren, daß der Betreffende auf Streß mit prä- und perinatalen Reaktionsmustern antwortet, also so reagiert, wie er dies in seiner prä- und perinatalen Lebenszeit getan hat.

Schon im Selbstgefühl des Psychotikers, der sich eigenartig irreal und in der Gefahr fühlt, innerlich auseinanderzufallen, spiegelt sich ein prä- und perinataler Einfluß wider. Der Körperbezug ist ähnlich konkret. Das Lebensgrundgefühl ist beherrscht von Panik und überwältigender Angst. Die Welt erscheint als ein bedrohlicher Kerker, aus dem es keinen Ausweg gibt. Es ist naheliegend, dies als Verhaftet-Sein an einen negativen pränatalen Zustand zu interpretieren, für den ein nichtiges Selbstgefühl charakteristisch ist. Für das bedrohte Selbstgefühl einige Beispiele aus der therapeutischen Arbeit der amerikanischen Psychiaterin Moira Fitzpatrick. Eine junge Schizophrene beschreibt ihre innere Erfahrung in einer psychotischen Episode:

»Ich bin in einer Falle, ich bin in einen milchigen, weißen Nebel eingeschlossen. Ich stoße so heftig, wie ich kann, ich bin außer Atem, ich bekomme keine Luft, ich schlage um mich, ich rolle hin und her, ich versuche zu verletzen, ich bin außer mir vor Wut. Ein dunkles Loch mit einem Schimmer von Licht verfolgt mich. Ich schrumpfe innerlich zusammen. Ich fühle mich erdrosselt, ich kann nicht atmen, ich werde von der Dunkelheit verschlungen.«

Ein anderer junger Patient sagte: »Die Hände verfolgen mich, sie wollen mich umbringen.«

Eine weitere schizophrene Patientin von Moira Fitzpatrick war in ihrer vorgeburtlichen Zeit dem existentiellen Konflikt und der grundsätzlichen Ablehnung ihrer Mutter ausgesetzt, die während der Schwangerschaft an Kinderlähmung erkrankte und wegen der Schwangerschaft keine Medikamente nehmen durfte. Sie machte die Tochter später für zurückbleibende Lähmungen verantwortlich. In der Therapie beschrieb die Patientin ihr regressives Erleben so:

»Der Schmerz, der unglaubliche Schmerz, das Gefühl, daß meine vitalen Kräfte von mir genommen wurden, meine Körperkräfte, meine Luft zum Atmen, alles war mir fortgenommen. Der Leib meiner Mutter kam um mich herum und wollte mich zerquetschen. Und ich erinnere mich, wie ich mich hin und her wandte, um fortzukommen, um nicht zerquetscht zu werden, und wie ich gleichzeitig um mein Leben kämpfte. Ich war von jeglicher Lebensunterstützung abgeschnitten ... Ich spürte, daß meine Mutter mich aushungern wollte und alles Leben aus mir durch die Nabelschnur aussaugte. Es war mehr, als ob sie mir mein Leben nahm, als daß sie es mir gab.«

Dies ist ein Grundgefühl des schizophrenen Erlebens: nicht erwünscht zu sein, keine wirkliche Existenz zu gewinnen. Es fehlt die kleinste, grundsätzliche Unterstützung vor der Geburt und damit die Kraft für ein Leben in dieser Welt. Dies sind auch die Stichworte aus der psychotherapeutischen Erfahrung mit Schizophrenen, wie sie der Schweizer Psychiater und Psychoanalytiker Gaetano Benedetti zusammengefaßt hat. Er spricht von der Schizophrenie als einer negativen Existenz, einer negativen Identität, vom Selbsthaß des Schizophrenen und von der Beziehung zur Welt als einer gegenseitigen Negation. Viele Schizophrene glauben, sie seien schlecht, Abfall, im Uterus ausgehungert, terrorisiert und vergiftet. Dies sind die dramatischen Bilder für die pränatalen Notzustände, die sich im Wahn oft ganz unmittelbar abbilden. Der pränatale Zusammenhang kann dem Patienten unmittelbar, ohne jede symbolische Verhüllung, präsent sein. So sagte eine Patientin von Fitzpatrick: »Ich fühle mich im Uterus, innen drin, nicht draußen. Ich fühle mich wie ein Fötus, müssen Sie wissen. Man fühlt sich innen drin, man kann nichts machen!« Auch der Geburtsvorgang selbst kann in dem wahnhaften Erleben sehr direkt zum Ausdruck kommen. Eine andere Patientin von Moira Fitzpatrick schilderte, wie ihre Geburt mit einem ungeheuren Kopfdruck begann. Sie hatte das Gefühl, sich gegen die Manipulationen von Mutter und Arzt wehren zu müssen:

»›Sie haben nicht das Recht, mich zu dieser Qual des Durchganges durch diese Dunkelheit zu zwingen. Ich sage nein!‹ Danach wandelte sich die Erfahrung dieser Patientin, sie entwikkelte eine ungeheure Wut und spürte, wie sie in einen Tunnel fiel. Sie begann, in Panik zu atmen, und fühlte sich von überall bedroht. Es erschien das Bild eines schwarzen Panthers, und dann hatte sie das Gefühl, in alle Teile ihres Körpers hineinzufallen. Ihr Leben war bedroht. Schließlich überließ sie sich dem Geschehen und fühlte sich geboren.«

Der aus diesen Berichten und der Befragung von Müttern zu erschließende extreme pränatale Streß mag auch die Gehirnentwicklung des limbischen Systems, des Emotionshirns, beeinflussen. Befunde aus diesem Bereich sprechen also gegen eine Erblichkeit der Schizophrenie. Pränataler Streß bedeutet unter anderem extremes Hormonungleichgewicht, und das beeinflußt die Gehirndifferenzierung.

Man könnte darüber spekulieren, ob sich in der Theorie, Psychosen entstünden »endogen«, also irgendwie »von innen« kommend, eine unbewußte Ahnung über die pränatalen Wurzeln psychotischen Erlebens verbirgt. Dann würde sich in der von dem Psychiater Klaus Cornrad beschriebenen »Überstiegsbehinderung« der Schizophrenen die Fixierung auf eine perinatale Komplikation widerspiegeln. Aus der Sicht der pränatalen Psychologie ist eindeutig, daß diese Konzepte der Psychiatrie die Erlebnisrealität aus einer gefährdeten pränatalen Beziehung zuwenig abbilden, und das wirkt sich vor allem auf die Therapie aus. Auch bei der Schizophrenie-Entwicklung ist für die spätere

Erkrankung die Addition von prä-, peri- und postnataler Belastung wichtig, wie sie sich aus einer von Reinhart Lempp angeregten empirischen Studie ergab. Bei den schizophren erkrankten Patienten fand sich eine Zusammenballung von vorgeburtlichen und geburtlichen Belastungen, emotionalen Auseinandersetzungen in den Familien und frühen Störungen des Kontakts zur Umwelt.

Auch weil die jahrelangen Bemühungen, bei der Schizophrenie Erblichkeit herauszuarbeiten, zu keinem sicheren Ergebnis außer dem einer Disposition für eine »gewisse Entwicklungsmöglichkeit der Persönlichkeit« geführt haben, scheint es mir sinnvoll, die Beobachtungen der pränatalen Psychologie für Erklärungsversuche bei schizophrenen Erkrankungen mit einzubeziehen. Hilfreich ist dies vor allem für den therapeutischen Umgang mit den Patienten, wie die einfühlsame Studie von Fitzpatrick zeigt. Neuerdings hat der ungarische Psychoanalytiker und Psychiater Jenö Raffai ein therapeutisches Modell entwickelt, das von der pränatalen Regression des schizophrenen Patienten ausgeht. Diese gilt es seiner Meinung nach therapeutisch anzunehmen. Ein Einblick in Raffais Arbeit:

»Der gegenüber der Wand stehende junge Mann agiert. Er weiß nicht, daß das Zimmer der Körper seiner Mutter ist. Die Wand sind Mutter und gleichzeitig Grenzen seines Körpers. Er möchte von dort herausbrechen, weiß aber nicht, wie, da er nicht einmal weiß, wo er ist. In der Therapie ist es möglich, den Geburts-Entbindungsverlauf in Gang zu setzen und zu vergeistigen. Zu dieser Zeit hört das Agieren auf, und er kommt zur Erkenntnis, daß das Zimmer der Mutterleib ist, aus dem er heraustreten möchte ... Der 24jährige Patient agiert ›kopfstehend‹ seine Lage vor der Geburt. Später kommt er auf die Idee, daß er unter dem Einfluß außerirdischer Mächte steht. Er ist eine Marionette, die herumgerissen wird, ein Bestandteil einer riesigen Maschine. Er wird von Automaten gelenkt. Während der Therapie werde ich langsam zu seiner Umgebung. Ich bin kein Mensch mehr, sondern eine Maschine, ein Automat. Er ist in mir, und ich funktioniere mit meinem Organismus mit monotoner Einmütigkeit, wie eine Maschine. Es vollzieht sich alles im gleichen Rhythmus. Irgend etwas strömt aus mir in ihn hinein, das seinen Körper anhaltend füllt. Jetzt weiß er schon, daß er seine Körperempfindungen auf mich ausbreitet und daß diese über die Vorgänge zwischen dem mütterlichen und seinem Körper sprechen.«

Fitzpatrick und Raffai sind sich einig, daß es gilt, gemeinsam mit dem Patienten in einem tragenden therapeutischen Feld eine erneute, integriertere Geburt, die auch auf einer psychischen Ebene verläuft, zu realisieren. Sehr lebendig hat die griechische Psychiaterin Maria Diallina diesen Vorgang bei einer sehr schwer psychotisch erkrankten jugoslawischen Krankenschwester beschrieben. In dieser Therapie wird mit Tonplastiken gearbeitet. Hier ein Auszug aus dem Therapiebericht:

»Der Wunsch nach Wiedergeburt der Patientin drückt sich in der Gestalt des Fisches aus, der auf dem Trockenen liegt, lebt, erstickt, kein bergendes Wasser um sich hat, aber schon einen riesigen Hunger hat und diesen in einem Rachen ausdrückt, der die ganze Welt zu verschlingen scheint und in einem kräftigen Kontrast zur ›extremen Weltflucht‹ der Patientin stand. Diesen Fisch dialektisch zu verstehen ist das erste Zeichen der Kommunikation ohne Raum, ohne Uterus, ohne Wasser. Der Fisch liegt auf dem trockenen Sand und versucht einzuatmen. Die tiefe Symbiose dieses Prozesses und der Vorgang der Trennung nach der psychischen Geburt wurden ferner im Übertragungsverhalten der Kranken versinnbildlicht: In der Krankheit war die Patientin bei ihrer Passivität nur noch als ungeborener Fötus erreichbar, und die Ärztin mußte sie zu Hause besuchen, um noch in Kontakt mit ihr zu treten. Kurz vor der psychischen Geburt hatte sie ihrer Therapeutin ihre zuletzt gemachte Figur geschenkt, die den in Ulm von Neonazis ermordeten Türken darstellt. Dazu sagte sie, der Türke sei jetzt nicht mehr heimatlos und blind, der Tod habe ihn befreit. Er sei kein Fremdarbeiter mehr. (Die Figur macht den Eindruck, obwohl tot, zufrieden zu sein.) Zu diesem Zeitpunkt war die Patientin endlich in die Sozialwohnung eingezogen und hatte nach 20 Jahren erstmals wieder Kontakt zu ihren Geschwistern in Jugoslawien aufgenommen. Später, nach erfolgter ›Geburt‹, konnte die Patientin ihre neugefundene Raumgrenze auch gegenüber der Psychotherapeutin vertreten und sich von ihr trennen: ›Ich brauche Sie nicht mehr.‹«

Nur zu oft kommt es jedoch bei den Regressions- und Wiedergeburtsbemühungen der psychotischen Patienten nicht zu einem wirklichen Realitätskontakt. Hierzu das Beispiel einer schizophrenen Patientin, deren Wiedergeburt doch nur in einer erneuten Suche nach dem verlorengegangenen Nabelschnurerlebnis, dem »Spend«, endet:

»Die Kranke erklärt, sie sei tot gewesen, und seit sie wieder lebendig sei, fehle ihr der ›Spend‹. Wie er ihr abhanden gekommen sei, könne sie nicht genau sagen. Sie nehme an, bei einer Blinddarmoperation sei sie gestorben, denn hinterher sei ›alles anders‹ gewesen. Seither sei sie nicht mehr nur Martha Friedhof, sondern Schauspielerin, die das, was sie wirklich sei, in ihren Rollen suchen müsse ... Was ihr noch dazu fehle, um wirklich wieder sie selbst zu sein, sei der ›Spend‹. Dies sei eine Art Lebenskraft ... ›Spend‹ sei so etwas, wie es durch Blutübertragung an Fehlendem dem Körper wieder zugefügt werden könne, wenn es ihm an Lebenskraft fehle. Aber es müßte Blut von anderen sein, wenn es helfen soll.«

Magersucht

Wenig beachtet ist nach meinem Eindruck auch der perinatale Zusammenhang bei der Magersucht. Diese Patientinnen geraten typischerweise in der Pubertät in einen tiefen Konflikt um ihre weibliche Identität und sind nicht in der Lage, in der Identifizierung mit der Mutter einen Ausgangspunkt für ein eigenständiges Leben zu finden. Diese Schwierigkeit wäre verständlicher, wenn sich die Befunde der amerikanischen Psychoanalytikerin Eva Jones bestätigten, daß bei der Mehrzahl ihrer Patientinnen die Mütter die Schwangerschaft abgelehnt und auf vielerlei Weise versucht hatten, die Schwangerschaft zu verbergen. In etlichen Fällen versuchten die Mütter, dies durch Hungern zu erreichen. Darum gewann Jones den Eindruck, daß die Magersuchtpatientinnen mit sich so umgingen, wie ihre Mütter mit ihnen in der ersten Zeit der Schwangerschaft umgegangen waren. Eine Aufklärung dieser Zusammenhänge hat nach ihrem Bericht den Patientinnen in der Mehrzahl geholfen, sich aus dieser unheilvollen Verquickung mit den negativen Mutteraspekten zu lösen. Zusätzlich wurden Sitzungen mit Atemübungen gemacht, in denen bei mehreren Patientinnen die pränatale Ablehnungserfahrung wie auch die Geburtserfahrung wiederholt und durchgearbeitet werden konnten.

VIII

VOM FÖTUS ZUM ERWACHSENEN

Prä- und perinatale Aspekte in der Entwicklungspsychologie

Zwischenbilanz

Die Beispiele aus den vorangegangenen Kapiteln zeigen uns, daß die frühesten Erfahrungen in jedem von uns fortleben. Wir alle existieren aus der Vitalität und Erlebensdynamik unseres Anfanges heraus. Somatisch und psychisch ist diese Zeit das Fundament unseres Lebens und Erlebens und unserer Beziehung zur Welt. Jeder neue Lebenshorizont ist eine Aufhebung des früheren und gleichzeitig eine verwandelnde Wiederkehr. Die Vitalität des vorgeburtlichen Kindes kehrt als Vitalität und Lebenselan des Säuglings zurück, um dann wieder in der Daseinsfreude des Kleinkindes und Kindes aufgehoben und erneuert zu sein. Jede Lebensebene hat ihre spezifischen Ausdrucksformen und Beziehungs- und Befriedigungsmöglichkeiten. Die psychotherapeutische Situation gibt uns die Möglichkeit zu beobachten, in welcher Weise Elemente der früheren Lebensebenen in uns fortleben, einfach weil sie konflikthaft verdrängt oder abgespalten waren, am Entwicklungsprozeß nicht teilgenommen haben und deshalb gewissermaßen unverwandelt in uns weiterexistieren. Freud sprach von den »Überlebseln«. Wir haben zum Beispiel in den kindlichen Ängsten und natürlich in den Symptombildungen solche »Überlebsel« kennengelernt.

Durch die pränatale Psychologie gewinnen wir für das Verständnis unseres Selbst- und Weltgefühls einen neuen Ansatzpunkt. Unsere zweifache Welterfahrung von vorgeburtlicher und nachgeburtlicher Welt ist eine Grundbedingung unseres Selbst- und Lebensverständnisses. Die Menschen haben offenbar immer ein Konzept von einer diesseitigen und jenseitigen Welt besessen. Alle menschliche Kulturgestaltung ist von dieser Annahme geprägt. Im Laufe der Geschichte werden Diesseits und Jenseits in immer neuer Weise miteinander in Bezug gesetzt. Wir wissen, daß die Verbindung des Individuellen mit dem Kollektiven ihre Geschichte hat. Da im Mittelalter die allgemeine Not des Lebens und fehlender sozialer Zusammenhalt viele Ängste hervorriefen, war der Bezug auf die jenseitige Ursprungswelt um so größer und mächtiger und beherrschte den ganzen Lebenszusammenhang, da auf diese Weise dem realen Elend zu entfliehen war. Die zunehmende Lebensqualität in der Neuzeit und die wachsende Stabilität sozialer Strukturen minderten den Druck, Halt in der jenseitigen Welt zu suchen. Der Glaube an den diesseitigen Fortschritt im 19. Jahrhundert und das Zutrauen, soziale Utopien realisieren zu können, ließen die Projektion der pränatalen Ursprungswelt in der Religion verblassen bis zu dem Punkt, daß Nietzsche den Untergang dieses Wunschbildes als kulturelle Gestaltung verkünden konnte, indem er vom Tode Gottes sprach. Das Verblassen der religiösen Symbolisierung menschlicher Erfahrungen war die Geburtsstunde der Entdekkung des Unbewußten in uns und damit der jenseitigen, vorgeburtlichen Welt als einer Vorzeit unserer eigenen Lebensgeschichte.

Aus dem Sündenfall und Himmelssturz werden der Nihilismus

Nietzsches und die »Geworfenheit« Heideggers, der damit buchstäblich die existentielle Ausgesetztheit und Tierhaftigkeit unserer Geburtlichkeit hervorhebt. Wie bei Freud aus der Urgegebenheit der Geburt, so folgt bei Heidegger aus der Geworfenheit die Angst als ein Existentiale unseres Erdendaseins. Parallel zu dieser Entwicklung verändert sich unser religiöses Erleben. Der von der Not des Mittelalters geprägte Kinderglauben an den Gottesvater und die Gottesmutter verliert seine Wirkkraft, und es eröffnen sich Ausblicke auf neue Formen von Religiosität, die nicht auf der Projektion von Kindergefühlen aufbauen. Diese Kulturwende ist eng mit der Entdeckung der pränatalen Lebens- und Erlebenswelt verquickt. Das ist bei vielen bildenden Künstlern, wie Dalí und Klee, und Schriftstellern, wie Beckett, eine ganz bewußte Einsicht (s. S. 219 f.). Umgekehrt kann man die Entdeckung des vorgeburtlichen Kindes in uns auch als Ausdruck des Kulturwandels verstehen.

War wohl die Not der bisherigen Geschichte mit ihrem unmäßigen menschlichen Leid der Hauptgrund für die Abspaltung eines jämmerlichen Diesseits von einem himmlischen Jenseits, so besteht in der Entdeckung des Jenseits als eigene Lebensgeschichte die Chance zu einem ganzheitlicheren Selbst- und Weltbild. Wir alle wissen, wie sich die unheilvolle Spaltung zwischen Diesseits und Jenseits in den kulturellen Leitideen kaskadenartig durch alle Gestaltungen des sozialen Lebens hindurchzog und auch noch -zieht, in Form von Oben und Unten, Recht und Unrecht, Heil und Unheil, Herr und Knecht usw. Das eigene Leben und das Zusammenleben waren nur in dieser unheilvollen Zerfallenheit zwischen einer idealistischen Heilswelt und jammervoller nachgeburtlicher Welt denkbar und erfahrbar. Der Lebensbeginn war für die Mehrzahl der Kinder in der bisherigen Geschichte weitgehend ein schlimmes Ereignis, worauf die erschreckenden Zahlen der perinatalen Sterblichkeit und der Säuglingssterblichkeit ein trauriger Hinweis sind. Die Humanisierung der Entwicklungsbedingungen der Kinder in unserem Jahrhundert ist eine Voraussetzung für die Rücknahme der Projektion unserer kindlichen Urgefühle und die Erweiterung unseres Bewußtseins für das Wahrnehmen des Kindes, Säuglings und vorgeburtlichen Kindes in uns.

Der folgende Teil des Buches will in diesem Sinne die genannte Bewußtseinserweiterung und Sensibilisierung befördern, indem er das Fortwirken unserer pränatalen Lebens- und Erlebenswelt in unserer postnatalen Welt aufzeigt und beschreibt, um so die Einheitlichkeit unseres Lebens und Erlebens spürbarer werden zu lassen. Unvermeidlicherweise sind dies erst ansatzweise und vorläufige Überlegungen, die einige neue Aspekte zur Kulturpsychologie benennen sollen, wie sie sich aus der pränatalen Psychologie ergeben. Ich bin davon überzeugt, daß das Erleben der zwei Welten als Grunderfahrung in unserer individuellen und kollektiv-psychologischen Entwicklung immer wieder neu verarbeitet und gestaltet wird und einen Ausgangspunkt für die Ausbildung unseres individuellen und kulturpsychologischen Ich-Gefühls darstellt.

Wo zeigen sich vorgeburtliches und Geburtserleben in der psychischen Entwicklung vom Säugling bis zum Jugendlichen?

Die Hilflosigkeit unseres Lebensanfangs läßt uns in der Gruppe der Familie einen Abglanz der primären vorgeburtlichen Sicherheit suchen. Andacht, Verehrung, Gefühle des Heiligen und Wunderbaren sind es auf der einen Seite, die das Bild der Eltern oft verklären. Andererseits sind Angst, Panik und Schrecken die dunklen Aspekte des Elternbildes. In den frühen Beziehungen zum Säugling bemühen sich die Eltern, das Glück der pränatalen Geborgenheit im Wiegen, Wärmen, Versorgen und Ansprechen wiederherzustellen. Diese Beziehung lebt aus der archaischen Kraft dieser Wünsche. Gleichzeitig werden durch die Brutalität mancher Erziehungsmaßnahmen die Gefühle von Hilflosigkeit und Ausgeliefertsein an die höhere Macht der Eltern – je nach kulturellem Umfeld – in das kindliche Gemüt eingeprägt. Durchschreienlassen, Hungernlassen, Mißachten der kindlichen Bedürfnisse und späteres Prügeln bilden die Basis für die Schaffung eines autoritätshörigen, aggressiven Erwachsenen, der gelernt hat, daß es keine Sicherheit in dieser Welt gibt, sondern nur Unterwerfung und Dienen.

Infolge unserer Frühgeburtlichkeit ist unser erstes, »extrauterines Frühjahr« noch ganz durch Wünsche nach unmittelbarer Reproduktion pränataler Sicherheit bestimmt. Das Herauswachsen aus dieser biologischen Abhängigkeit im zweiten Lebensjahr entspricht der psychischen Geburt, wie sie von der Psychoanalytikerin Margaret Mahler beschrieben worden ist. Das Kind gewinnt die Verfügungsmöglichkeit über seine eigene Motorik, kann sich selbst bewegen, beginnt zu krabbeln und zu laufen, kann selbst essen, löst sich von der Mutterbrust und kann seine Ausscheidungen selbst kontrollieren. Im Konfliktfall kann der traumatische Ablösungsprozeß der Geburt in den Auseinandersetzungen der Trotzphase in einem Kampf um die eigene Individualität wiederkehren. Bei der Sauberkeitserziehung kann der Kampf um den Stuhl mit den Abläufen des Festhaltens, Loslassens, Ausstoßens Elemente der Geburtserfahrung wiederholen und im positiven Falle nachträglich verarbeiten. Die Verfügungsmöglichkeit über den Stuhlgang macht das Kind zum Herrn über seine eigene Geburt, bestätigt ihm, daß es sich selbst zur Welt gebracht hat, wie es auch den Stuhl zur Welt bringt. Schon früh hat die Psychoanalyse auf die erlebnismäßigen Beziehungen zwischen Ausscheidungen und Geburt hingewiesen.

Im dritten Jahr gewinnt das Kind seine soziale Beweglichkeit, tritt als das kleine Mädchen oder der kleine Junge in der Familiengruppe in Erscheinung, wird also gewissermaßen sozial geboren, was durch die Verleihung der Kindergartenreife von der Familiengruppe bestätigt wird. Das Kind befindet sich in einer eigenartigen Übergangssituation – es ist schon soziales Wesen, fühlt sich aber noch ganz im Glanz der primären Beziehung zu den Eltern und der Familie aufgehoben. Die Erinnerung an das

Erlebnis der Urtrennung der Geburt erscheint hier in der Gestalt der Gefährdungsmöglichkeit der gerade errungenen geschlechtlichen Identität als kleines Mädchen oder kleiner Junge; die Kinder erkennen, wie klein und hilflos sie bei den ersten Schritten in die Gesellschaft noch sind. Am Körper selbst kann dies in der Beschäftigung mit dem eigenen Genitale abgehandelt werden. Vagina und Penis können Unterpfand und Beweis für die eigene neue soziale Identität sein, aber ebenso auch in idealisierender Überhöhung zu einem Fluchtpunkt pränataler Sicherheit werden. Die Vagina wird zum Beweis der archaischen Identität mit der Mutter, einem Eins-Sein im Geheimnis der Verborgenheit, und der Penis wird zum Symbol der Erfahrung der Nabelschnur und zum Beweis pränataler Allmacht und Ungetrenntheit. Bei Wiederbelebung der Traumatisierungen bei der Geburt wird die Vagina zum Artikulationspunkt von Gefühlen des Mangels, der Verletzung oder der Möglichkeit des Verschlingens und Verschlungenwerdens. Und der Penis wird in seiner Kleinheit zum Anlaß von Gefühlen der Schwäche, der Beschädigungsangst, aber auch in gewalttätiger Umkehr zum Mittel des Stechens und Zerstörens.

Im vierten und fünften Lebensjahr vollzieht dann das Kind seine Emanzipation aus dem Familienuterus und gewinnt Anschluß an die soziale Realität. Dieser Vorgang ist ein ebensolcher fundamentaler Reifungsschritt wie die Pubertät und verbindet sich auch somatisch mit einer körperlichen Umgestaltung im sogenannten ersten Gestaltwandel, der eigentlich ein zweiter Gestaltwandel nach dem ersten des Säuglings zum Kleinkind ist. Das Kind ist nun stark genug für eine erste soziale Eigenständigkeit und in der Lage, sich mit seinen Liebes- und Haßwünschen den Eltern gegenüber wirklich auseinanderzusetzen, wenn es von diesen, den Bedingungen seines kindlichen Alters entsprechend, geschützt, begleitet und in seinen Entwicklungswünschen unterstützt wird. Dann kann es den Individuationsschritt zum Schulkind hin vollziehen, nachdem es die soziale Abhängigkeitsbeziehung zu den Eltern ein Stück weit als eigenes Gewissen und Ideal verinnerlicht und sich damit von der realen Betreuung und Leitung der Eltern emanzipiert hat.

Diese Verinnerlichung bedeutet die Wiederherstellung der doppelten Welt auf einer neuen Ebene. Die frühe Elternwelt wird durch eine psychische Umsetzung zur Innenwelt, wodurch ein innerer Aktionsraum für bestimmte Gefühle und Handlungen entsteht. Dieser Schritt hat sein urtümliches Vorbild in der Erfahrung von zwei Welten nach der Geburt. Die pränatale Welt wird für den Säugling nach der Geburt zur innerlich repräsentierten Innenwelt. Diese sucht er als Ich-Ideal, wie die Psychoanalyse es ausdrückte, in der Beziehung zur Mutter wiederzufinden. Der Entwicklungsschritt vom Säugling zum Kleinkind bedeutet eine der ersten vergleichbare Veränderung, wodurch die Säuglingswelt zur Innenwelt wird, die in Konfliktsituationen als regressiver Bezugspunkt in der Beziehung zu den Eltern wieder gesucht wird. Das Kleinkind hat die Säuglingswelt noch in unmittelbarer Erinnerung als einen inneren Bezugspunkt, auf den es in einer Konfliktsituation zurückgehen kann. Wir kennen dies, wenn ein Kleinkind in einer Konfliktsituation wieder das Laufen und Sprechen verlernt und die Stuhlkontrolle verliert, also wieder zum Säugling wird. In der Not und Unsicherheit der Gegenwart beschwört das Kleinkind die Sicherheit der früheren Existenzform. Das gleiche gilt für den Säugling, der sich, etwa bei einer Essensverweigerung, aus Protest gegen eine Mißhelligkeit auf die Illusion eines imaginären pränatalen Ernährtseins durch die Nabelschnur zurückziehen will.

Bei unzureichender Unterstützung durch die Eltern kann das Kind den Individuationsschritt des vierten und fünften Lebensjahres nicht bewältigen. Unter dem Druck einer ängstigenden Vatererfahrung kann es dem regressiven Sog eines Rückzugs in die Aufgehobenheit bei der Mutter bis hin zum Geborgensein in der ersten Existenzform der vorgeburtlichen Zeit erliegen. Der Übergang in das Schulkindalter mit Erlebnissen der Hilflosigkeit und Unfertigkeit kann die Eltern im guten wie im bösen übermächtig erscheinen lassen. Die Angst vor dem nächsten

Individuationsschritt aktualisiert die früheren Individuationsängste bis hin zu einer möglicherweise traumatischen Geburt. Aber ebenso besteht die Möglichkeit, daß man bei einem neuen Selbstfindungsschritt auf frühere bestärkende Selbstwerdungserfahrungen zurückgreifen kann, bis hin zu Gefühlen des Triumphes und des Sieges im ersten großen Abenteuer einer gelingenden Geburt. Durch die Geburt wurde eine neue Welt erobert und eine frühere zur gewußten inneren Erfahrung. In jeder Entwicklungsphase geht es um eine konstruktive Neuordnung des Selbstgefühls und des Weltbezugs im Sinne einer konstruktiven Umgestaltung und Urerfahrung der zwei Welten, der pränatalen Welt und der postnatalen Welt.

Im Ich-Gefühl ist die frühere Identität einerseits überwunden, zugleich wird sie jedoch fortgeführt, insofern das Frühere hier Grundlage und Ausgangspunkt der jetzigen Lebensform ist und die Möglichkeiten weiterer Entwicklungen in sich birgt. Die Psychoanalyse hat diesen weiteren Persönlichkeitsanteil, also die Persönlichkeit, die man ist und bisher war, als Selbst bezeichnet. In der pränatalen Zeit fallen Ich und Selbst noch zusammen, während sie nachgeburtlich in einem kreativen Wechselspiel stehen können; bei traumatischen Entwicklungsumbrüchen kann die innere Kommunikation zwischen Ich und Selbst verlorengehen. Man spricht dann umgangssprachlich auch vom Selbstverlust, vom Verlust der eigenen Wurzeln oder auch von Entfremdung. Teile des Selbst können durch traumatische Belastungen oder kulturell verhängte Entwicklungseinschränkungen in der Projektion bleiben und dann als Ich-Ideal mit politischen Institutionen und Personen verbunden werden, so daß eine wirkliche Selbstfindung in dem Sinne, wie sie heute möglich ist, nicht zustande kommt.

Im Latenz- oder Schulkindalter lebt das Kind noch weitgehend in der realen Abhängigkeit von den Eltern und der engeren sozialen Bezugsgruppe der Nachbarn, Bekannten und der Schule. Es nutzt seine neuen Möglichkeiten und Fertigkeiten, zum sich mit den kulturellen Errungenschaften seiner Lebenswelt vertraut zu machen. In manchen Fällen können die beiden Welten im Bezug zu Lehrern und Eltern weitgehend zusammenfallen. In einer gewissen Gläubigkeit werden die vermittelten Inhalte aufgenommen und in eine eigene wachsende Kundigkeit und Kompetenz umgesetzt. Kinder können in diesem sogenannten Latenzalter unselbständiger und abhängiger als am Beginn ihrer Individuation zum Kinde wirken. Das beschreibt zum Beispiel der französische Psychoanalytiker Gérard Mendel für die Situation in seinem Land, wo die Kinder nach dem sechsten Lebensjahr in ein sehr strenges Schulregime genommen und darin in Abhängigkeit und seiner Meinung nach auch unvollständiger Individuation gehalten werden. Wie dem auch sei, hier sind die kulturellen Einflüsse sehr direkt und ungebrochen wirksam. So sah C. G. Jung auch das Kind bis zur Pubertät noch in einer Symbiose mit seinen Eltern und war der Auffassung, daß es eigentlich erst mit der Pubertät zur psychischen Geburt kommt. Ich habe jedoch den Eindruck, daß Kinder heute oft schon in großer Autonomie und Freiheit die kulturellen und sozialen Möglichkeiten für ihre Entwicklung nutzen.

Die Pubertät ist dann die Zeit machtvoller biologischer und psychischer Entwicklung und persönlicher Erweiterung. Die Fähigkeit des Jugendlichen zum Abschied von der Kindheit ist vorgeformt durch die Bewältigung der früheren Individuationsschritte zum Kind, zum Kleinkind und vom vorgeburtlichen Kind zum Säugling. Unsere Zeit verlangt kulturell eine sehr hohe Autonomie, so ist auch die Entwicklungsaufgabe der Pubertät umfassender geworden und erfordert eine zumindest symbolische Rekapitulation der bisherigen Lebensorientierungen. Auf diese Weise sollen die Fundamente des neuen Lebens als Erwachsener eigenständig bestimmt und die Möglichkeit gewonnen werden, wirklich aus der eigenen gelebten Erfahrung heraus zu handeln. Gerade am Beispiel der Pubertät läßt sich die Dynamik des menschlichen Individuationsvorgangs besonders gut beobachten, weil er der eigenen Erinnerung unmittelbar zugänglich ist.

Der Pubertierende verliert durch seine Reifung den Halt in seiner Kinderwelt. Er gerät aus seiner vertrauten Welt heraus. Die einzige Erfahrung eines Ortes außer dieser Welt ist die Welt vor der Kinderwelt, also die Welt des Kleinkindes, des Säuglings und des vorgeburtlichen Kindes. Die mit der Geburt und der Ankunft in der postnatalen Welt vermittelte Urerfahrung der zwei Welten prägt den Umgang mit den verwirrenden Erlebnissen der biologischen Reifung und dem Unvertrautsein mit den verschiedenen Aspekten der Erwachsenenrolle vor. Darum sind Jugendliche immer in einen symbolischen Raum früherer Sicherheit zurückgekehrt, um alte Verknüpfungen aus der Identität des Kindes zu lösen und sich auf den Welthorizont des Erwachsenen hin neu zu entwerfen. Dieser pränatal-symbolische Raum der Wandlung kann die verschiedensten Ausformungen gewinnen, wie die verschiedenen Subkulturen der Jugendlichen zeigen. Dies kann der Raum einer sozialen Gruppe sein; es kann aber auch der durch Lektüre, Film oder eigene Dichtung erschlossene Raum der Phantasie sein. Da die adoleszente Individuation oder das Erwachsenwerden eines der zentralen Themen der kulturellen Schöpfungen ist, gewinnt hier der Jugendliche unendliche Anregungen. Die Wege des Pubertätsprozesses sind bei uns vielgestaltiger und individueller als in den Stammeskulturen, wo es durch die soziale Gruppe strikte Vorgaben für die Gestaltung des Reifungsprozesses gibt.

Die Geburt des erwachsenen Ich erfolgt aus einer neuerlichen kreativen Anwendung der Urerfahrung der doppelten Welt. Nur die innere Aneignung des bisherigen Lebens vom Lebensanfang an gibt den Grund und die Freiheit für eine eigenständige Lebensgestaltung und zwischenmenschliche Beziehung ohne die Notwendigkeit, im anderen immer einen schützenden Elternteil zu suchen.

Der Individuationsprozeß der Pubertät ist einer der wesentlichen Antriebe für die Fortentwicklung der Kultur, insofern hier ein »Fast-Erwachsener«, der mit allen kulturellen Gebräuchen und Werten bereits vertraut ist, in einem durch die biologische

Reifung ausgelösten Regressionsprozeß all diese kulturellen Erfahrungen noch einmal im Medium frühkindlicher und frühestkindlicher Wünsche und Phantasien einschmilzt und aufgrund der Unbestimmtheit frühkindlicher seelischer Bildungen zu ganz neuen kreativen Zielsetzungen gelangen kann. Es ist hier ein Umgestaltungsprozeß erworbener Ich-Identität in einem fortgeschrittenen Lebensstadium möglich, wie er uns aus dem Tierreich unbekannt ist.

Der bedeutende amerikanische Psychoanalytiker Kurt R. Eissler geht so weit, zu behaupten, daß der Mensch ohne den von Freud sogenannten zweizeitigen Ansatz der Sexualität, also der ödipalen Phase und der Pubertät, nicht über die Erfindung von Faustkeilen hinausgelangt wäre. Je nachdem, wie überzeugend die in der Latenzzeit vermittelten Ideale sind, verändert sich die Bedeutung des Pubertätsprozesses. Wenn durch gesellschaftliche Veränderungen oder technische Innovation die Ideale der Eltern lebensfremd geworden sind, dann wird der Pubertätsprozeß als Zeit für einen Neuentwurf durch den Heranwachsenden um so bedeutsamer. Je gelungener dieser neue Entwurf ist, desto mehr können im Erwachsenenalter innere Welt und äußere Welt wieder zusammenfallen. Die äußere Welt kann dann das Feld für eine Realisierung von Lebenswünschen und Lebensbedürfnissen werden, wie sie sich aus der Pubertätserfahrung heraus entwickelt haben.

Die Zeit der Lebensmitte ist dann noch einmal eine Phase des Umbruchs im Selbstverständnis, nach dem in der mittleren Lebensperiode die Lebensziele und Lebensaufgaben mehr oder weniger erreicht und realisiert wurden. Auch hier macht sich der Schritt dieser Individuation an einer neuen Erfahrung der Zuordnung von innerer und äußerer Welt fest. Dieser Individuationsschritt der Lebensmitte war ein Leitthema des Jungschen Lebenswerkes. Auch hier kann wieder ein Zurückgehen zum Ursprung, um die Ausrichtung bisheriger Lebenserfahrung auf einen neuen Lebenshorizont hin zu ermöglichen, notwendig sein.

Bei der bisherigen Betrachtung war vor allem von den Wendepunkten und Individuationsschritten die Rede, doch müssen wir uns die Entwicklung so vorstellen, daß der Prozeß der menschlichen Selbstkonstitution immer in einem fortlaufenden Austauschen und Durcharbeiten aller bisherigen Lebenserfahrung besteht. Auffällig ist dies, wenn einzelne Elemente wegen einer traumatischen Unterbrechung der Lebenskontinuität nicht integriert sind. Die Psychoanalyse hat dies am Beispiel des Scheiterns der Entwicklung vom Kleinkind zum Kind, am Beispiel der unvollständigen Lösung des Ödipus-Komplexes gezeigt. Jemand, der mit einer bestimmten Vaterangst, Geschwisterrivalität oder Mutterangst nicht zurechtgekommen ist, bei dem ist auffällig, wie seine ganzen Lebensäußerungen und Lebensgestaltungen von den Figuren dieses Konflikts mitbestimmt sind. Dies gilt in gleicher Weise für das Mißlingen früherer Selbstfindungsschritte, und ich habe schon an anderer Stelle darauf hingewiesen, wie Eigenarten der vorgeburtlichen Erfahrung oder der Geburtserfahrung Untertöne oder Obertöne der späteren Lebensmelodie bilden können, aber bei einer Verletzung auch Kristallisationspunkte von Dissonanzen und Brüchen.

Wenn die Konflikte weniger auffällig oder stärker verdrängt sind, kann das Kind seine untergründige Lebensdynamik in den von der sozialen Gruppe angebotenen Spielen und Interaktionen unterbringen. In diesem Sinne lassen sich die Spiele der Kinder als Gelegenheiten zu ständiger Integration früherer Lebens- und Ich-Erfahrung bis zur vorgeburtlichen Zeit hin verstehen. Doch nicht nur dies, sondern die vorgeburtliche Zeit und die Geburt sind gewissermaßen Ursymbolismen, aus deren szenischer Vergegenwärtigung ein Gefühl für eine lebendige Ich-Identität erst hervorgeht. In diesem Sinne haben die Kinderspiele auch immer eine prä- und perinatale Komponente. Das Fangenspiel wiederholt das Wechselspiel bei der Geburt zwischen Befreiung und Gefangen-Sein, das Versteckspiel wiederholt das Wechselspiel von pränataler Geborgenheit und Erwartetwerden auf dieser Welt, die Wettkämpfe überhaupt wiederholen die fundamentale Bestätigung, im elementaren Kampf der Geburt gesiegt zu haben usw. Alle szenischen Spiele und Geschichten wiederholen in Abwandlungen die Grundmotive des Märchens der »Jenseitsreise«, um den Schatz der Regeneration, der Rückkehr zum Lebensanfang zu finden, oder des Drachenkampfes als einer Wiederholung der Geburt (dazu weiter unten mehr, s. S. 177 ff.). Hier bietet also die menschliche Gemeinschaft zahllose Muster, um die eigene Individuationserfahrung immer wieder durchzuspielen und zu integrieren. Auch bei den späteren Regelspielen geht es um immer erneute Durcharbeitung von Geburtserfahrung, wie sie in unserem Tiefenselbst gespeichert ist. Die Beschränktheit der Spielmotive und -abläufe hat eine Wurzel in der Beschränktheit der menschlichen Urerfahrung der Geburt.

Die Entwicklungsspiele und -geschichten von Kindern und Jugendlichen – von den »wilden Kerlen« bis zu »Superman« und »E. T.«

Eine umfassende Analyse kindlicher Spiele und Geschichten unter dem Aspekt, daß in ihnen Urerfahrungen dargestellt und wiederholt werden, steht noch aus. Als ein beliebiges Beispiel sei wegen seiner Bekanntheit das Kinderbuch »Wo die wilden Kerle wohnen« von Maurice Sendak gewählt. Es enthält die typische Individuationsformel: »Schädigung oder Störung – Regression in eine andere Welt zur Regeneration – Rückkehr«, die in so gut wie jeder Kindergeschichte nachweisbar ist. In dem Buch mit den wilden Kerlen geht es um die Wildheit des kleinen Max, deretwegen die Mutter ihn schilt. Es kommt zu einer Störung in der Mutterbeziehung, er muß ohne Essen ins Bett. Seine Regression spiegelt sich in der Verwandlung seines Zimmers in einen pränatal-symbolischen Wald. Das Motiv wird durch eine Fahrt mit einem Schiff in eine andere Welt verdoppelt. Die Begegnung mit einem Drachen wiederholt die geburtssymbolische Gefährdung. In der anderen Welt begegnet er den »wilden Kerlen«, das heißt seiner eigenen kleinstkindhaften oder vorgeburtlichen Wildheit, mit der er sich in einen heilenden, regenerativen Bezug setzt. Alle »Urkerle« zusammen machen mächtigen Krach und entfalten ihre kräftige Wildheit. So gestärkt, kann er das von der Mutter erfahrene Trauma auf die »wilden Kerle« abladen und sie ohne Essen ins Bett schicken. In der von ihm selbst bestimmten eigenen Welt kann er die in der Mutterbeziehung erlittene Herabsetzung ausgleichen. Dadurch wird eine Rückkehr nach Hause möglich, wo das Abendessen noch auf ihn wartet.

Ein Beispiel für ein sehr unmittelbar perinatal-symbolisches Spiel ist »Petzi«, das auf der bekannten Kleinkind-Comic-Geschichte aufbaut. In der Spielfeldmitte gibt es eine Insel, auf der eine Krake durch Bildkartenteile mit Wiesen und Sträuchern verdeckt ist. Am Spielfeldrand finden sich Bilder von Häusern mit geschlossenen Türen. Man spielt mit einem Würfel, der neben Zahlen auch ein Krakensymbol hat. Fällt dieses Krakensymbol, wird eine Karte von der Insel entfernt, und die Krake wird allmählich frei. Es geht dann darum, mit richtigen Wurfzahlen vor die Hausbilder zu kommen. Dann kann man ein Haus durch Überdecken mit einer Karte in ein Haus mit offener Tür verwandeln und sich so vor der Krake retten. Entsprechend dem Kleinkindcharakter der »Petzi«-Geschichte rettet man sich also vor der bösen Kraken-Geburts-Mutter zur guten Haus-Mutter.

Neben den Spielen und Geschichten ist der Jahrmarkt ein weiteres Beispiel für eine gesteuerte Form der Regression. Er vermittelt mit Schaukeln, Karussells und Achter- und Geisterbahnen eine Vielfalt von prä- und perinatalen schönen und schrecklichen Empfindungen. Jeder Leser mag sich dies anhand eigener Gefühle ausmalen.

Eine reiche Möglichkeit, den Abkömmlingen der Lebensfrühzeit zu begegnen, bieten auch die bekannten Helden-Comics, für die »Superman« ein Beispiel sei. An »Supermans« Lebensbeginn steht eine geburtstraumatische Katastrophe mit Verlust der Eltern: »Wir alle wissen, Superman stammt vom Planeten Krypton – jenem Planeten fern im All, der einst durch eine entsetzliche Katastrophe zerstört wurde.« Ganz wie Otto Rank es beschrieben hat, repräsentiert »Superman« als »Heros« den angstfreien Typus, der ein offenbar besonders schweres Geburtstrauma durch kompensatorische Wiederholung in seinen Taten zu überwinden sucht. Verbrechen und Notzustände aktualisieren die Situation der Urkatastrophe der Geburt und werden im Rückgriff auf fötale Allmacht, insbesondere das pränatal-symbolische Fliegen »Supermans«, erneut gemeistert. Nach der alarmierenden Nachricht über ein katastrophisches Verbrechen findet die regressive Verwandlung des Journalisten Clark Kent in »Superman« statt, und zwar jeweils in einer Telefonzelle als symbolischer Verbindungsstelle zu der anderen Welt. So bleibt »Superman« der ewige Adoleszent.

Ein komplexeres Beispiel für das Durcharbeiten einer durch einen aktuellen Konflikt ausgelösten perinatalen Erfahrung bietet einer der erfolgreichsten Filme aller Zeiten, »E. T.«. Wegen eines Ehekonflikts hat der Vater des etwa sechsjährigen Jungen seine Familie verlassen. Bei dem Kind taucht – interpretiert man unter pränatal-psychologischen Aspekten – daraufhin eine Ursehnsucht nach der Geborgenheit der vorgeburtlichen Zeit auf, was sich darin ausdrückt, daß er auf einmal Kontakt zu dem außerirdischen Wesen »E. T.« gewinnt, das sein Begleiter wird. »E. T.« kann man als eine Symbolisierung des plazentaren, pränatalen Begleiters verstehen. Diese Restitution wird durch eine erneute Geburtserfahrung, die das Verschwinden des pränatalen Begleiters wiederholt – »E. T.« wird von einem Raumschiff abgeholt –, abgeschlossen. Danach kann der kleine Junge sich dem Elternkonflikt stellen. Im Film kommt in der Schlußszene ein möglicher neuer Vater ins Bild. Psychologisch ist aber entscheidend, daß der Verlust des Vaters den unverarbeiteten Sicherheitsverlust bei der Geburt wiederholt. Indem der Junge auf die Sicherheit der pränatalen Beziehung regrediert, kann er die Schrecken der Geburt gestärkt durchstehen und darum den durch den Elternkonflikt notwendig gewordenen Individuationsschritt zu mehr Autonomie bewältigen.

Diese unterschiedlichen Beispiele wollten nur das Wissen darum vergegenwärtigen, daß das Unbewußte in uns immer gegenwärtig und präsent ist oder, anders ausgedrückt, daß wir immer aus der Totalität unserer Lebenserfahrung leben und diese in immer erneuten Individuationsbewegungen in ein neues Gleichgewicht bringen müssen. Die Ausgangserfahrung der beiden Welten ist dabei ein konstitutives Element. Deshalb geht es auch immer wieder um ein neues Gleichgewicht dieser beiden Weltaspekte. Am Beispiel von »E. T.« erläutert, heißt das, daß für den kleinen Jungen der Vater so etwas wie der Himmel, also Repräsentant der anderen, vorgeburtlichen Welt war. Als dieser Himmel einstürzte, als er den Vater verlor, mußte er sich erst wieder innerlich der Urerfahrung der eigenen Ursprungswelt vergewissern, um die Dualität von Innenwelt und Außenwelt aushalten zu können.

IX

»DIESES STIRB UND WERDE«

Die kulturelle Verarbeitung der vorgeburtlichen Erfahrung und des Geburtserlebens

Übersicht über die prä- und perinatalen Symbolismen im Prozeß der Kulturentwicklung

Eine Sehnsucht nach dem Ursprung, der einen Neubeginn ermöglicht, hat die Menschen seit je bewegt, eine Sehnsucht, die sie in ihren Mythen und Riten ausgedrückt haben. Eines der ältesten Epen der Menschheit, das Gilgamesch-Epos, handelt von der Reise in die Unterwelt, um das Kraut des Lebens zu erringen, das von der Verfallenheit an den Tod befreit und Unsterblichkeit verleiht. Diese märchenhaft-mythische Region, die so kostbare, heilmachende Güter hervorbringt, wird in den pränatalen Symbolen der Urhöhle, des Urozeans und des Lebensbaumes geschildert. Dies sind gewissermaßen symbolisch gefaßte Wiederbegegnungen mit dem Urerlebnis der Geborgenheit in der uterinen Höhle, dem Schwimmen im Fruchtwasser und der Wohlbefinden und Heilsein ermöglichenden Versorgung durch die Plazenta. In der Erfahrung des bergenden Raumes, des tragenden Wassers und des schutzspendenden und nährenden Baumes findet der Mensch seine pränatale Urerfahrung wieder und gestaltet sie in der Kulturgeschichte in immer neuen Bildern. Die Reise ins jenseitige Land, zum Baum des Lebens und das Eintauchen in den Urozean sind Versinnbildlichungen, die die Aktualisierung pränataler Erfahrung vermitteln.

Eine Leitlinie der Menschheitsentwicklung scheint die Erweiterung des Bewußtseins zu sein, das Herauswachsen aus instinktiven Erlebens- und Verhaltensformen. Die Ausbildung des Bewußtseins führt zur Begegnung mit der Sterblichkeit, deren Reflex die Frage nach dem Lebensanfang ist.

In den Anfängen der menschlichen Kultur versuchte man die Angst vor dem Tod durch die Vorstellung einer Wiedergeburt zu bewältigen. Viele Begräbnisrituale seit der Steinzeit und den dort benutzten Höckergräbern zeigen, daß die Toten in Embryonalstellung beigesetzt wurden. Der Tod ist nach dieser angstmildernden Vorstellung eigentlich eine Rückkehr in den Embryonalzustand, dem eine Wiedergeburt folgt. Nach diesem Grundmodell wurden nun auch die Riten an den Wendepunkten des Lebens, insbesondere an dem zur Pubertät, gestaltet. Man stirbt der Kindheit ab, wird in eine Art fötales Zwischenstadium versetzt und als Erwachsener wiedergeboren. Alle Übergangsriten folgen diesem Schema, aber ebenso die der Helden des Mythos und der Märchen. In der Situation einer Lebensnot kommt es zu einer Versetzung in eine andere Welt, in der kostbare Güter errungen werden, worauf eine erneuernde, symbolische, soziale Wiedergeburt folgt.

Psychologisch gesehen ermöglicht die Rückkehr zum pränatalen Ursprung ein Sich-Lösen von bisherigen Triebbesetzungen und Beziehungen, und das wird wie ein Absterben erfahren. Erst das ermöglicht dann die schöpferische Neukombination und Neuverknüpfung. Man darf sich den pränatalen Funktionsmodus der Psyche vielleicht als ein freies Gleiten von Wunschregungen zu Befriedigungsbildern vorstellen, wie wir es von Psychotikern, aber auch aus dem Erleben von Kindern und aus unseren Träumen kennen. Nach meiner Auffassung ist die Erlebnisfigur der Regression auf das funktionale Niveau des pränatalen Urerlebens und die anschließende Wiederinbesitznahme der Welt auf einem neuen Erlebnisniveau eine Grundbedingung menschlicher Selbstfindung, und ich möchte hierfür den Ausdruck narzißtische Transformation verwenden. Damit soll ein initiatischer*, ein verwandelnder Erlebnisvorgang aus den Bestimmungsstükken des »Stirb und Werde« gemeint sein, der die Wiederherstellung einer Ganzheit auf einem neuen Niveau ermöglicht. Aus der Urerfahrung der vorgeburtlichen und nachgeburtlichen zwei Welten kann der Mensch stets von neuem sicheren Abstand zur äußeren Welt finden und gleichzeitig die äußere Welt als Feld der Verwirklichung seiner imaginativen Wünsche gestalten. In der kreativen Nutzung dieser Grunderfahrung der zwei Welten, die durch unsere Frühgeburtlichkeit im Verhältnis einer dramatischen Spannung stehen, sehe ich ein wesentliches Element der Kulturentwicklung. Die Hilflosigkeit des Lebensanfangs bildet immer wieder den Ursprung des Bemühens, die Welt entsprechend den pränatalen Gegebenheiten als ein Reich der Sicherheit, der Geborgenheit und der unendlichen magisch vermittelten Versorgung konstruktiv zu gestalten. Schon diese Merkmale machen deutlich, daß wesentliche Elemente unserer kulturellen Gestaltungen und Anstrengungen darauf gerichtet sind, uns diese primären Sicherheiten wieder zu vermitteln.

Die Religion gibt uns Erklärungen, wie das am Anfang erlebte Paradies verlorengegangen ist, vermittelt uns in kultisch-symbolischen Handlungen etwas von der primären Nähe des Ur-

---

* Die *Initiation* ist die durch bestimmte Bräuche geregelte Aufnahme und Einweihung eines Neulings in eine Standes- oder Altersgemeinschaft, besonders die Einführung der Jugendlichen in den Kreis der Männer oder Frauen bei Naturvölkern.

anfangs und der Aufgehobenheit in einem göttlichen Urwesen; sie tröstet uns über die Begrenztheit unseres Lebens hinweg mit dem Versprechen auf eine Rückkehr des Anfangs. Auch die politischen Strukturen sind durchzogen von pränatalen Symbolismen. Die soziale Rolle des Führers mag ihre biologische Vorprägung durch die instinktive Ausrichtung auf einen Rudelführer haben, in der kulturellen Ausgestaltung als König ist sie jedoch bestimmt durch die Insignien pränatal-fötaler Allmacht, die in den Königsweihen offenkundig werden und im Gottesgnadentum der Fürsten bis in die Neuzeit fortgelebt haben. Aber auch unsere technischen Innovationen und Utopien werden von der Faszination bestimmt, in dieser Welt wieder Qualitäten der pränatalen Vorwelt zu realisieren. Die moderne Technik verwirklicht in den Verkehrsmitteln etwas von der mühelosen pränatalen Fortbewegung in allen Elementen, und die moderne Nachrichtentechnik gewährt uns etwas vom pränatalen Genuß einer schrankenlosen Kommunikation und alle Grenzen aufhebenden Nähe.

Auch im Sport scheinen sich in den letzten hundert Jahren ganz neue Bereiche der narzißtischen »Wiederbelebung« durch aktualisierende Inszenierung von tiefenregressivem Erleben erschlossen zu haben. Seien es nun Fliegen, Tauchen, Springen oder welche primäre Körpererfahrung auch immer, wesentlich scheint die Restitution durch Wiederanschluß an die pränatale Urlust zu sein. Da auch die gefährlichen und lebensfeindlichen Momente der Urerfahrung und ihrer blinden Umsetzung in Kriege und totalitäre Herrschaftsstrukturen nachweisbar sind, kommt einem tieferen Verständnis dieser Lebenszusammenhänge einige Bedeutung zu.

Wo hier die Möglichkeiten und Grenzen des pränatal-psychologischen Erklärungskonzeptes im einzelnen liegen, kann nur eine Erforschung dieser Phänomene auf einer breiteren Basis zeigen. So befremdlich manche der angedeuteten Perspektiven und Schlußfolgerungen auch sein mögen, so ist doch aus der psychotherapeutischen Erfahrung entschieden von einem Fortleben der prä- und perinatalen und nachgeburtlichen, vorsprachlichen Erfahrung in uns allen auszugehen. Das gilt für uns als Einzelwesen, aber auch als Mitglieder der sozialen Gemeinschaft. Immer erleben wir die Welt aus der Totalität unserer ganzen Lebenserfahrung heraus, auch unserer vorgeburtlichen. Ja, gerade diese kann ein Wurzelgrund unserer tiefsten Wünsche und Befriedigungen sein, wie die Erfahrung und Meisterung der Geburt ein Ausgangspunkt unserer Fähigkeit zu immer erneuter elementarer Bewährung ist. Im folgenden soll an einigen exemplarischen Beispielen die kulturelle Verarbeitung von prä- und perinatalem Erleben aufgezeigt werden. Die Darstellung ist mehr als Skizze angelegt, um zu weiteren Überlegungen und dem Auffinden von eigenen Beispielen anzuregen.

Ein Urmotiv der menschlichen Kultur – die Schamanenreise

Durch die ethnologische Forschung der letzten hundert Jahre sind wir über das Wesen und die Funktion der Schamanenreise bei Naturvölkern sehr gut informiert. Bei einer Erkrankung einer Person oder einer Krise der Gruppe begibt sich der Schamane* auf eine innere Reise, um so die verlorengegangene Gesundheit oder das Heil der Gemeinschaft wiederherzustellen. Dabei geht es immer um die Versetzung in eine andere, jenseitige Welt, wobei der Wechsel von einer Welt in die andere oft von einem Sturz, Fall oder einem Verschlucktwerden eingeleitet ist und im bildlichen Erleben meist durch ein Tor und dann einen unterirdischen Gang oder Tunnel führt, der von Wächtern oder wilden Tieren bewacht sein kann. Häufig ist die Jenseitsfahrt mit

* Der *Schamane* ist bei vielen Naturvölkern der Wahrsager und Medizinmann und hält die Verbindung zu den unsichtbaren Geistern aufrecht. Er ist oft auch der Führer bei der Initiation von jungen Männern, er teilt diesen die Geheimnisse der Natur mit und die Regeln, an die man sich als Mann halten muß.

Veränderungen des Bewußtseins und auch der Identität verbunden. Typisch sind die Erlebnisse des Todes, der Zerstückelung und der Wiederbelebung und Erneuerung. In der anderen Welt werden archetypische, heilende Erfahrungen gemacht. Danach erfolgten die Rückkehr in diese Welt und der Nachweis der durch die Jenseitsreise gewonnenen besonderen Fähigkeit, sei es nun zur Heilung oder für eine andere Aufgabe.

In den Erlebnisberichten von Schamanen ist die Mutterleibssymbolik unmittelbar evident, wie das folgende Beispiel einer modernen Schamanenreise zeigt:

»Ich bewegte mich fort in eine dunkle und enge Gegend und fand ... eine ganz neue Höhle. Konzentrische Kreise aus Licht und Dunkelheit öffneten sich um mich her, schienen mich mit sich zu tragen. Es war eigentlich nicht das Gefühl, als ob ich mich durch den Tunnel bewegte, sondern als ob er sich neben mir bewegt. Zuerst waren die Ringe kreisrund, aber sie änderten ihre Gestalt ... und gaben den Blick auf eine graue und schwach erleuchtete Landschaft frei ... einen See, über den ich lange Zeit hinwegglitt und dabei genau beobachtete, wie die Wellen stiegen, sich kräuselten und sich unter mir bewegten. Der Tunnel, der mich an diesen Ort brachte, war leicht abwärts geneigt, mit etwa 15 Grad. Nun aber lenkte mich der verdunkelte Himmel über diesem See im Untergrund in einen anderen Tunnel, der eine direkte und abwärts führende Biegung von 90 Grad machte, und ich wurde wieder hindurchgetragen von ihm. Seine Wände bestanden wieder aus den bereits vertrauten konzentrischen Kreisen von Licht und Schatten, fast mich durchpulsend. Es war kein Gefühl des Fallens, sondern eine ganz bewußte Bewegung.«

Wenn man, wie vorgeschlagen, die Schamanenreise als eine bildliche Wiederbelebung und Symbolisierung prä- und perinataler Erfahrungen auffaßt, dann wird auch die äußere Gestaltung der schamanistischen Trance verständlich. Das Trommeln symbolisiert den mütterlichen Herzschlag und die Rasseln die Darmgeräusche, und beides zusammen ruft durch die Mobilisierung der Urerfahrung die schamanistische Trance hervor. In gleichem Sinne stellen die Scheibe der Trommel eine Beziehung zum urtümlichen Plazentaerlebnis und die Schlegel zur Nabelschnur her, worauf Terence Dowling hingewiesen hat. Das Ritual mit Trommel und Rassel befördert also die Trance der fötalen Regression, die dann in der Schamanenreise in bildlichen Vorstellungen realisiert wird. Hierzu noch ein Beispiel aus der Eskimokultur:

»Für die allergrößten Schamanen öffnet sich ein Weg direkt aus dem Haus, worin sie ihre Hilfsgeister anrufen. Eine Straße hinunter durch die Erde, wenn sie in einem Zelt an der Küste sind, oder hinunter durch das Meer, wenn es in einer Schneehütte auf dem Meereis ist, und auf dieser Straße wird der Schamane hinuntergeführt, ohne irgendeinem Widerstand zu begegnen. Er gleitet sozusagen, als ob er durch ein Rohr fällt, welches so genau um seinen Körper paßt, daß er sein Vorankommen daran prüfen kann, daß er sich gegen die Seitenwände drückt und nicht wirklich, wie bei einem Sturz, hinunterzufallen braucht. Dieses Rohr wird für ihn von allen Seelen seiner Namensvettern offengehalten, bis er auf seinem Wege zur Erde zurückkehrt.«

In den Erzählungen der Schamanen über ihre Jenseitsreisen liegt wohl ein Ursprung von Geschichten, die Menschen sich in ihrer Phantasie ausdenken. Die Motive der schamanistischen Jenseitsreise finden sich in den Märchen und Mythen und ebenso in den Riten aller Völker. Die Reise zum Ursprung ist eben deshalb kollektiv-psychologisches Urmotiv, weil wir alle die Erfahrung der anderen vorgeburtlichen Welt gemeinsam teilen. Durch den Übertritt in eine andere Welt, eine Himmels- und Höllenfahrt zu den Urgründen des eigenen Seins, wodurch eine verlorene innere Einheitlichkeit wiedergewonnen wird, oder, in psychologischer Begrifflichkeit ausgedrückt, durch die Mutterleibsregression wird die pränatale psychische Befindlichkeit mit dem nachgeburtlichen Lebensbezug bzw. das vorgeburtliche Selbst mit dem nachgeburtlichen realitätsbezogenen Ich wieder verknüpft. Diese innere Wiederanbindung im Vorgang der Tiefenregression geht mit dem symbolischen Überschreiten der Geburtsschwelle und entsprechenden Phantasien des Grauens, des Schreckens und der Qual einher, wie Goethe es im »Faust« klassisch formuliert hat:

> »Vermesse Dich, die Pforten aufzureißen,
> An denen jeder gern vorüberschleicht.
> Hier ist es Zeit, durch Taten zu beweisen,
> Daß Manneswürde nicht der Götterhöhe weicht.
> Vor jener dunklen Höhle nicht zu beben,
> In der sich Phantasie zu eigner Qual verdammt,
> Nach jenem Durchgang hinzustreben,
> Um dessen engen Mund die ganze Hölle flammt;
> Zu diesem Schritt sich heiter zu entschließen,
> Und wär' es mit Gefahr, ins Nichts dahinzufließen.«

Nur das Bestehen dieser Ängste ermöglicht die belebende Erfahrung der Erneuerung und des Neubeginns. Alle Helden, ob im Mythos, im Märchen oder in der Dichtung, haben solche Jenseitsfahrten zu bestehen. Leitmotivisch ist dabei die Symbolisierung des weiblichen Genitales als Tor und Höhle oder als verschlingendes Tier.

Pubertätsriten als Rückkehr in den Mutterleib und Erneuerung

In den Initiationsriten am Beginn der Pubertät ist das Thema der Mutterleibsregression und Wiedergeburt als Form des Wechsels von einem Lebensalter in das andere oft ganz realistisch ausgestaltet – bis hin zu einer Szene, in der der Jugendliche durch einen Geburtstunnel zwischen den Beinen geboren wird und wie ein Neugeborenes nicht laufen und sprechen kann. Das Eingangselement besteht immer darin, daß für den Initianden die Kinderwelt abstirbt und dabei die Schrecknisse der Geburt regressiv noch einmal durchlebt werden müssen, um dann nach einem regenerierenden Aufenthalt in einem pränatal-symbolischen Raum erneuert wiederzukehren. Hierzu ein Beispiel des berühmten Ethnologen Mircea Eliade:

»Die Novizen [Initianden, bei den Pangwe in Afrika, L. J.] werden vier Tage vor der Zeremonie mit einer Bezeichnung versehen, die lautet: ›dem Tode geweiht‹. Am Festtage selbst gibt man ihnen ein Übelkeit hervorrufendes Getränk zu schlukken, und wer es erbricht, wird durch das ganze Dorf hindurch mit dem Aufruf verfolgt: ›Du mußt sterben!‹ Darauf führt man die Novizen in ein Haus, das voll von Ameisennestern ist; während man ihnen weiter zuruft ›Man wird dich töten! Nun mußt du sterben!‹, zwingt man sie, einige Zeit in dem Haus zu bleiben, einem fürchterlichen Zerstochenwerden ausgesetzt. Die Instruktoren führen die Novizen ›dem Tod entgegen‹ in eine Hütte im Dschungel, wo sie einen Monat lang, vollständig nackt und in absoluter Einsamkeit, leben werden. Mittels eines Xylophons machen sie sich bemerkbar, damit niemand in ihre Nähe kommt. Am Ende des Monats werden sie weiß angestrichen, und es wird ihnen erlaubt, ins Dorf zurückzukehren, um an den Tänzen teilzunehmen, aber sie müssen in der Hütte im Busch schlafen ... Erst nach drei weiteren Monaten dürfen sie den Busch verlassen. Bei den Pangwe des Südens ist die Zeremonie noch dramatischer. Eine Grube, die das Grab darstellen soll, ist mit einer Tonfigur, gewöhnlich in Form einer Maske, überdeckt. Die Grube versinnbildlicht den Bauch der Gottheit des Kultes, und die Novizen schreiten darüber, um so ihre Wiedergeburt anzudeuten.«

Je nach kulturellem Zusammenhang können die Pubertätsriten, wie in dem geschilderten Fall, den Aspekt des Todes hervorheben oder den der Erneuerung und der Wiedergeburt. Der Rückgang bis in die Gebärmutter kann mehr oder weniger deutlich ausgestaltet sein. Eliade verweist in diesem Zusammenhang auf den Ethnologen Berndt.

Im Kunapipi-Ritual symbolisiert der Tanzplatz, der ein Dreieck bildet, nach Ansicht der Eingeborenen den Uterus der Mutter:

»Wenn die Neophyten das Lager mit dem Zeremonienplatz vertauschen, werden sie, wie man sich vorstellt, immer heiliger und gehen in die Urmutter ein. Sie gelangen in ihren Uterus, einen kreisförmigen Platz, wie es am Anfang der Zeiten geschah. Nach Beendigung des Rituals läßt die Mutter sie hinausgehen. Sie verlassen den runden Platz und kehren von neuem in das alltägliche Leben zurück.« Eliade kommentiert: »Man ist überrascht von der Eindringlichkeit, mit der man die Rückkehr in den Schoß der Mutter wiederholt ... (Man) hat bei dieser ganzen Zeremonie den Eindruck, es handele sich weniger um einen rituellen Tod, gefolgt von einer Auferstehung, als um eine totale Regeneration des Initiierten, dadurch, daß er in den Schoß der großen Mutter zurückkehrt und von ihr wiedergeboren wird.«

An einem entscheidenden Punkt geht die pränatale Psychologie über die Beschreibung von Eliade und anderen Ethnologen hinaus: Die Initiationsriten haben den Sinn, die durch die Individuationsanforderung der Pubertät hervorgerufene Wiederbelebung des ersten großen Existenzwechsels von der vorgeburtlichen Zeit über die Geburt bis zur nachgeburtlichen Zeit rituell als gemeinsames Erlebnis zu gestalten. So sollen die Jugendlichen bei diesem Schritt der Selbstfindung unterstützt und gleichzeitig soll dieses Ereignis für den Zusammenhalt der Gruppe und die Vermittlung der grundlegenden Weltanschauung genutzt werden. Die starke Wirkung und Dynamik der Initiationsriten sind also nicht – wie die Ethnologie meint – das Resultat einer abstrahierten Symbolik, sondern folgen aus der Aktualisierung der Urerfahrung und ihrer Transformation im konkreten Pubertätsritus.

Ob nun in Afrika oder Asien – die Beschreibungen der Riten verdeutlichen, daß deren Grundelemente wegen der einheitlichen Urerfahrung in den verschiedensten kulturellen Zusammenhängen und Initiationen auftauchen. Als wesentlich erscheint mir – deshalb wiederhole ich den Gedanken erneut –, daß die Dynamik dieser verschiedenen Ausformungen des Initiationserlebnisses nicht irgendeine archetypische Wurzel hat, sondern eine aktualisierende Wiederholung und kreative Verwendung der individuellen Urerfahrung ist. Um dem Eindruck zu begegnen, die durch die Zitate von Eliade nahegelegten Schlußfolgerungen gründeten sich nur auf die Meinung dieses einen Forschers, führe ich noch die zusammenfassende Charakteristik der Pubertätsriten durch den bedeutenden russischen Märchenforscher Vladimir Propp an:

»Eine der Formen des Ritus besteht darin, daß der Initiand durch eine Anlage kroch, die die Form eines ungeheuren Tieres hatte. Dort, wo schon Gebäude errichtet wurden, wird dieses ungeheure Tier durch eine Hütte oder durch ein Haus besonderer Art dargestellt. Der Initiand wurde gleichsam verdaut und als neuer Mensch ausgestoßen.«

Die Mutterleibssymbolik der Schlange oder des Drachens im Pubertätsritus erhellt folgendes Zitat:

»Vergessen wir nicht, daß beim Ritus das Herauskommen aus dem Leib der Schlange als eine zweite Geburt vorgestellt wurde, als die eigentliche Geburt des Helden. Wir sahen bereits, wie das dann später (im Märchen) dadurch ersetzt wird, daß man ihn in ein Kästchen trägt und es zu Wasser läßt. So gehen auch diese Vorstellungen, die mit der Geburt aus dem Drachen zusammenhängen, auf dieselbe Sphäre zurück wie der gesamte Komplex des Drachenkampfes. Die Entwicklungsstufen lassen sich schematisch folgendermaßen ansetzen: Der aus dem Drachen Geborene (d. h. der, der durch ihn hindurchgegangen ist) ist der Held. In einer weiteren Etappe erschlägt der Held den Drachen. Die historische Verbindung beider Züge führt dazu, daß der vom Drachen Geborene den Drachen erschlägt.«

Einen weiteren Beleg für die perinatalen Bezüge im Pubertätserleben stellt die Beschreibung eines altgriechischen Pubertäts-Initiationsritus durch den Kulturwissenschaftler Walter Burkert dar: Die heiratsfähigen Mädchen werden zunächst von der Allgemeinheit getrennt, dann wiederholt sich die »Begegnung mit dem Eros«, indem sie auf einem Weg ins Unterirdische gelangen. Dort begegnen sie der Schlange als dem »Schrecktier schlechthin«, das aus dem Dunkel der Erde kommt und von jeher zum Totenkult gehört. Der Tod der Jungfrau ist die Geburt der Frau. Auch dies ist wieder in einem perinatalen Symbolismus gestaltet. In der Ursprungssage des Mythos stürzten sich die Jungfrauen beim Anblick der Schlangen im Korb den steilen Nordabhang der Akropolis hinab in den Tod.

Zuletzt noch ein Beispiel aus unserer Zeit: Die unheimliche Präsenz des Früherlebens in der Individuationsnot der Pubertät sehe ich in dem »Thriller«-Videoclip von Michael Jackson dargestellt. Der Sänger und Tänzer schildert dort die Schreckensbilder eines perinatal regressiven Erlebens, das sich zwischen einem jungen Paar entwickelt, das zum erstenmal der vollen Wucht der gemeinsamen sexuellen Gefühle gegenübersteht. Durch die Erfahrung einer perinatal-symbolischen Schreckensfahrt gelangen sie zur Wahrnehmung der neuen Lebensrealität. Zum Beleg einige Zeilen aus dem Liedtext (die beiden stehen sich in einem einsamen Wald gegenüber):

»Es ist fast Mitternacht und etwas Teuflisches lauert im Dunkeln.

Im Mondlicht siehst du etwas, bei dem dir fast das Herz stehenbleibt.

Du willst schreien, aber Schrecken schnürt dir die Kehle zu, bevor du einen Ton herausbringst.

...

Du wirst eine Tür zuschlagen und erkennen, daß du nirgendhin entfliehen kannst.

Und du fühlst die kalte Hand, und du fragst dich, ob du jemals die Sonne wiedersehen wirst.

...

Dämonen kreisen dich von allen Seiten ein...

Nun ist es an der Zeit für dich und mich, uns eng aneinanderzukuscheln.

...

Ich werde dir die Augen öffnen.

...

Du kämpfst um dein Leben im Innern eines Killer-Thrillers.«

Auch dieser überaus dramatisch inszenierte Videoclip eines angstvollen, pubertären Initiationserlebnisses belegt die fortdauernde Präsenz des primären Erlebens. Das Video wie die LP wurden zigmillionenmal verkauft.

Die Jenseitsreise des Märchenhelden als symbolische Fahrt zum Lebensanfang – von »Daumesdick« bis »Rapunzel«

Die Märchenforschung ist sich relativ einig darin, daß das Märchen neben anderen zwei wesentliche Wurzeln hat, und zwar eine in den Erzählungen der Schamanen über die Jenseitsreisen und eine in der Erfahrung der Pubertätsriten. Das Märchen ist gewissermaßen eine auf die Phantasieebene gehobene Initiation. Vladimir Propp schreibt dazu: »Wenn man sich all das vorstellt, was mit dem Initianden geschah, und es der Reihe nach erzählt, so gelangt man zu der Komposition, auf der das Zaubermärchen aufbaut... Das, was jetzt erzählt wird, tat man einst und stellte es dar ...« Die Gestaltungen des Pubertätsritus und der Schamanenreise beziehen jedoch beide, wie ich zu verdeutlichen versucht habe, ihre Dynamik aus der Aktualisierung prä- und perinatalen Erlebens. Kernstück ist bei beiden die Figur von Mutterleibsregression und Wiedergeburt, die in der Schamanenreise imaginativ erfahren und im Pubertätsritus rituell gestaltet wird.

Es war eine Vorstellung Sigmund Freuds, durch die Psychoanalyse Religion und Metaphysik in Metapsychologie verwandeln zu können. Dies gilt in besonderer Weise auch für die Phantasiebildungen des Märchens, wie die frühe Psychoanalyse, zum Beispiel Otto Rank und Hanns Sachs, überzeugend gezeigt hat. Behindert wurde die Entwicklung der psychoanalytischen Märchenforschung durch den Schulenkonflikt in der Psychoanalyse.

Verfolgte Freud besonders die kulturelle Projektion und Verarbeitung der frühen Vaterbeziehung, so erfaßte Jung die mythologisch-projektive Verarbeitung des Mutterbezugs. Da nun der Symbolismus der Mutterleibsregression und Wiedergeburt ein Herzstück des Zaubermärchens ist, das in der engeren Freudschen Tradition durch das Übergewicht des Vaterthemas nur unvollständig repräsentiert ist, mußte die Märchenforschung verebben. Andererseits kam es in der Jungschen analytischen Psychologie, die Mutterleibsregression und Wiedergeburt in einer symbolisierten und projizierten Form thematisiert, zu einer inflationär anmutenden Zahl von Märcheninterpretationen. Hingegen gibt es in der engeren Freudschen Psychoanalyse im Vergleich zur Bedeutung des Märchens nur ganz vereinzelte Arbeiten. Das Buch von Bettelheim »Kinder brauchen Märchen« täuscht eine Fülle von psychoanalytischen Märcheninterpretationen vor, allerdings in der Form, daß Bettelheim, der Freud selbst vorwirft, die frühe Mutter vernachlässigt zu haben, wahllos und ohne Angabe von Quellen auf Jungsche Märcheninterpretation zurückgreift. Darum haben seine Märcheninterpretationen, trotz aller Erfahrung des großen Kinderanalytikers, den Charakter von Flickwerk. Die Spannung zwischen Widerspruch und Ergänzung innerhalb von freudianisch und jungianisch orientierter Märcheninterpretation gälte es gerade zu diskutieren. Da bei beiden Richtungen die lebensgeschichtliche Verankerung der frühen Mutter- und Vaterängste in der prä- und perinatalen Erfahrung, wie sie Rank und Graber aufzeigten, ausgeblendet sind, kann bei diesem Thema die pränatale Psychologie hilfreich sein, da sie zeigt, in welchem Ausmaß besonders Märchen durch die Projektion von prä- und perinatalen Erlebensvorgängen determiniert sind.

Die intensive Märchenforschung während der letzten zweihundert Jahre hat es ermöglicht, Grundfiguren der Märchenhandlung herauszuarbeiten. Eine psychologisch-beschreibende Formulierung ist die von Walter Scherf:

»Zaubermärchen sind im wesentlichen zweigliedrige Erzählungen, in deren erstem Teil sich die Hauptgestalten als Heranwachsende von ihren Eltern lösen, um ihren eigenen Weg zu gehen. Die erste Partnerbindung, die sie auf ihrem Weg zu sich selbst erleben, zerbricht jedoch wieder an ihrer Unreife; es bedarf eines außerordentlichen Einsatzes – Thema des zweiten Teiles –, sich endlich doch als verläßlicher Partner zu erweisen und die Beziehung für ein Leben tragfähig zu machen.«

Dabei wird in vielen Märchen explizit ein Zusammenhang zwischen der Gestalt der Geburtserfahrung und dem Verlauf der Pubertätsablösung hergestellt. So sind es bei Dornröschen die Todeswünsche der in der bösen Fee symbolisierten negativen Mutterseite bei der Geburt, deren Wiederbelebung in der Pubertät zu einer psychischen, todesähnlichen, pränatalen Regression führt, wie sie im Schlafzustand versinnbildlicht ist. Aus diesem Zurücksinken heraus entwickeln sich die eigenen Liebessehnsüchte der Märchenheldin, die durch das Eindringen des Prinzen dargestellt sind. Diese Sehnsüchte überwinden den versperrenden Dornenwall, ihren Vaginismus, der eine weitere symbolische Wiederholung des perinatalen Todeswunsches ist.

Vladimir Propp hat in seiner »Morphologie des Märchens« eine Grundformel des Märchens formuliert, die sich in schlüssiger Weise mit den Bildern der psychischen Rückkehr zum Lebensanfang in Verbindung setzen läßt. Ich versuche nur eine summarische, beschreibende Wiedergabe dieser Formel: Der Held wird geschädigt, erleidet eine Krise oder auch Distanzierung von den Eltern, gerät dann in eine Aussprache mit einem alten Mann oder einer alten Frau (in denen man die frühen Elternfiguren sehen kann); dann muß er sich mit einem Drachen auseinandersetzen (seiner perinatalen Erfahrung); danach befreit er aus der jenseitigen (pränatalen) Welt das Bild der Prinzessin oder des Prinzen und gewinnt sich dadurch als Mann oder als Frau; er erledigt sodann schwere Aufgaben, etwa daß er große Strecken durcheilt usw. Die Bewältigung dieser Aufgaben bedeutet nach Propp, daß er zwischen den verschiedenen Welten hin und her gehen kann, daß er also, wie ich es ausdrücken möchte, nach der

Reifungsregression nicht mehr durch das eigene Unbewußte, Infantile und Embryonale in seiner Identität gefährdet ist, sondern im Gegenteil die Urerfahrung in kreativer Weise mit der Welterfahrung in einem Weltentwurf verbinden kann. Im Sinne von Rank würde dies bedeuten, daß er sein Geburtstrauma überwunden hat. Betrachtet man es so, dann kann man das Märchen als eine gelenkte Phantasiereise oder Schamanenreise verstehen, die eben die Grunderfahrung der Aktualisierung des Lebensanfangs beim Übergang vom Jugendlichen zum Erwachsenen vermittelt. Der erlebte Mangel ist im Märchen und in der Realität Voraussetzung für die Gewinnung des neuen Lebensniveaus. Die Mangelsituation des Fötus am Ende der Schwangerschaft ist die Voraussetzung für den Geburtsprozeß, wie später die reifungsbedingten Mängel des Jugendlichen und der fehlende elterliche Schutz den umwandelnden Prozeß der Pubertät einleiten und vorantreiben.

Ein Beispiel für die Ausformung des Reifungsprozesses bei einer Frühgeburt bietet das Märchen »Daumesdick«: »Nun geschah es, daß die Frau kränklich ward und nach sieben Monaten ein Kind gebar, das zwar an allen Gliedern vollkommen, aber nicht länger als ein Daumen war.« Wegen dieser Unfertigkeit von Daumesdick ist der Reifungsprozeß durch beständige Rückkehr in den Mutterleib und Wiedergeburten gekennzeichnet: Der Held verschwindet im Ohr, in den Rockfalten seines Vaters, in einem Mauseloch usw. Schließlich wird er von einer Kuh verschluckt und die wiederum von einem Wolf, aus dem er sich schließlich nach bekannter Heldenart wieder befreit, wobei ihm jedoch sein Vater hilft, der den Wolf aufschneidet. Diese Hilfsfunktion des Vaters verstehe ich als Symbolisierung einer positiven Vaterbeziehung, die hilfreich ist beim Bestehen der tiefenregressiven Gefahren. Bei Daumesdick ist jedoch die Sehnsucht, zurück an den Anfang zu gelangen, so stark, daß eine wirkliche Verselbständigung nicht zustande kommt. Das Märchen endet mit der Frage des Vaters: »Wo bist du denn all gewesen?«, worauf Daumesdick antwortet: »Ach, Vater, ich war in einem

Mauseloch, in einer Kuh Bauch und in eines Wolfes Wanst: Nun bleib' ich bei Euch.«

Einen ebenfalls unvollständigen Reifungsprozeß schildert das Märchen »Die drei Schlangenblätter«. In diesem Märchen kann ein Vater seinen einzigen Sohn nicht mehr ernähren. Dieser zieht daraufhin in die Welt und heiratet eine Königstochter. Bedingung der Heirat ist jedoch, daß er sich beim Tod seiner Frau, wenn er noch lebt, mit ihr begraben lassen muß. Dies geschieht dann auch. In der Gruft heilt er durch heilkräftige Blätter, die er durch eine Schlange erhalten hat, seine Frau. Diese erweist sich danach aber als böse und versucht ihn durch Ertränken umzubringen und mit einem anderen zu betrügen. Ein treuer Diener rettet ihn jedoch, und zwar erneut mit Hilfe der Schlangenblätter. Er wird wieder in Ehren beim König aufgenommen und die böse Königstochter bestraft, indem man sie in einem durchlöcherten Schiff aufs Meer hinaustreiben läßt.

Der primäre Mangel ist durch die Unfähigkeit des Vaters, seinen einzigen Sohn zu ernähren, symbolisiert. Die pränatale Rückkehr als Reifungsaufgabe ist in der Heiratsbedingung enthalten, sich beim Tod seiner Frau mit ihr lebendig begraben zu lassen. Die Mutterleibssymbolik dieses Bildes ist von Freud schon früh benannt worden. In der Notsituation des Verhungerns im Grabe tauchen Symbole der guten Nabelschnur- und Plazentaerfahrung auf – die Schlange und die heilenden Blätter. Die Genesung wird jedoch durch eine nochmalige Aktualisierung des Bildes von der bösen Mutter in Form der Lieblosigkeit der Frau durch eine neuerliche Mutterleibsregression wiederaufgehoben. Diesmal ist es ein Aspekt des positiven Vaterbildes in der Gestalt des »treuen Dieners«, der den Sohn in einem kleinen Schifflein rettet, und zwar mit den Mitteln der symbolischen Wiederannabelung durch das Auflegen der (plazentasymbolischen) Schlangenblätter. Doch bleibt die Reifung wegen der defizitären Negativität des weiblichen Elements unvollständig – eine dauerhafte Heirat kommt nicht zustande.

Ein Beispiel für ein Märchen, das indirekt eine vorgeburtliche

Schädigung beschreibt, ist »Hans mein Igel«. Hans wird nach einer Verwünschung des Vaters in der Schwangerschaft in einer sein Abgelehnt-Sein symbolisierenden Igelhaut geboren. Auch in diesem Märchen ist der Konflikt im Elternhaus in der Pubertät der Anlaß zur Wiederbelebung der frühen Ablehnungssituation und der Rückkehr in ein die Mutterleibsexistenz symbolisierendes Waldleben. Dort findet der Held wieder zu sich selbst, so daß er den Herausforderungen gewachsen ist und sich seine Braut erobern kann.

Das Märchen vom »Teufel mit den drei goldenen Haaren« zeigt, wie eine gute Geburtsbedingung, die durch die Geburt in der Glückshaut symbolisiert ist, ein Fundament für zielstrebige Wandlungsfähigkeit sein kann. Der Held ist allen Nachstellungen seitens des ihn verfolgenden Vaters gewachsen.

In »Rapunzel« geht es um die pränatale Schädigung. Die Mutter verfällt eigenen selbstzerstörerischen Sehnsüchten nach ihrer Mutter und verzehrt sich vor der Geburt in ihrer Suche nach dem Rapunzelsalat bis an die Grenze des Todes. Dadurch gerät Rapunzel schon pränatal in den Bann eines bösen Mutterbildes, das ihr weiteres Leben dominiert. In der Einschließung im Turm – ein Bild für die Rückkehr in die Gebärmutter – wiederholt sich der Widerstand der Mutter gegen Geburt überhaupt. Die guten mütterlichen Elemente sind im Fenster und die guten intrauterinen Erfahrungen im goldenen Haar versinnbildlicht. Die Liebe zum Prinzen bedeutet die das Geburtstrauma überwindende Kraft der Sexualität und des Eros. Die negative geburtstraumatische Fixierung wird dann noch einmal als Versetzung in Wüste und Wald wirksam; sie wird jedoch dadurch überwunden, daß Rapunzel selbst Zwillinge, einen Jungen und ein Mädchen, die Ganzheit symbolisierend, bekommt.

Auch in »Schneewittchen« sind es die latenten pränatalen Todeswünsche der Mutter und deren Tod bei der Geburt, die die Entwicklung Schneewittchens traumatisch fixieren und ihren Eintritt in das Leben als erwachsene Frau tödlich bedrohen. Die Wünsche der Mutter nach einem Kind, »so weiß wie Schnee, so rot wie Blut, so schwarz wie Ebenholz«, kann man mit Odermatt als Vorwegnahme der »... Versuche der Stiefmutter sehen, Schneewittchen zu töten. Mit dem giftigen Kamm in den Haaren, dem roten, vergifteten Apfel und der Absicht überhaupt, es solle weiß werden, d. h. tot«. Der ambivalente Kinderwunsch der Mutter beeinträchtigt die fötale Existenz Schneewittchens und setzt sich nachgeburtlich mit der negativen Seite durch, wie sie in der Stiefmutter symbolisiert ist. Auch hier sind es wieder der Eintritt in die Pubertät, das Erblühen der jungen Frau, das die Traumatisierungen der Frühzeit wiederbelebt und die Rückkehr zu den verschiedenen, die Mutterleibsexistenz symbolisierenden Räumen einleitet – dem Wald, der Zwergenhütte und dem Glassarg. Und auch in diesem Märchen sind es letztlich wieder die sexuellen Triebkräfte, symbolisiert in der Liebe des Prinzen, die die Energie für eine Weiterentwicklung bereitstellen.

Im Märchen »Marienkind« ist besonders augenfällig, wie der Kontakt mit ersten sexuellen Regungen in der Pubertät, versinnbildlicht im Hineinstecken des Schlüssels in das Schloß, die inzestuös-gefährliche, pränatale Erfahrung aktualisiert. Der Auslöser für das pubertäre Reifungsabenteuer ist verdoppelt – die Muttergottes nimmt das Mädchen zu sich, weil die Eltern es nicht mehr versorgen können, und läßt dann selbst das Mädchen erneut allein und geht auf Reisen. Das Mädchen öffnet die verbotene Tür, was später durch das Gold an ihrem Finger sichtbar wird. Zur Strafe wird sie in Schlaf versetzt und muß unter der Erde in einem hohlen Baum kärglich ihr Leben fristen, bis der Prinz sie befreit und heiratet. Die Rückkehr zur vorgeburtlichen Mutter ist im tiefen Schlaf, in der Versetzung unter die Erde und in die Wildnis bildlich dargestellt, wie auch darin, daß sie sich in einen alten, hohlen Baum verkriecht. Diese Symbolisierung der Wiederannabelung, der Rückkehr zum Lebensbaum leitet die Selbststärkung ein und das Hinfinden zur neuen Identität als Frau, die im Märchen dann noch gegen die Nachstellungen der »bösen Mutter« zu behaupten ist, wodurch das Marienkind seine gewonnene Reife erweist.

Elemente der Geburt in der Heldensage

Otto Rank hat aus einer Zusammenschau der Heldensagen eine »Durchschnittssage« destilliert, an der sich belegen läßt, wie die Sage den Bedingungen des Lebensanfangs eine ganz andere Bedeutung gibt, als wir es gewohnt sind. Die rationale Lebenseinstellung der letzten zweihundert Jahre hat die Bedeutung der ersten Lebensereignisse entwertet, um den Glauben an die Vernunft zu stärken. Die pränatale Psychologie kann heute auf einem neuen Niveau die Weisheit der Frage nach den Bedingungen unseres Lebensanfangs wieder neu einschätzen. Nach dieser »Durchschnittssage« ergibt sich folgendes Bild:

»Der Held ist das Kind vornehmster Eltern, meist ein Königssohn. Seiner Entstehung gehen Schwierigkeiten voraus, wie Enthaltsamkeit oder lange Unfruchtbarkeit oder heimlicher Verkehr der Eltern infolge äußerer Verbote oder Hindernisse. Während der Schwangerschaft oder schon früher erfolgt eine vor seiner Geburt warnende Verkündigung (Traum, Orakel), die meist dem Vater Gefahr androht. Infolgedessen wird das neugeborene Kind meist auf Veranlassung des Vaters oder der ihn vertretenden Person zur Tötung oder zur Aussetzung bestimmt. In der Regel wird es in einem Kästchen dem Wasser übergeben. Es wird dann von Tieren oder geringen Leuten (Hirten) gerettet und von einem weiblichen Tiere oder einem geringen Weibe gesäugt. Herangewachsen, findet es auf einem sehr wechselvollen Wege die vornehmen Eltern wieder, rächt sich am Vater einerseits, wird anerkannt andererseits und gelangt zu Größe und Ruhm.«

Aus der Sicht der pränatalen Psychologie ergibt sich folgende Interpretation, wobei in diesem Zusammenhang nur der pränatale Aspekt betont werden soll: Die Idealisierung der Eltern und ihre Erhöhung in eine andere Lebenswelt sind eine Symbolisierung und Idealisierung der pränatalen Beziehungswelt zu den Eltern mit ihrem Glanz und ihrer magischen Allmacht. Die Kraft und Bedeutung sozial institutionalisierter Hierarchien zehrten von der Projektion des pränatalen Elternbezugs: Könige und Königinnen sonnen sich im Glanz einer pränatalen Überwelt und suggerieren darum fötale Sicherheit. Doch in der Sage ist diese bedroht durch Konflikte und Schwierigkeiten der Eltern, in denen ich Symbolisierungen des pränatalen Traumas sehe. Dieser vorgeburtliche elterliche Konflikt hat eine Geburt zur Folge, die die Lebenskontinuität des Helden zerbricht. Die Geburt wird zur Aussetzung, zum Heimat- und Beziehungsverlust. Diese negative Erfahrung erniedrigt die Eltern, und das psychische Elend beeinträchtigt die Entwicklungsmöglichkeiten des Helden. Zum Helden wird der, der trotz dieser Beeinträchtigungen eine soziale Stellung erringt. Dies geschieht aber meist dadurch, daß er die erlittene Demütigung des Lebensanfangs mit umgekehrten Rollen in einer Rache- und Mordaktion, in der Regel am Vater, zurückgibt.

Deutlich ist auch die patriarchale Formung dieser »Durchschnittssage«, insofern der Mutterkonflikt auf den Vater transponiert wird und der Sohn sich gewissermaßen durch seine Tüchtigkeit »selbst macht«. Bestätigt wird vor allem die Kampfkraft, aus der die Kraft der Identität bezogen wird, besonders augenfällig bei Herakles. Dessen männlich-überkompensierende Lebensgestaltung nimmt ihren Anfang in einer verhängnisvollen Feindseligkeit der Göttermutter Hera gegen die Geburt des Herakles:

»Dann eilte sie nach Theben und hockte sich mit gekreuzten Beinen vor Alkmenes Tür, ihre Kleider in Knoten gebunden und die Finger ineinander verkrampft, daß die Geburt des Herakles sich verzögerte ...«

Dieses Geburtstrauma wurde noch gesteigert durch ein Aussetzungstrauma nach der Geburt und ein Stilltrauma:

»... Hera hob ihn (Herakles) auf und entblößte ihre Brust, an der Herakles mit solcher Kraft zu saugen begann, daß sie ihn im Schmerz von sich warf. Ein Strahl von Milch schoß über den Himmel und wurde zur Milchstraße. Dieses kleine Ungeheuer! rief Hera aus, aber jetzt war Herakles unsterblich.«

Hera soll den kleinen Herakles dann mit Wucht zu Boden geschleudert haben. Diese mütterliche Aggression wiederholte sich noch einmal am Ende des ersten Lebensjahres, als Hera drei Schlangen sandte, die dann von Herakles erwürgt wurden, womit er die negative mütterliche Macht überwand. Diese Ereignisse lassen seine spätere überschießende männliche und körperbetonte Körpereinstellung verständlich werden. Das ihn schützende Löwenfell kann man als uterine Schutzhaut verstehen, als Symbol guter pränataler Erfahrungen, die der Held als einen Bezug seiner Kraft hat. Rank sprach im Hinblick auf dieses Motiv, das mit dem der Unverwundbarkeit verbunden ist, von einem »Dauer-Uterus«.

So wird an der Herakles-Sage deutlich, in wie komplexer Weise sich Geburtsschicksale des Helden mit den Determinanten seines Schicksals als Erwachsener in einer bestimmten Kultursituation verbinden und sich damit die Möglichkeiten zur individuellen Selbstfindung begrenzen und einschränken. Das Heldenleben des Herakles ist bestimmt durch den Kampf gegen Ungeheuer und Drachen im Sinne einer heldenhaften Befreiung aus mütterlichen Abhängigkeitstendenzen. Hierin spiegelt sich, wie in anderen griechischen Heldensagen, der Übergang von einer matriarchalen zu einer patriarchalen Kulturauffassung. Der jungianische Analytiker Neumann hat deshalb von einer »Drachenkampf-Mythologie« gesprochen.

Wurzeln des Mythos

Aus der Sicht der pränatalen Psychologie spiegelt sich im Mythos eine bestimmte kreative Ausgestaltung der Grunderfahrung der zwei Welten. Aus heutiger Sicht lebt der mythische Mensch noch weitgehend in Projektionen, das heißt, seine Gefühlsregungen erscheinen ihm als imaginative Bilder, womit er im heutigen Verständnis einer kindlichen Lebens- und Weltauffassung nahesteht. Dies ist deutlich aus dem Verhalten der Homerischen Helden ableitbar: In Konfliktfällen geraten sie nicht in widerstreitende Gefühle, sondern in eine regressive Trance. Sie fühlen nicht, sondern halluzinieren oder imaginieren, wie es uns auch aus dem kindlichen Erleben vertraut ist. Ein Beispiel mag der Streit zwischen Agamemnon und Achilles um ein Ehrgeschenk sein, was Achilles versagt wird, worauf er sich gekränkt zurückzieht. Er setzt sich weinend ans Meer und streckt betend die Arme nach seiner Mutter aus:

»›Mutter! da du mich geboren hast nur für ein kurzes Leben,
So sollte Ehre mir doch der Olympier verbürgen,
Zeus, der hochdonnernde! Jetzt aber ehrt er mich auch nicht ein wenig!
Wahrhaftig! hat mich doch der Atreus-Sohn, der weitherrschende Agamemnon,
Verunehrt, denn er nahm und hat mein Ehrgeschenk, das er selbst mir fortnahm!‹
So sprach er, Tränen vergießend. Und ihn hörte die hehre Mutter,
Die in den Tiefen der Salzflut saß bei dem greisen Vater.
Und schnell tauchte sie auf aus dem grauen Meer wie ein Nebel
Und setzte sich vor ihm nieder, dem Tränen Vergießenden,
Streichelte ihn mit der Hand, sprach das Wort und benannte es heraus:
›Kind! was weinst du?‹«

Es folgt dann ein Versuch, die verwirrten Gefühle zu ordnen. Wichtig ist, wie das mythische Erleben zwischen aktueller Situation und tranceartiger Imagination hin und her geht. Dies macht verständlich, daß wir das mythische Geschehen als eine Art projizierte Psychologie auffassen können oder, in der Formulierung der frühen Psychoanalyse, als Kollektivtraum. In den Mythen bildet sich, wie auch in den individuellen Träumen, Urerfahrung in einer symbolischen Form ab.

Eines der großen mythologischen Themen ist der Lebensbaum, in der germanischen Mythologie die Weltesche Yggdrasil.

Dieser Lebensbaum garantiert den Bestand der Welt, er verbindet die Erdmitte mit dem Himmel und gibt die »Speise des

Lebens«. In einer Notlage kann das Bild des Baumes rettender Fluchtpunkt sein. Terence Dowling hat herausgearbeitet, daß diese mythologischen Gestalten des Lebensbaumes in stimmiger Weise als Widerspiegelungen des Plazentaerlebnisses aufgefaßt werden können. Manche der kultischen Lebensbäume haben geradezu plazentare Qualitäten. Auch der Lebensbaum, wie er in der Alchimie beschrieben wird, besitzt diesen Charakter: Er steht im Urozean, ist von Blut durchflossen, und wenn er fällt, droht das Ende der Welt. Auf vielen Darstellungen hat der Stamm des Lebensbaums eine spiralige Struktur, die sich als Widerspiegelung der spiraligen Nabelschnurempfindung auffassen läßt.

Ein anderes Symbol pränataler Erfahrung ist das wunderbare Seil, das Himmel und Erde miteinander verbindet. Dieses Motiv taucht in vielen Kulturen auf, ist aber in Indien besonders ausgebildet. Die kosmischen Fäden halten das Universum zusammen. Beim Weltuntergang werden die Fäden zerschnitten, und das Universum wird sich auflösen. In ähnlichem Sinne gibt es bei Homer das Bild der »goldenen Kette«, mit der Zeus alle Dinge an sich ziehen konnte. Auch hier kann wieder die regressive Trance die Urerfahrung vergegenwärtigen, wie folgender Bericht von Mircea Eliade zeigt: »Während der Initiation des Medizinmannes entsteht, durch die rituellen Gesänge bewirkt, in seinem Körper ein Seil, welches ihm erlaubt, Feuer aus sich herauszubringen, auf Bäume zu klettern und gen Himmel zu fahren.«

Eine weitere pränatal bestimmte Symbolik ist die des heiligen Ortes oder heiligen Raumes, der an den Uterus erinnert. Der heilige Raum kann nicht gewählt werden, er wird »entdeckt«, indem, psychologisch ausgedrückt, sich der »Entdecker« durch die Aktualisierung pränataler Hochgefühle ergriffen fühlt. Die Mythologie verwendet hier häufig Ausdrücke der Embryologie, aber, so meine ich, nicht als rationale Konstruktion, sondern im Sinne eines Wiedererkennens des Verdrängten: »Der sehr Heilige hat die Welt geschaffen wie einen Embryo. Wie der Embryo vom Nabel anfängt zu wachsen, so hat Gott vom Nabel her begonnen, die Welt zu schaffen, und von da aus hat sie sich nach allen Seiten ausgebreitet.«

Die Mitte des heiligen Raumes wird oft von einem Lebensbaum eingenommen:

»... ein Baum oder eine Zentralsäule, welche die Welt stützt, ein Lebensbaum oder ein Wunderbaum, der denen, die von seinen Früchten essen, Unsterblichkeit gibt, denn der Baum verkörpert die absolute Realität, die Quelle des Lebens und des Heiligen, und er befindet sich in der Weltmitte.«

Die Erinnerung an einen »solchen heiligen Raum« oder das Heimweh nach einem solchen begleitet den Menschen und führt zu unzähligen Symbolisierungen und Transformationen. Eliade resümiert:

»Wir verstehen unter dem Heimweh nach dem Paradies das Sehnen, sich immer und ohne Anstrengung im Herzen der Welt, der Realität und der Sakralität zu befinden und, kurz gesagt, auf natürliche Weise das Menschliche zu verlassen und einen göttlichen Zustand zu erlangen, ein Christ würde sagen, einen Zustand vor dem Fall.«

In diesem Sinne enthält auch die Paradies-Mythe ein Stück projizierter pränataler Psychologie. Der pränatale Garten Eden ist bedroht durch das Abtrennen der Frucht, die das Ende des pränatalen Heranwachsens symbolisiert, und den Himmelssturz. Die Rolle der »bösen« Schlange benennt ein weiteres universales Symbol, und zwar der negativen Erfahrung der Nabelschnur, die um die Zeit der Geburt herum die Sauerstoffzufuhr nicht mehr gewährleistet und, wie man spekulieren und in vielen therapeutischen Regressionen gespiegelt finden kann, als böse empfunden wird. In vielen Mythen taucht die böse Schlange im Zusammenhang mit geburtlichen Veränderungen auf. Bei der mutterleibssymbolischen Nachtfahrt des ägyptischen Sonnengottes wird dieser zunächst von einer heilbringenden Schlange begleitet, und vor Sonnenaufgang, der als eine symbolische Geburt gestaltet ist, muß er sich mit der bösen Schlange Apophis auseinandersetzen und sie erlegen. In diesem Doppelsinn ist die

Schlange zum einen Hüter des Baumes, Quell des Lebens und zum anderen dann wieder die böse Drachenschlange, die erlegt werden muß, um zur geburtlichen Befreiung zu gelangen. Der pränatalen Herkunft dieser Symbolik entsprechend, hausen die Schlangen in Höhlen. Die Schlange kann hier zum einen den Uterus bedeuten, die Schlange als Schlingerin, zum anderen die Nabelschnur. Die gewaltsame Geburt ist dann durch den Kampf des Helden im Drachenschlund ausgedrückt.

Einen vielleicht anfangs befremdlich wirkenden Zusammenhang stellt eine weitere Symbolisierung der Plazenta her, und zwar die durch den Adler, die aber durch mythologische Vergleiche nahegelegt wird. Möglicherweise bildet die Erfahrung den Hintergrund, daß der Föt die Plazenta am uterinen Himmel über sich schwebend erlebt. Jedenfalls ist der Adler ein kollektives Symbol, das in allen Kulturschichten und historischen Zeiten in einer sehr ähnlichen Weise gestaltet wurde. Adler und Lebensbaum werden häufig miteinander in Bezug gesetzt, können sich auch in der Funktion vertreten. Bei den Jakuten brütet ein Adler auf dem heiligen Baum die Schamanen aus. Ähnlich wie der Lebensbaum bringt der Adler in manchen Mythologien den Unsterblichkeitstrank bzw. ist mit diesem identisch. Wie der Lebensbaum gilt auch der Adler als Ahn des Menschen. In vielen Mythologien treten Adler und Schlange gewöhnlich gemeinsam auf, wie Krone und Stamm in der Lebensbaumsymbolisierung noch unmittelbar verbunden sind. In dem alten sumerischen Ethana-Mythos heißt es: »In jener Zeit lebten ein Adler und eine Schlange. Zunächst lebten sie in Frieden und Eintracht miteinander ...« Am Anfang der geschichtlichen Zeiten steht dann in vielen Mythologien der Kampf des Adlers mit der Schlange, das heißt, psychologisch gesprochen zerbricht die Einheit zwischen Plazenta und Nabelschnur, und positive und negative Kräfte liegen im Widerstreit. Der Bericht des Ethana-Mythos fährt fort: »... dann aber trat Feindschaft zwischen sie, und der Adler sprach zur Schlange: Ich werde deine Jungen fressen!«

Andere Mythen betonen die Harmonie zwischen Adler und

Schlange. So drücken die Maya die Harmonie des Kosmos durch einen Schlangenvogel aus, und in der minoischen Kultur kann die Muttergottheit bald als Schlange, bald als Vogel dargestellt werden.

Ein wichtiges mythisches Motiv ist das der Endzeiterwartung und des Weltuntergangs, das aus pränatal-psychologischer Sicht seine Tiefendynamik aus dem Erlebnis des Untergangs der fötalen Welt bei der Geburt bezieht. Uns am vertrautesten ist die germanische Endzeitvorstellung des Ragnarök oder des Weltenbrandes, dem dann eine neue Schöpfung folgt. Das Feuer ist dabei ein typisches Geburtssymbol, das Frédérick Leboyer mit der Hautreizung bei der Geburt in Verbindung gebracht hat.

Die verschiedenen Schöpfungsmythen enthalten Bilder unterschiedlicher Geburtserfahrung, die in unterschiedlichem kulturellem Kontext zur Selbstdarstellung dieser Kultur verwandt werden. Deren Beschreibung und Interpretation würde allerdings den Rahmen dieses Buches überschreiten.

Zusammengefaßt läßt sich jedoch sagen, daß der Schamane und alle seine »heilsuchenden« Nachfahren nach dem Aufgehoben-Sein in der pränatalen Welt streben, das in den Symbolen des Lebenswassers und des Lebensbaumes versinnbildlicht wird. Eliade schreibt dazu:

»Die Unsterblichkeit ist schwer zu erreichen. Sie ist in einem Baum des Lebens (oder Brunnen des Lebens) konzentriert, der sich an einem unzugänglichen Ort befindet, am Ende der Welt, am Grund des Ozeans, im Land der Finsternis, auf dem Gipfel eines sehr hohen Berges oder in einem ›Zentrum‹. Ein Untier (eine Schlange) bewacht den Baum, und der Mensch, der sich nicht ohne vielerlei Kraftproben dem Baum genähert hat, muß mit dem Untier kämpfen und es besiegen, um sich der Früchte der Unsterblichkeit bemächtigen zu können.«

Um zu einer stärkenden Selbstversenkung zu gelangen, muß der Held die Nöte des Geburtskampfes also noch einmal regressiv durchleben.

Psychohistorisch ist interessant, daß die indogermanischen

Gottheiten sich aus dem Bild des Adlers entwickelt haben sollen, dieser ihre Urgestalt ist, die den totemistischen Ursprung der Gottesvorstellung unmittelbar verrät. Beim Totemtier ist der Bezug zur Plazentaerfahrung noch sehr direkt gegeben. In manchen Indianersprachen werden Plazenta und Totem noch durch dasselbe Wort, »Nagual«, bezeichnet. Das Totem steht für eine Kontinuität der Plazentabeziehung. Die Sicherheit, die in der Plazentabeziehung pränatal erfahren wurde, dient in der symbolischen Gestalt des Totems in einer kreativen Weise zur Gliederung gesellschaftlicher Strukturen. Man befindet sich mit der Gruppe in einer ähnlich mystischen Symbiose wie als Individuum mit der Plazenta.

Über den Rückgriff auf das Totem war der Mensch in der Lage, kulturelle Einheiten zu bilden, die weit über die vielleicht instinktiv vorgegebene Horde oder Gruppe hinausgehen. Bei den ägyptischen Pharaonen, die zunächst totemistische Tiernamen tragen, ist die Transformation aus der Stammeskultur in die Hochkultur, die allmähliche Verwandlung der noch unmittelbar pränatal-symbolischen totemistischen Strukturen in postnatal gestaltete hochkulturelle Strukturen, in einer faszinierenden Weise zu verfolgen. Wie die Plazenta als Schutzgeist, Tier und Bruder symbolisiert wird, so auch in vergleichbarer Form das Totem. Aus ihm erwächst der Symbolismus des ägyptischen Ka. Bei dem afrikanischen Stamm der Kpell ist das Wort »Kasen« die Bezeichnung für Totem, wird jedoch auch mit »Geburtsding« übersetzt, was erläutert wird mit »was im Rücken eines Menschen ist«. Damit fällt es, wie es im »Handwörterbuch des deutschen Aberglaubens« heißt, fast mit dem ägyptischen Ka zusammen, eventuell auch mit dem nordischen Fylgji, was die Bedeutung »Begleitseele« hat. Diese wenigen Andeutungen mögen als Hinweis genügen, wie fruchtbar die Einbeziehung der Erlebensanfänge in der pränatalen Lebenszeit für die Kulturpsychologie sein kann.

Zwischen Himmel und Hölle

Unmittelbar plausibel ist es, die Vorstellungen vom Himmel als einem Ort der Wonne mit einer Projektion von guten vorgeburtlichen Zuständen in Verbindung zu bringen. Eben die Erfahrung der pränatalen Zeit verleiht die Sicherheit, daß es einen solchen Ort gibt, an dem die Seligen wohnen. Hier fällt die Himmelsvorstellung mit der Paradiesvorstellung zusammen – woher die Menschen kommen, dorthin kehren sie auch wieder zurück. Das Paradies hat etymologisch die Bedeutung »Umzäunung« oder auch »Baumgarten, Park«.

Umgekehrt sind die mythischen Höllenvorstellungen projektive Symbolisierungen negativer Zustände in der Gebärmutter. Dabei fällt auf, daß in den älteren Mythologien Himmel und Hölle sich nicht wesentlich voneinander unterscheiden. Der Weg in die Hölle führt über einen schwierigen Weg oder ist der Sturz in einen Abgrund. Die Höllenwelt ist häufig durch ein Wasser oder eine Mauer von der übrigen Welt getrennt. Oft wird sie unterirdisch, in Mutter Erde, vorgestellt. Eigentümliche Radikalisierungen erfahren die Höllenvorstellungen in Ägypten und in unserer christlichen Kultur.

Die ägyptischen Vorstellungen sind geradezu ein Horrorensemble perinataler Notzustände: Die Toten müssen auf dem Kopf gehen, ihren eigenen Kot schlucken, sind an der freien Bewegung gehindert, die Toten werden gebunden und gefesselt, sie werden geköpft, gemetzelt, geschlagen, niedergemacht und gefällt. Auch wird ihnen die Atemluft geraubt oder abgeschnitten. Der Übergang zur Hölle ist ein »wäßrig, finsterer Abgrund, der als Höllenrachen die Sünder verschlingt«. Der perinatale Zusammenhang mit der Geburt wird auch dadurch hergestellt, daß eine Geburtsgöttin in Ägypten »Herrin des Gemetzels« heißt. Die Hölle wird in der frühen ägyptischen Kultur im Leib einer Schlange oder in dem einer Göttin vermutet.

Auch in der christlichen Religion ist der Eingang zur Hölle als Drachenschlund oder Hunderachen ein Leitmotiv, also in das

Bild der *vagina dentata* gefaßt. Vielleicht sind in diesen Höllenvorstellungen mit der radikalen Trennung zwischen Gut und Böse die Bilder der Höllenpein noch extremer ausgestaltet als in der ägyptischen Religion. Das Motiv des Brennens, das auch im Bild des Fegefeuers enthalten ist, kann man, wie gesagt, mit extremen, brennenden Hautgefühlen bei der Geburt in Zusammenhang bringen. Die Hölle wird jedoch auch als extrem kalt beschrieben, darin kann sich die Erfahrung des Temperaturwechsels bei der Geburt widerspiegeln.

Opfer als Geburt

In viel ausgedehnterer Weise, als wir uns das heute gemeinhin vorstellen, war das Leben in den frühen menschlichen Kulturen durch Opferriten bestimmt. Bei jeder Aktivität eines Menschen oder bei jedem besonderen Ereignis konnte der Vollzug eines Opfers die psychologische Verarbeitung erleichtern. Oder anders ausgedrückt, das individuelle Ich erlebte sich in den Frühstadien der Kultur als so schwach, daß nur das Zurückgehen auf einen rituellen Vollzug ausreichende Stabilität für eine eigenständigere Aktion verlieh. Alles eigenbestimmte Handeln kann Angst- und Schuldgefühle auslösen, die letztlich auf die Urhandlung des Sich-zur-Welt-Bringens zurückgehen, was gleichzeitig bedeutet, die ursprüngliche Einheit von Mutter und Kind zu opfern. Insofern ist eigenständiges Handeln immer zutiefst mit dem Bruch einer ursprünglichen Symbiose, mit einer Ursünde behaftet. Die innere Verarbeitung dieser tiefreichenden Gefühle kann im Opfer ausgetragen werden. Die französischen Ethnologen Henri Hubert und Marcel Mauss haben gezeigt, daß der Vorgang des Opferns eine pränatale Regression einschließt:

»Nach einem Reinigungsbad wird der Opferer mit neu gewebten Kleidern versehen, wodurch angezeigt wird, daß für ihn eine neue Existenzform begonnen hat. Nach verschiedenen Einreibungen wird er in die Haut einer schwarzen Antilope gekleidet.

Das ist der heilige Augenblick, wo ein neues Wesen in ihm entsteht. Er ist Fötus geworden.«

Als Fötus trennt er sich von dem totemistischen Opfertier, dessen plazentare Bedeutung ich eben erläutert habe. Das Opfern des Opfertieres würde die Abnabelung als ein wesentliches Geburtselement wiederholen, als erstes Opfer, das den Eintritt in die Welt ermöglicht. Dieses Opfer ist zugleich ein Selbstopfer, denn es ist die Aufgabe der pränatalen Existenzform. Ziel des Opfers ist die Erneuerung durch den Rückbezug auf Ursprung und Neubeginn. Mircea Eliade drückt dies so aus: »Es muß uns genügen, festgestellt zu haben, daß der Brahmane bei jedem Opfer den kosmogonischen Akt wiederholt und daß dieses Zusammenfallen des ›mythischen Augenblickes‹ mit dem ›aktuellen Augenblick‹ sowohl die Vernichtung der profanen Zeit als auch die andauernde Erneuerung der Welt bedeutet.«

Psychohistorisch ist bedeutsam, daß die Opferriten als rituelle Gestaltungen in Indien von den Yoga-Techniken abgelöst wurden, die eine Verinnerlichung des Opferritus bedeuten. Die Askese des Yogi ist ein »Opfer«. Eliade schreibt hierzu:

»Wir möchten diese Form des Opfers lieber ›Verinnerlichung des Ritus‹ nennen, denn sie schließt außer dem inneren Gebet eine tiefe Angleichung der physiologischen Funktionen an das kosmische Leben ein. Diese Homologisierung der physiologischen Organe und Funktionen mit den kosmischen Regionen und Rhythmen ist eine pan-indische Erscheinung.«

Diese Angleichung symbolisiert den pränatalen Lebenszustand mit seiner »Verschmelzung« von Fötus und Mutter aber eben nicht mehr als ein äußeres Opferritual, sondern als inneren Erlebniszustand. Für das Abendland könnte man die psychohistorische Entwicklung so sehen, daß das ursprüngliche Opfer der frühen Hochkulturen durch das Opfer Christi und durch das Selbstopfer des christlichen Leidensweges und des christlichen Lebenswandels abgelöst wird. Auch hier stellt das symbolische Opfer den Zusammenhang mit einer jenseitigen Welt her, die die Projektion eines guten pränatalen Zustands symbolisiert.

Dieser Übergang von Opferritualen, die der Erneuerung und psychischen Integration dienten, zu den inneren Übungen des Yoga und der Selbstdisziplinierung im christlichen Lebenswandel stellen Stufen der Bewußtseinserweiterung und einer vollständigeren Individuation dar. Wachsende Ich-Stärke und Verblassen von Ritus, Mythos und Märchen führten zu einem Umschlagen im Lebensgefühl in Richtung auf ein gesteigertes Empfinden der eigenen Individualität, wie es sich im 19. Jahrhundert vorbereitete. Das bisher in Mythen, Riten und Märchen projizierte Früherleben wurde zunehmend als eigene Lust- und Lebensgeschichte wiederentdeckt. Im deutschen Sprachraum artikulierte sich dieser psychohistorische Umschwung Ende des 19. Jahrhunderts in der frühen Psychoanalyse Freuds. Der ödipale Mythos wurde als ödipaler Konflikt, als eine Stufe in der Lebensgeschichte, psychologisch benannt und erfaßt. Dabei wurde jedoch bei Freud explizit zunächst nur der Vaterbezug deutlich, während der Mutterbezug des ersten Teils der Ödipus-Mythe, das vorgeburtliche Trauma des Elternkonfliktes und das perinatale Trauma der Aussetzung, erst von seinen Schülern ausdrücklich formuliert wurde.

Yoga und Geburt

Vieles spricht dafür, daß die Yoga-Übungen im wesentlichen eine vorgeburtliche Regression und Trance darstellen beziehungsweise die Aktivierung fötaler Bewußtseinszustände und eine damit verbundene Ablösung und Unabhängigkeit von der Welt. Stand die schamanistische Regression ganz im Dienst der Krankenheilung und der Lösung des Gruppenkonfliktes, so steht die Regression in der Yoga-Versenkung ganz im Dienst der individuellen Entwicklung und der Ablösung von einem Verhaftetsein an die Welt. Im Zeremoniell der Yoga-Übung sind mancherlei Symbolismen der Mutterleibsregression enthalten; die Parallelen reichen bis dahin, daß der Yogi sich lebendig in Mutter-Erde vergraben läßt. Er wird unabhängig von äußerer Nahrungszufuhr und kann weitgehend auf die Atmung verzichten. Die Regression wird durch das, was Eliade »embryonale Atmung« nennt, eingeleitet:

»Der Zweck dieser Atmung ist nach taoistischen Quellen die Nachahmung der Atmung des Fötus im Mutterleib. Indem man zur Grundlage zurückkommt, zum Ursprung zurückkehrt, vertreibt man das Alter, kehrt man in den Zustand des Fötus zurück, heißt es im Vorwort zu ›Tai-si K'eou Kioe‹.«

Für den Embryo sind Nabel und Nabelschnur zentrale Lebenselemente – im Yoga wird die Versenkung durch Konzentration auf den Nabel eingeleitet. Im tantrischen Yoga kann die Mutterleibsregression auch über die Gestaltung oder Betrachtung eines Mandala, also auf einer bildhaft-imaginativen Ebene erfolgen. Die Mandala-Betrachtung führt durch geburtssymbolische Feuergürtel, Tore und Labyrinthe in einen inneren paradiesischen Bezirk.

Unter dem Aspekt der pränatalen Psychologie ist die Symbolisierung der vorgeburtlichen Objekte in der buddhistischen Versenkung interessant. Offenbar universell ist die sinnbildhafte Darstellung der Nabelschnur als Stamm des Weltenbaumes und der Weltachse, wie Eliade es beschreibt:

»Bezeichnenderweise ist in den Veden das mythische Bild des Brahman, des Skambha, die Weltsäule, *axis mundi*, ein Symbol, dessen Alter keines Beweises mehr bedarf, nachdem es ebenso bei den Jägern und Hirten Zentral- und Nordasiens zu finden war wie bei den ›primitiven Kulturen‹ Ozeaniens, Afrikas und der beiden Amerika ... Mit anderen Worten, das Brahman ist der Grund, der die Welt trägt, zugleich Weltachse und ontologisches Fundament.«

Die Verinnerlichung der pränatalen Sicherheitsgefühle ist die Wurzel des Selbstgefühls im Freudschen Sinne, da das Selbstgefühl immer auf einem Rest des ursprünglichen primären Narzißmus aufbaut. In die gleiche Richtung geht die Spekulation in den Upanischaden:

»Das in der ›Achse‹ des Universums identifizierte Sein findet sich auf anderer Ebene im spirituellen ›Zentrum‹ des Menschen, dem Atman. Wer das Brahman im Menschen erkennt, erkennt auch das höchste Wesen. Und wer das höchste Wesen erkennt, erkennt den Skambha. Man sieht die Bemühung, die höchste Realität, das nicht in Worten formulierbare Prinzip zu fassen. Brahman wird als Säule des Universums die Stütze, die Basis, erkannt ... doch den Skambha kennen heißt, den Schlüssel des kosmischen Geheimnisses besitzen, ist die Entdeckung des ›Zentrums der Welt‹ in der tiefsten Tiefe des eigenen Seins. Die Erkenntnis ist die heilige Kraft, denn sie löst das Rätsel des Universums und das Rätsel des Selbst. Wie zu erwarten, wird das universelle Prinzip, das Brahman, mit dem Brahmanen identifiziert.«

Die Ineinssetzung vorgeburtlicher Sicherheitsgefühle mit der spirituellen Sicherheit des späteren Selbstgefühls, die in der brahmanischen Lehre auf einer mehr gedanklichen Ebene erfolgt, wird im Yoga gewissermaßen im Körperlichen realisiert, indem durch die Übung eine pränatale Einheit wiederhergestellt wird.

Allmacht und Untergang der Herrscher

Die pränatale Psychologie befindet sich in bezug auf soziale Vorgänge noch ganz in spekulativen Anfängen. Trotzdem kann schon jetzt festgehalten werden, daß soziokulturelle Prozesse ganz wesentlich durch die Umsetzung von prä- und perinatalen Erlebnisprojektionen bestimmt sind. Es scheint so, daß in den frühen Großgruppenbildungen der Ackerbaukulturen der soziale Zusammenhalt, der durch die Jäger- und Sammlergruppeninstinkte nur unzureichend vorgegeben war, eben durch gemeinsame und sozial vereinbarte Projektionen früher vor- und früher nachgeburtlicher Elternbilder bewerkstelligt wurde. Diese Projektion pränataler Sicherheitsgefühle auf die geistlichen und weltlichen Führer bildete ein Gegengewicht zu der elementaren

Unwissenheit und Angst in einer unwirtlichen Welt, deren Geschehen man ausgeliefert war.

Ich interpretiere es so, daß diese Gefühlsprojektion eine Ausrichtung des Willens und die kreative Lenkung der Energien der Gruppenmitglieder bewirkte, die die eindrucksvollen technischen, sozialen und kultischen Gemeinschaftsleistungen der frühen Hochkulturen ermöglichten. Dies hatte jedoch anscheinend zur Folge, daß die Führerpersonen in diesen frühen Hochkulturen in einer Art psychotischen Zustand lebten. Sie hatten so zu agieren, als ob sie unsterblich und allmächtig wären, um die projektive Sicherheit fötaler Allmacht aufrechtzuerhalten. Joseph Campbell schreibt hierzu:

»Denn diese Herrscher der ägyptischen Dynastien nahmen an, es läge in ihrer zeitlichen Natur, Gott zu sein, das heißt, sie waren wahnsinnige Menschen. In diesem Glauben wurden sie noch bestärkt, erzogen, geschmeichelt und ermutigt durch Eltern, Priesterschaft, Ehefrauen, Berater und das Volk und alle, die ebenfalls glaubten, sie wären Gott. Das soll heißen, die ganze Gesellschaft war verrückt.«

Der Wahnsinn hatte aber die Methode, daß der Herrscher, wie gesagt, pränatale Machtfülle symbolisierte und sie allen suggerierte, so daß auf diese Weise der Zusammenhalt der künstlich entstandenen Großgruppe und ihre Handlungsfähigkeit in technischen und zivilisatorischen Innovationen gesichert war.

Diese Zusammenhänge könnten auch die eigenartigen Königsopfer, die vielfach belegt sind und der Erneuerung dienten, verständlicher machen. Die Opferungen hatten den Sinn, durch perinatal-symbolische rituelle Vollzüge eine Wiederverbindung mit dem Ursprung und eine Erneuerung herzustellen. Die vorgeburtlichen symbiotischen Bezüge zwischen König und Volk würden auch die eigenartigen und so befremdlichen Tötungen bei dem Tod eines Herrschers verständlich machen, der den mit ihm unmittelbar verbundenen Hofstaat mit ins Grab nahm. So ist bezeugt, daß beim Tod des Inka-Herrschers Huaryna Capac viertausend Menschen getötet wurden.

Die Radikalität der archaischen Kriegführung in den frühen Hochkulturen würde in diesem Interpretationsrahmen ebenfalls verständlicher werden. Das stabile Gleichgewicht der Allmachtsvorstellung wurde durch eine konkurrierende Macht sofort fundamental in Frage gestellt und schlug dann in die elementare Geburtsaggression um. Die massive Kriegführung wurde in den ackerbauorientierten frühen Stadtstaaten entwickelt. Diese Stadtstaaten bildeten, wie auch der ägyptische Staat, einen in sich abgeschlossenen Kosmos, der seinen Zusammenhalt, wie beschrieben, über vorgeburtliche Symbolismen zu festigen suchte. Die umwallte Stadt war ein Bild uteriner Sicherheit, das sich noch einmal in den heiligen Gebäuden in der Stadtmitte wiederholte. In der Illusion fötaler Allmacht befangen, waren diese politischen Einheiten nicht konfliktfähig. Der ägyptische Staat des Alten Reiches soll nicht vertragsfähig mit einem anderen Staat gewesen sein, da die Existenz eines irgendwie gleichrangigen staatlichen Gebildes außerhalb des an der Symbolik der fötalen Allmacht orientierten Horizontes lag.

Eine Infragestellung der Allmacht bedeutete ein Ende der pränatalen Sicherheit, der Welt der fötalen Projektion und damit Geburtskampf. Nur ein Sieg konnte den früheren Zustand wiederherstellen. Dazu als Beispiel ein Kriegsbericht aus Sumer:

»Sargon, König von Agade, eroberte die Stadt Uruk und schleifte ihre Wälle. Er kämpfte mit dem Volk von Uruk und rottete es aus. Er kämpfte auch gegen Lugal-Zaggisi, König von Uruk, nahm ihn gefangen und führte ihn in Ketten durch das Tor Enlil. Sargon von Agade kämpfte mit dem Mann von Ur und besiegte ihn. Er eroberte die Stadt und schleifte ihre Mauern.«

Die fötale Allmacht des Königs Sargon wäre durch das Vorhandensein eines ungefähr gleich mächtigen Königs von Uruk in Frage gestellt worden. Er mußte ihn besiegen, oder das ganze System mußte sich ändern.

Nun kann man die weitere Kulturgeschichte wesentlich durch Versuche bestimmt sehen, einerseits den sozialen Zusammenhalt durch die Suggestion vorgeburtlicher Geborgenheit zu sichern, gleichzeitig aber die Handlungsstrukturen in diesem Rahmen immer rationaler und flexibler zu gestalten. Noch bis in unser Jahrhundert hinein wurde der Zusammenhalt von nationalen und übernationalen Großgruppen durch uns heute eigentümlich kindhaft erscheinende Symbolisierungen primärer Sicherheit wie das Gottesgnadentum der Fürsten und später die Allmachtsansprüche unterschiedlicher Ideologien aufrechterhalten. Im Laufe der geschichtlichen Entwicklung werden jedoch die primitiven Projektionen und ihre Bestätigung in kollektiven rituellen Tranceveranstaltungen, wie wir sie aus den alten Hochkulturen kennen, zurückgenommen. Dies ist Ausdruck zunehmender sozialer und technischer Fertigkeiten und der dadurch möglichen Selbstbestätigung durch reale Bewältigung der Wirklichkeit. Dem entspricht wohl ein verändertes Ich-Gefühl, wie es sich psychohistorisch an der Wende zum 19. Jahrhundert artikulierte, das sich in größerer innerer Freiheit eigenen Gefühlen und eigener Individuation mit ihrem »Stirb und Werde« stellen kann, ohne dies in destruktivem Agieren auszuleben.

Man kann die angedeutete Entwicklung auch so interpretieren: Die frühen Kulturen leiteten in der sozialen Kreation ihrer Herrschergestalten so etwas wie eine Ich-Entwicklung in unserem heutigen Sinne erst ein, und zwar dadurch, daß der Herrscher gewissermaßen willensbetonte Unabhängigkeit im Sinne einer sozialen Inszenierung, an der alle beteiligt waren, darstellte, so daß diese wieder rückwirkend verinnerlicht werden konnte. War anfangs nur der Pharao Osiris, waren schließlich alle Ägypter Osiris. Hatte anfangs nur der Herrscher Teil an der Unsterblichkeit, so konnten im christlichen Glauben alle eine unsterbliche Seele reklamieren, worauf dann unsere Vorstellung von Individualismus aufbaut. Mir scheint, all dies sind Aspekte der kulturellen Selbsterschaffung des Menschen in der kreativen Verwendung der Urerfahrung der zwei Welten.

Der Kampf

Kulturhistorisch kennen wir initiatische Vorgänge durch einen *regressus ad uterum*, durch Opfer oder auch durch Kampf. Die Wurzel des Kampfes als eines Mittels zur Individuation ist uns besonders aus den Indianerkulturen bekannt; den perinatalen Bezug herzustellen ist ungewohnt. Er ist jedoch spürbar in den frühen rituellen Formen des Kämpfens. So haben die Gladiatorenkämpfe ihre Wurzel in rituellen Kämpfen bei Begräbnissen. Wenn das Sterben als eine symbolische Rückkehr zur Mutter erlebt wird, dann wiederholt sich dabei notwendigerweise auch der Geburtskampf. So mag sich erklären lassen, daß im alten Rom häufig Leute testamentarisch bestimmten, daß bei ihrem Begräbnis Gladiatorenzweikämpfe abgehalten werden sollten. Geschichtlich gesehen ist auch der Hauptanlaß für solche Kämpfe das Andenken an die Toten. Im Sinne dieser perinatalen Zusammenhänge lassen sich die einzelnen Kampfformen, wie etwa die Kämpfe gegen wilde Tiere oder mit Netzen, als Inszenierungen von angstvoll-aggressiven Geburtskämpfen verstehen. Der Kampf gegen ein wildes Tier oder das Gefangenwerden in einem Netz kann auch heute im Traum einen Geburtskampf symbolisieren. Im dritten Jahrhundert v. Chr. erst begann dann die Vervielfältigung der Kampfpaare bis hin zur Massenveranstaltung.

Der rituelle Aspekt des Kampfes war auch im römischen Brauch der »Devotio« noch lebendig. Damit ist gemeint, daß einer von den beiden römischen Feldherren, die gemeinsam das Heer führten, um den Sieg über den Feind zu erringen, sich den Unterirdischen weihte, indem er sich bewaffnet mitten unter die Feinde stürzte und sich von ihnen niederhauen ließ. Dieses Sühneopfer bringt dem anderen Feldherrn den Sieg. Zur »Entbindung des Siegesglanzes« bedarf es eines Reinigungsopfers. Psychologisch könnte man sagen, eine Geburt ist nur möglich durch ein Hindurchgehen durch den Tod. Dieser perinatale Hintergrund ist in vielen Kriegsvorstellungen lebendig. Durch die Erfahrung des Todes in der Schlacht gelangt man zum Sieg. Der römische Feldherr darf danach den Sieg mit einem Festumzug durch den geburtssymbolischen Triumphbogen hindurch feiern.

Der initiatische Kampf gewinnt seinen Sinn aus der Bedeutung des Geburtskampfes, der Individuation und Veränderung bewirkt. In den olympischen Wettkämpfen bei den Griechen ist der initiatische Aspekt ebenfalls deutlich. Sie dienen der persönlichen Entwicklung der Wettkämpfer. Der Preis ist der Lorbeer, der Zweig vom Lebensbaum.

Die perinatale Symbolik im Erlebnis des Kämpfens ist vor allem bei Ausbruch von Kriegen deutlich, worauf der amerikanische Psychohistoriker Lloyd deMause aufmerksam gemacht hat. Der Krieg ist gewissermaßen die Lösung für die als perinatale Einengung erlebten Konflikte oder Notlagen. In den Kriegserklärungen haben in Worte gefaßte Geburtsempfindungen wie gepreßt, erdrückt, erwürgt einen zentralen Platz. So sagte etwa Kaiser Wilhelm, als er den Beginn des Ersten Weltkriegs verkündete, daß er sich »erdrosselt« fühle, weil plötzlich »ein Netz über unsere Häupter geworfen wurde«. Hitler erklärte, er ziehe in den Krieg, um Deutschlands »Lebensraum-Frage« zu lösen. Ebenso enthielten die amerikanischen Erklärungen vom Beginn des Bürgerkriegs bis Vietnam Worte wie »die Unabhängigkeit kämpft um ihr Entstehen«, »ein Absinken in den Schlund« und die Unmöglichkeit, »das Licht am Ende des Tunnels zu sehen«. Zentral sind diese perinatalen Symbolismen auch, wie Klaus Theweleit in seinen »Männerphantasien« gezeigt hat, im Erleben des faschistischen Mannes mit den zentralen Phantasien um die »Selbstverschmelzung im Kampf«, die »Lösung von der verrottenden, versinkenden Welt (weiblicher Sumpf)« und die »Wiedergeburt und (den) Aufstieg«.

Vor dem Hintergrund dieser Vorstellungen könnte man Kriege als Ausdruck kollektiver, verweltlichter, perinatal-symbolischer Großgruppeninitiationen sehen, mit allen Elementen des initiatischen Kampfes. Oben habe ich beschrieben, daß die Großgruppen auch bis heute noch in einer verborgenen Weise von fötalen Sicherheitsphantasien zusammengehalten werden, die sich mit bestimmten kulturellen Idealen verbinden. Stoßen zwei solche Gruppen aufeinander, bricht die Phantasie fötaler Allmacht zusammen, und es bleibt tiefenpsychologisch nur der Geburtskampf als Lösung, wie er dann im Krieg gesucht wird. Nur durch den »Schlund der Schlachten« kann man zur Befreiung und zu einer neuen Welt kommen.

Das gleiche kann sich natürlich auch dann abspielen, wenn sich die kulturbestimmenden Elemente durch technische oder soziale Innovationen auflösen und die damit verbundene Allmachtsphantasie zusammenbricht. Auch dann hilft vom Tiefenerleben her nur ein Geburtskampf, um zu einem neuen stabilen Zustand zu gelangen. Die sich andeutende Hoffnung besteht in unserer Zeit eben darin, daß durch die Rücknahme von archaischen Projektionen die Individuen und auch die Großgruppen konflikt- und wandlungsfähiger geworden sind, also die Dynamik von Veränderungen in inneren Neugeburten oder in symbolischer Weise in Gruppenverhandlungen austragen, statt in konkretistischer Weise geburtssymbolische »Stirb-und-Werde-Massaker« zu veranstalten, um zu Lösungen kollektiver Konflikte zu gelangen.

Mit welcher Intensität in uns allen perinataler Urschmerz vorhanden ist, hat vor allem die Primärtherapie Arthur Janovs gezeigt. Jede wirkliche Veränderung kann, eben weil sie vom Tiefenerleben als eine Wiederholung der Geburt aufgefaßt wird, diesen Urschmerz aktivieren. Darum konnten bisher auch krisenhaft verlaufende soziale Veränderungsprozesse wie Revolutionen in der Regel nicht ohne perinatal-symbolische Inszenierungen auskommen. Die bisher bergende, aber überlebte mütterliche Fötalwelt muß sterben, damit das Neue geboren werden kann.

Dies sind keine abstrakten Konstruktionen, sondern aus der Geburtserfahrung herrührendes menschliches Elementarerleben.

Aufgrund der fehlenden Forschung zu vorgeburtlichen Beziehungen scheint es mir auch noch ganz unausgelotet, in welchem

Ausmaß soziale Abhängigkeitsverhältnisse pränatale Wurzeln haben. Phänomene menschlicher Ausbeutung wie die Sklaverei werden hier vielleicht verständlicher.

Latent leben auch in den heutigen politischen Herrschaftsideologien fötale Allmachtsansprüche fort, die der Devise folgen »Genug ist niemals genug« und bei Mangelerfahrungen zur perinatal bestimmten Gewalttätigkeit tendieren. Eine Analyse der Pathologie der Normalität ist in diesem Sinne eine Aufgabe der Zukunft.

Bilder einer Urerfahrung

Prä- und perinatale Symbolismen sind, einfach weil die vorgeburtliche Zeit und die Geburt menschliche Grunderfahrungen beinhalten, in der bildnerischen Kunst stets in einer mehr oder weniger verborgenen Weise vorhanden. So kann etwa der dänische Geisteswissenschaftler Johannes Fabricius in sorgfältigen Interpretationen zeigen, wie sich in klassischen bildnerischen Gestaltungen in latenter Weise prä- und perinatale Symbole finden lassen. An Rembrandts 1653 gemaltem Bild »Ganymed und der Adler« soll dies kurz erläutert werden. Zeus hatte sich in Ganymed verliebt und entführt den Jüngling in Gestalt eines Adlers. Fabricius interpretiert das Gemälde, auf dem der Adler Ganymed in die Luft emporhebt, so:

»Aus mehreren Gründen ist Rembrandts Gestaltung dieser Sage rätselhaft. Erstens hat er den Ganymedes-Jüngling als kleines Kind mit verrenktem Körper gemalt. Weiter ist Ganymedes' Gesicht intensiv von einem traumatischen Angstgefühl verzogen, und er uriniert vor Schreck. Das Ergebnis ist die Verwandlung vom Mundschenk der Götter in den schreienden Säugling mit häßlich verdrehtem Gesicht und Körper. Alle Kunsthistoriker sind sich einig, daß Rembrandt hier einen Ganymedes porträtiert hat, den Zeus niemals gewählt hätte ...

Ganymedes' hochgezogener Rock ist wie die großen und kleinen Schamlippen geformt, aus welchen der Unterleib eines Säuglings fällt, der aus Geburtsangst uriniert ...

Der Kopf des Kindes befindet sich innerhalb einer intrauterinen Projektionsbildung, wo der schwarze, befiederte Unterleib des Vogels die Gebärmutter darstellt, gegen deren höhlenartige Wände das Kind seine rechte Hand stemmt. Die wehende Quaste innen kann als Nabelschnursymbol ausgelegt werden.«

Erst in unserem Jahrhundert wird der Zusammenhang jedoch expliziter ausgeformt. Ein Impuls der modernen Kunst speist sich daraus, daß regressivere Lebensschichten direkter zur Darstellung gebracht werden. So spricht Klee davon, daß sich uns »Welten geöffnet haben«, und er meint damit das »Reich der Ungeborenen«, zu dem vielleicht »die Kinder, die Verrückten, die Primitiven« noch einen direkteren Kontakt haben. Im Surrealismus wurde die Darstellung des Unbewußten, dessen Kern die prä- und perinatale Erfahrung ist, unmittelbar zum Programm. Ich will dies am Beispiel von Salvador Dalí erläutern, der in seiner Kunst direkt von der prä- und perinatalen Erfahrung ausgeht.

Sicherlich ist der starke Bezug von Dalí zu seinem vorgeburtlichen Erleben durch die besonderen Bedingungen seiner Zeugung und Geburt bestimmt. Er sagt von sich, es gebe ihn eigentlich nicht wirklich, da er als Ersatz für einen früh verstorbenen älteren Bruder gezeugt wurde:

»Offensichtlich wurde er (Dalí) sich schon in sehr jungen Jahren bewußt, daß er nicht um seiner selbst willen geliebt wurde. Wenn er in die Augen seiner Muter sah, erblickte er nicht sein eigenes Spiegelbild, sondern seinen Geist ... Sein Cousin sagte: ›Seine Eltern zogen jeden Tag Vergleiche zwischen den beiden. Sie gaben ihm dieselben Kleidungsstücke und dieselben Spielzeuge. Sie behandelten ihn, als ob er der andere wäre, und Dalí bekam den Eindruck, daß er nicht wirklich existiere.‹ Über den Vater sagt Dalí, es habe ihn zur Verzweiflung getrieben, weil ›sein Blick ebenso meinem Double wie mir selbst galt. Für ihn war ich nur zur Hälfte ich selbst, eine Hälfte zuviel. Meine Seele war zermürbt von Kummer und Zorn. Unter diesem Laserstrahl, der sie unaufhörlich auf der Suche nach jenem anderen abtastete, der nicht mehr existierte. Und ich hatte in meiner Seele eine blutende Wunde, die mein Vater immer wieder ungerührt, gefühllos, ohne Rücksicht auf meine gepeinigten Gefühle, mit einer Liebe aufriß, die mich wie ein Knüppel traf.‹«

Aus der Psychotherapie wissen wir, daß bei so gebrochenen Frühbeziehungen allerfrüheste Erlebnisvorgänge bewußtseinszugänglich werden, wie Dalí dies von sich beschreibt:

»Die Verzweiflung meiner Eltern (über den Verlust des Bruders) wurde erst durch meine Geburt gelindert, aber alle Zellen ihrer Körper hatten sich mit ihrem Gram vollgesogen. Schon im Schoße meiner Mutter spürte ich ihre Qual. Mein Fetus schwamm in einer höllischen Plazenta. Ich bin diese Qual nie losgeworden.«

Und so schildert er seine intrauterinen Erinnerungen:

»Das intrauterine Paradies hat die Farben der Hölle, d. h. Rot, Orange, Gelb und Bläulich, die Farbe von Flammen, von Feuer. Vor allem war es warm, unbeweglich, weich, symmetrisch, doppelt und klebrig. Schon damals lag für mich alle Lust, alle Verzauberung in den Augen, und die herrlichste, die augenfälligste Vorstellung war die von zwei in einer Pfanne gebratenen Eiern ohne die Pfanne. Wahrscheinlich ist darauf jene Verwirrung, jene Erregung zurückzuführen, die ich seitdem für den Rest meines Lebens in Gegenwart dieses fortwährenden halluzinatorischen Bildes spüre.«

Unter Kindern ist es ein bekanntes Spiel, sich auf die Augen zu drücken, um Farbkreise zu sehen, die manchmal »Engel« genannt werden. Das Kind versucht damit, wie Dalí zu meinen scheint, visuelle Erinnerungen einer embryonalen Periode nachzubilden. Sehr lebendig schildert der Künstler, wie er sich jeden Abend in einem komplizierten Zeremoniell in den pränatalen Zustand zurückzuversetzen versucht.

Zu seiner Methode, in seinem Innern pränatale Bilder zu produzieren, schreibt er:

»Ich ließ mich auf alle viere nieder, und zwar so, daß meine Knie und Hände sich berührten. Dann ließ ich meinen Kopf mit seinem Eigengewicht nach unten hängen und wie ein Pendel kreisen, damit alles Blut in ihn ströme. Diese Übung machte ich so lange, bis sich ein lustvolles Schwindelgefühl einstellte. Ohne daß ich dann meine Augen schließen mußte, sah ich aus der stockfinsteren (über alles in wirklicher Finsternis Sichtbare hinaus schwarzen) Dunkelheit phosphoreszierende Kreise auftauchen, in denen sich die berühmten Spiegeleier ohne Pfanne bildeten.«

Auch die Symbiose mit Gala dient Dalí als »Sonde«, um ihn mit dem vorgeburtlichen Jenseits in Verbindung zu bringen. Viele Bilder zeigen, wie sich Gala, wohl eine Art Trance hervorrufend, in fötale Symbolismen umgestaltet: einen Gang in einen Wald hinein, ein phantastisches Gebäude, alles in einer Atmosphäre von Schweben und pränataler Befindlichkeit.

Ich habe Salvador Dalí ausführlicher erläutert und zitiert, weil seine Bilder so bekannt sind und viele Leser sicher Beziehungen herstellen können. In manchen Bildern sind die fötalen Symbolismen unmittelbar deutlich. Im Bild »Christi Wiederkunft« ist eine menschliche Gestalt mit nabelschnurartigen Strängen mit einer plazentasymbolischen Drachenfigur verbunden. Auch sonst tauchen in Bildern nabelschnursymbolische Fäden oder Seile auf, die vom Himmel herabkommen.

Die moderne Sensibilität für das früher projizierte, eigene frühregressive Erleben drückt sich in der Kunst Dalís in besonders extremer Weise aus. Über seine Kunst will er gewissermaßen einerseits die eigenen frühregressiven Ängste auf die anderen abladen, auf der anderen Seite die Betrachter mit ihren eigenen in Verbindung bringen. Dieses Abladen eigener Ängste entwickelte er als Jugendlicher als seine »paranoiakritische Methode«, als die hohe Kunst, sich durch Hellsichtigkeit aller seiner eigenen Widersprüche zu bedienen, um die anderen die Ängste und Ekstasen seines Lebens empfinden zu lassen, so daß ihnen dieses nach und nach ebenso wirklich und wesentlich wird wie ihr eigenes. Man kann es auch so ausdrücken: In der eigenen gespürten Heimatlosigkeit denkt er sich immer radikalere Methoden aus, um von den anderen wahrgenommen zu werden. Die enorme Wirkung von Salvador Dalís Kunst spricht für die allgemeine Präsenz der von ihm angesprochenen und gemeinten Erlebnisschicht.

In der Performance-Kunst der siebziger und achtziger Jahre sind die prä- und perinatalen Bezüge noch »leibhaftiger« ausgestaltet und ausgelebt. Die Aktion »Coyote« von Joseph Beuys aus dem Jahr 1974 wird von dem Psychoanalytiker Hartmut Kraft als eine pränatal-symbolische schamanistische Mutterleibsregression und Wiedergeburt interpretiert. Beuys wurde für diese Aktion in Filz eingewickelt und verbrachte acht Tage gemeinsam mit dem Kojoten in einem Käfig.

Auch die Performances von Peter Gilles oder den Wiener Aktionisten wirken durch die Inszenierung von pränatalen und perinatalen Symbolismen.

Das Kontinuum des Klangs

Von jeher haben der Klang und die Musik den Menschen über die Welt des Alltags hinausgeführt. Das Hören ist der Sinn, der neben den Gleichgewichts- und Bewegungsempfindungen ab Mitte der Schwangerschaft wesentlich den Bezug des Fötus zur Mutter und der Außenwelt herstellt und in unmittelbarer Kontinuität zur nachgeburtlichen Erfahrung hinüberführt. Das vorgeburtlich Gehörte wird nachgeburtlich wiedererkannt und schlägt damit eine Brücke zwischen den Welten. Dieses Identitätsband der Töne führt durch die Fährnisse der Geburt, wie es symbolisch in Mozarts »Zauberflöte« ausgedrückt ist. Aus der Musik gewinnen Tamino und Pamina die Kraft, die geburtssymbolische Initiation durchzustehen:

»Wir wandeln durch des Tones Macht
Froh durch des Todes düst're Nacht!
Wir wandelten durch Feuergluten,
Bekämpften mutig die Gefahr.
Dein Tod sei Schutz in Wasserfluten,
So wie er es im Feuer war.«

Am Anfang der Klangerfahrung steht nach Auffassung des französischen Arztes und Hörforschers Alfred Tomatis das Hören der Eigengeräusche des sich entwickelnden Hörorgans, der Zellbewegung, der Eigenbewegung der Lymphe und der Vibration der Haarzellen. Dies sei der »unhörbare Ton«, den die Mystiker in ihrer Versenkung suchen, das »Lebensgeräusch« oder der »Klang des Lebens«, wie Tomatis es nennt.

Wie dem auch sei, es sind die Geräusche des mütterlichen Herzschlags, des mütterlichen Leibes und ihrer Stimme, die die Hörerfahrung des Kindes vor der Geburt bestimmen, und wir dürfen uns vorstellen, daß in späteren musikalischen und tänzerischen Gestaltungen der Wurzelgrund dieser Urerfahrung in Rhythmus, Bewegung und klingendem Gesang ins Schwingen gerät. Musik hat immer die Kraft, uns zu verzaubern und in uns andere Bewußtseinszustände und frühe Erfahrung anzustoßen.

Die Differenziertheit der Hörerfahrung vor der Geburt wird wohl leicht unterschätzt. So hat der Dirigent Boris Brott erzählt:

»Das mag zwar seltsam klingen, aber die Musik war schon vor meiner Geburt ein Teil von mir ... als junger Mann war ich verblüfft über meine ungewöhnliche Fähigkeit, manche Stücke ohne Noten zu spielen. Da dirigierte ich eine Partitur zum ersten Mal, und plötzlich sprang mir die Cello-Stimmführung ins Gesicht, und ich wußte, wie das Stück weitergeht, bevor ich das Blatt umgedreht hatte. Eines Tages erwähnte ich das meiner Mutter gegenüber, einer Berufscellistin. Ich dachte, es würde sie verwundern, weil es ja immer die Cello-Stimme war, die mir so klar vor Augen stand. Sie war auch verwundert. Aber als sie hörte, um welche Stücke es sich handelte, löste sich das Rätsel von selbst. Alle Partituren, die ich ohne Noten kannte, waren diejenigen, die sie gespielt hatte, als sie mit mir schwanger war.«

Dies legt nahe, die oft unglaubliche Fähigkeit mancher Menschen bei der Erfassung musikalischer Strukturen durch vorgeburtliche Hörerfahrung zu erklären. Die Kontinuität der Hörerfahrung prädestiniert zur Vermittlung initiatischer Erfahrung, wie dies bei allen Feiern geschieht.

Die regressive Kraft der Musik hat der Primärtherapeut Peter Orban in einer therapeutischen Erfahrung beschrieben:

»Ich hatte die Gelegenheit bei Dan Miller, einem amerikanischen Therapeuten, ein Fünf-Tage-Marathon mitzuerleben, in dem er nur durch eine Entspannungsübung und die Musik von Paul Horn (›Inside‹) – also ohne Worte – in einer Sitzung bei 6 von 14 Teilnehmern spontane Geburtserlebnisse aktualisierte. Nur durch die Kraft der Musik also, es handelt sich um ein bizarres Flötenspiel ›innerhalb‹ des indischen Grabmales Taj Mahal, wurden die Teilnehmer buchstäblich in die fötale Situation, also in ihr ›Innerhalb‹ versetzt.«

Und ein Patient von Arthur Janov hat berichtet:

»Doch während meiner Therapie habe ich zweimal etwas Merkwürdiges erlebt. Erst beim zweiten Mal ging mir auf, daß eine bestimmte Musik mich in meine Geburtsgefühle versetzt. Diese besondere Musik ist von tiefen Baßklängen begleitet (etwa wie die Musik von Quincy Jones). Sie erzeugt in mir eine Art Hoffnungsgefühl (Wir werden es schon schaffen, Baby!). Ich fühlte den dunklen Baß, mein Kopf hob sich (Kinn in die Höhe), legte sich nach hinten in den Nacken, und innerhalb von Sekunden fiel ich ins Bett, war ein Fötus in rhythmischen Bewegungen (arbeitend), den Weg erkämpfend, den ich gehen wollte. Ich nehme an, daß die Musik zum Teil – wie die Sprache – eine symbolische Beschreibung von Geburtsgefühlen ist.«

In gleicher Weise können klassische Musik und moderne Beatmusik »ozeanische Gefühle«, das Erleben des Eins-Seins mit der Musik und der Verbundenheit mit dem All, aktualisieren. Nur geschieht dies in der modernen Popmusik (die ursprünglich

Beatmusik hieß) direkter. Beat kann im Englischen die Bedeutung von Pulsschlag und Herzschlag haben. Ganz unmittelbar führt der Beat in die innere Resonanz mit der Urerfahrung des mütterlichen Herzschlags und des fötalen Selbst.

Aus psychotherapeutischen Behandlungen wissen wir, daß die Musik der jeweiligen Jugendkultur in den Krisenjahren der Pubertät eine stabilisierende Funktion haben kann. Die Resonanz zur Urerfahrung gibt dem Ich-Gefühl Kontinuität:

»Der Jugendliche glaubt dann wieder zu empfinden und zu wissen, ›wo's langgeht‹. So kann der Beat als Gerüst, als zweites Skelett, als Prothese dienen und zusätzlich vermittels der narzißtischen Hautempfindungen die Selbstkontinuität stützen.«

Sehr einfühlsam hat die Kulturwissenschaftlerin Carla Murek die initiatische Seite der zeitgenössischen »destroyed music« beschrieben:

»Überläßt man sich diesen Geräuschen, so ist es, als geriete man mit dem kleinen schwankenden Boot des morschen Ich in jenes brausende Getöse eines Maelstroms, wie Poe ihn beschrieb. Als würde man in ein schwarzes Loch geschleudert, von dem es heißt, Raum und Zeit verkehrten sich in ihm, und es sei der Sog, aus dem wir planetar geboren wurden und in den wir wieder eingingen ... Es ist eine Traumzeitmusik, eine Musik des Aus-der-Welt-Seins, eine ›Stalker-Musik‹, die uns in die verbotene Zone geleitet. Zusammenstöße von archaisch-einfachen Klängen einerseits und maschinell-industriellen andererseits ... konfrontieren die Welt des Naturmenschen und der Kindheit mit der Erwachsenenwelt der Arbeit und des Krieges.«

Wie tief die Verwobenheit von vorgeburtlichem Hören und der Lautgabe und dem Hören nach der Geburt ist, zeigt uns das Vorhandensein von Klangmustern der mütterlichen Stimme in der Lautgebung von Frühgeborenen. In einer Pionierarbeit hat der Psychotherapeut Günter Clauser schon 1966 den Zusammenhang der Prägung der Sprachentwicklung durch die vorgeburtliche Hörerfahrung beschrieben. Daß die modernen Nationen sich um die Sprache als das Element bindender Gemeinsamkeit konstituiert haben, dürfte in der Evidenz der gemeinsamen Spracherfahrung vor der Geburt seine Wurzel haben.

Das In-die-Welt-geworfen-Sein des Menschen

Aus psychoanalytischer Sicht werden die großen mythischen Figuren und Bilder der menschlichen Bewußtwerdung in der Philosophie auf eine neue rationale Ebene gehoben und hier noch einmal nachgestaltet. Aus den Ursprungsgewässern des Mythos wird das Wasser des Thales als Ursprung aller Dinge, und auch in dem abstrakten Begriff des Seins ist noch der Mutterschoß als Ursprung aufgehoben. Ist der Mythos noch unmittelbare gefühlshafte Imagination ursprünglicher Erfahrung, so bedeutet die Philosophie demgegenüber eine Aufklärung, indem sie die mythische Projektion entlarvt, gleichzeitig jedoch im Glauben an die Allmacht des Denkens einen neuen Mythos ausbildet, der bei Platon die Gestalt des vor der Geburt liegenden symbolischen Reichs der Ideen hat. Diese umfassende Bewußtheit vor dem irdischen Sein gilt es nach Platon wiederzugewinnen. Letztlich läuft dies auch auf die urmenschliche Vorstellung einer Ganzheit hinaus, die durch eine Verbindung von vorgeburtlicher und nachgeburtlicher Existenz erreicht werden soll. Auf der mythischen Ebene wird diese Ganzheit durch die Unterweltsfahrt gewonnen, die das Urwissen zugänglich macht.

In dem berühmten Höhlengleichnis handelt Platon davon, wie wenig diese Urverknüpfung und Gewinnung der Ganzheit jedoch gelingt. Viele bleiben in der Not des geburtlichen Existenzwechsels stecken, und eine psychische Geburt, die beide Lebensbereiche umfaßt, kommt nicht zustande. Auch hier ließe sich wieder an vielen Beispielen zeigen, wie prä- und perinatale Erfahrung in den philosophischen Systemen verarbeitet wird. Ich will jedoch hier nur die an Dalí entwickelte These weiterführen, daß in diesem Jahrhundert die Frage der Geburtlichkeit eine besondere Präsenz gewinnt, und zwar im Werk Martin Heideggers.

Ein zentraler Begriff in »Sein und Zeit« ist der Begriff der Geworfenheit, der die Geburtlichkeit mit einem Wort aus dem Bereich von Heideggers bäuerlicher Herkunft benennt. Diese Geworfenheit des Menschen ist stets mit seiner Verfallenheit an die Welt verknüpft. An einer Stelle schreibt er ganz deutlich: »Das faktische Dasein existiert gebürtig, und gebürtig stirbt es auch schon im Sinne des Seins zum Tode.« Damit verdeckt die Konzeption des »Seins zum Tode« das Kernproblem der »Gebürtigkeit«. Das ausführlich behandelte Thema in der Philosophie Heideggers ist das »Sein zum Tode«, das man psychologisch als einen Ausdruck der Geburtsangst verstehen kann, ebenso wie das »Hineingehaltensein ins Nichts«. Wie Freud durch die Geburtsangst die Grundbefindlichkeit des Menschen bestimmt sah, so lautet eine Überschrift bei Heidegger: »Die Grundbefindlichkeit der Angst als eine ausgezeichnete Erschlossenheit des Daseins«.

Heidegger scheint ein Geburtserlebnis wohl nicht anzunehmen, darauf weist folgende Textpassage hin: »Die Verfallenheit des Daseins darf daher auch nicht als Fall aus einem reineren und höheren ›Urstand‹ aufgefaßt werden. Davon haben wir ontisch nicht nur keine Erfahrung, sondern auch ontologisch keine Möglichkeit und Leitfäden der Interpretation.« Darum kann er auch das ihn so beschäftigende Todeserlebnis oder das Erleben der eigenen Sterblichkeit nicht in der Möglichkeit als geburtliches Ursprungserlebnis denken. Demgegenüber hat sich der Philosoph Thomas Macho darum bemüht, die latente Geburtlichkeit im Denken Heideggers, die sich hinter der Todesanalytik verbirgt, freizulegen, um so eine Philosophie von unserer Geburtlichkeit her zu ermöglichen. In die gleiche Richtung geht das philosophische Denken Peter Sloterdijks, das ausführlich von der Geburtsvergessenheit der Philosophie handelt und die Geburtlichkeit des Menschen philosophisch erfassen will.

Die Initiation Robinsons – Wiedergeburt durch Dichtung

Das Thema der vorgeburtlichen Lebenszeit und der Geburt taucht in der Literatur in verschiedener Form auf: als unmittelbare Erinnerung, als dichterische Gestaltung, als Handlungsstruktur, die dem Grundmuster der Schamanenreise mit den Kernelementen Mutterleibsregression und Wiedergeburt folgt, oder als initiatisches Reifungsmotiv im Gesamtwerk.

Ein Beispiel für eine dichterische Erinnerung an die erste Lebenszeit ist der im Nachlaß von Stifter gefundene Text, der bereits zitiert wurde (s. S. 35f.).

Eine dichterische Geburtsgestaltung, eine Projektion ins Kosmische stellt Goethes Gedicht »Wiederfinden« aus dem »West-östlichen Divan« dar:

»Als die Welt im tiefsten Grunde
Lag an Gottes ew'ger Brust,
Ordnet' er die erste Stunde
Mit erhabner Schöpfungslust,
Und er sprach das Wort: ›Es werde!‹
Da erklang ein schmerzlich Ach!
. . .
Auf tat sich das Licht! So trennte
Scheu sich Finsternis von ihm,
Und sogleich die Elemente
Scheidend auseinander fliehn.
Rasch, in wilden, wüsten Träumen
Jedes nach der Weite rang,
Starr, in ungemeßnen Räumen,
Ohne Sehnsucht, ohne Klang.

Stumm war alles, still und öde,
Einsam Gott zum erstenmal!

Da erschuf er Morgenröte,
Die erbarmte sich der Qual;
Sie entwickelte dem Trüben
Ein erklingend Farbenspiel,
Und nun konnte wieder lieben
Was erst auseinanderfiel.
Und mit eiligem Bestreben
Sucht sich, was sich angehört,
Und zu ungemeßnem Leben
Ist Gefühl und Blick gekehrt.
Sei's Ergreifen, sei es Raffen,
Wenn es nur sich faßt und hält!
. . .«

Erich Trunz schreibt in seinem Kommentar: »Goethe hatte sich angewöhnt, sein Ich im Zusammenhang mit dem Kosmos zu sehen, und das galt zumal für große Augenblicke des Lebens. Es wird ein Bild der Weltschöpfung gegeben . . . Die Welt ist unvollkommen, weil sie Trennung ist . . . Die Liebe führt das Getrennte zusammen . . .«

Über seine Geburt äußerte Goethe:

»Denn durch Ungeschicklichkeit der Hebamme kam ich für tod auf die Welt und nur durch vielfache Bemühungen brachte man es dahin, daß ich das Licht erblickte.«

Die ganze Geburtsthematik ist in »Dichtung und Wahrheit« in eine Art philosophisch-mystische Spekulation gekleidet, bei der der Schöpfungsvorgang unter dem Signum Luzifers steht und droht, sich in »immerwährender Konzentration aufzureiben«. Dieser »Geburtsstillstand« wird durch gnädige Wesen, die Elohim, behoben, so daß dem Sterben ein Auferstehen folgen kann und er am Ende dieses Abschnitts die Lebensweisheit der immer erneuten Individuation, Selbstaufhebung und Erneuerung, formulieren kann: ». . . daß wir von einer Seite uns zu verselbsten genötigt sind, von der andern in regelmäßigen Pulsen uns zu entselbstigen nicht versäumen.«

Als Handlungsstruktur sind symbolische Regression in einen dem Mutterleib entsprechenden Raum und geburtssymbolische Rückkehr- und Lösungsprozesse ein literarisches Grundmuster. Die Thematik ist so umfassend, daß ihre Darstellung den hier gegebenen Rahmen überschreitet.

Als ein Beispiel für eine wenig verschleierte Gestaltung sei Alfred Kubins Roman »Die andere Seite« (1908) angeführt. Kubin schöpft dabei aus der Erfahrung einer psychotischen Innenweltreise nach einem Selbstmordversuch am Grabe seiner Mutter.

Die innere Bewältigung der Regressionsangst als Voraussetzung der sexuellen Reifung ist in Theodor Storms »Regentrude« besonders ausgestaltet. Irmgard Roebling faßt dies so zusammen:

»Im breit auserzählten Motiv des angsterfüllten Abschieds der beiden Liebenden durch einen schmalen, schneckenförmigen Gang ins Innere der Erde scheint einerseits der Geburtsweg rückgängig gemacht zu werden. Die beiden gelangen in ein uterusähnliches Gebilde. Nach Aufschließen des Brunnens verwandelt sich dieser Raum in ein feuchtes, duftendes, blühendes Paradies.«

Eine vom initiatischen Symbol her vergleichbare Tiefenfahrt gestaltet Friedrich Schiller in der Ballade »Der Taucher«. Deutlich sind die Mutterleibssymbolismen:

> »Und schwarz aus dem weißen Schaum
> Klafft hinunter ein gähnender Spalt,
> Grundlos, als gings in den Höllenraum,
> Und reißend sieht man die brandenden Wogen
> Hinab in den strudelnden Trichter gezogen.«

Eine der bekanntesten Initiationsgeschichten der Neuzeit ist die Geschichte von Robinson Crusoe (1719), die in Symbolen der Abenteuerfahrt und Versetzung in eine andere Welt das Kulturideal des modernen Homo faber vorführt. Irmgard Roebling hat die Muttersymbolik vom verschlingenden und spendenden Meer und den beckenförmig umschließenden Felsen in den Robinsonaden herausgearbeitet. Überhaupt darf man wohl sagen, daß seit dem Beginn der Neuzeit ein wesentlicher Teil der Bedürfnisse von Jugendlichen nach einem neuen Anfang in der Pubertät durch die Lektüre initiatischer Geschichten wie die von Robinson Crusoe befriedigt wird. Eine neue Variante ist Michael Endes »Unendliche Geschichte«, die ebenfalls mit allen mutterleibsregressiven Sinnbildern und einem ganzen Ensemble von Wiedergeburtssymbolisierungen arbeitet und dabei das zeitgenössische Kulturideal der Rückbesinnung auf Phantasie und Gefühl gestaltet.

Ein Beispiel dafür, wie eine Individuation durch ein zu schweres Geburtstrauma immer wieder mißlingt, ist der Bestseller »Das Parfum« von Patrick Süskind. In Fischgestank und Mutterverlassenheit geboren, versucht der Held des Romans, dessen ganzes Leben durch die Geburtsszene bestimmt ist, im Modus der von Alfred Adler beschriebenen Überkompensation eines Geruchsspezialisten das Geruchstrauma bei der Geburt auszugleichen, um dann in quasi Jungianischen Mutterleibsregressionen in eine Erdhöhle hinein die traumatische Geburtsbedingung zu überwinden. Die alten »üblichen Gestänke« werden getilgt, aber eine wirkliche Wiederherstellung mißlingt. Die kriminelle Lösung des Mordes als ein weiterer Überwindungsversuch des Urtraumas trägt ihr Scheitern in sich. Schon im Mutterleib »ohne Ruhe«, kann er sie auch in der Welt nicht finden.

Man kann auch im gesamten Ablauf eines literarischen Werkes, wie Oskar Sahlberg es am Beispiel von Gottfried Benn getan hat, das Regressions- und Wiedergeburtsmotiv verfolgen. Benn hat die moderne Form der »Entselbstung« immer wieder neu besungen: »Ach, nie genug dieses Erlebnisses: ... Ach immer wieder in diese Glut, in die Grade der plazentaren Räume, in die Vorstufe der Meere, des Urgesichts: Regressionstendenzen, Zerlösung des Ich!« An anderer Stelle schreibt Benn: »Kunst war immer Geburt.« Sahlberg zeigt, wie der Individuationsprozeß bei Benn gerade wegen der regressiven und unbewußten Elemente in unheilvolle Vermischung mit sozialpsychologischen Tendenzen im Deutschland des »Dritten Reichs« gerät. Die Verbindung von initiatischem Individuationsprozeß und dichterischem Werk ist wie bei Benn bei vielen Dichtern deutlich.

Die wenig erkannte und diskutierte Bedeutung des Geburtsthemas in der Literatur und Philosophie des 20. Jahrhunderts ist am Beispiel Samuel Becketts plastisch darzustellen. Das Beispiel Becketts ist deshalb in unserem Zusammenhang so bedeutsam, weil vom Dichter selbst der Zusammenhang zwischen prä- und perinataler Traumatisierung und dem Paradigma seines Lebenswerks, der unvollständigen Geburt, hergestellt wird.

Beckett hatte mit seinem Analytiker Bion einen Vortrag von C. G. Jung besucht, in dem dieser von einer Patientin sprach, die nicht vollständig geboren sei. Becketts Biographin Deirdre Bair faßt das Erlebnis von Beckett mit folgenden Worten zusammen:

»Durch Jungs Worte fand Beckett einen Schlüssel zum Verständnis seiner Mutterbeziehung. Wenn er nicht vollständig geboren war, wenn er wirklich pränatale Erinnerungen hatte und die Geburt als schmerzlich erinnerte, schien es ihm nur logisch, daß der fehlgelaufene und fehlerhafte erste Lebensvorgang zu der mangelhaften und unvollständigen Entwicklung seiner Persönlichkeit führte.«

Wegen seiner besonderen Bedeutung sei die Begegnung mit Jung auch in ihrer dichterischen Transformation in »Alle, die da fallen« – darauf hat Alfred Simon aufmerksam gemacht – ausführlicher zitiert. Dort besucht eine Mrs. Rooney einen Vortrag bei einem der modernen Ärzte für »geistiges Elend«, der sie sehr beeindruckt:

»Ich erinnere mich, wie er uns die Geschichte eines kleinen Mädchens erzählte, das sehr seltsam und unglücklich in seiner Art war, und wie er die Kleine jahrelang erfolglos behandelte, und schließlich gezwungen war, den Fall aufzugeben. Er sagte, daß ihr nichts fehlte. Das einzige, was ihr fehlte, war, soweit er feststellen konnte, daß sie dahinstarb. Und nachdem er seine

Hände in Unschuld gewaschen hatte, ist sie tatsächlich kurz darauf gestorben ... was er sagte und wie er es sagte, verfolgt mich seitdem ... Als er mit der Kleinen fertig war, blieb er regungslos stehen, eine ganze Zeitlang, wohl zwei Minuten, und starrte auf sein Pult. Dann hob er plötzlich den Kopf und rief, als ob er eine Erleuchtung gehabt hätte: Sie war niemals richtig geboren worden, das war's, was ihr fehlte.«

Bair hat sogar die These aufgestellt, Jungs Vorlesung habe den Mechanismus des Beckettschen Schaffens ausgelöst.

Wie dem auch sei, das Bild der mißlungenen Geburt ist ein zentraler Bezugspunkt in Becketts Werk, so daß dieser Gedanke beispielsweise auch an zentraler Stelle in »Warten auf Godot« geäußert wird. So sagt Pozzo vor seinem Abgang:

»... eines Tages wurden wir geboren, eines Tages sterben wir, am selben Tag, im selben Augenblick, genügt ihnen das nicht? Sie gebären rittlings über dem Grabe, der Tag erglänzt einen Augenblick und dann von neuem die Nacht.«

Und Wladimir, eine weitere Hauptfigur des Stückes, wiederholt am Ende in wenig veränderter Form den gleichen Gedanken, wobei der Geburtshelfer durch das Mißlingen der Geburt zum Totengräber wird:

»Rittlings über dem Grabe und eine schwere Geburt. Aus der Tiefe der Grube legt der Totengräber träumerisch die Zangen an.«

Neben dem Bild der Geburt als Tod steht das Bild des Schlachtens. Alfred Simon faßt hierzu zusammen: »Das Schlachten ist immer schon da. So stehen die Dinge. Die Geburt ist ein Schlachten, das erste Schlachten, jenes, das es gleichermaßen unmöglich macht zu leben und zu sterben.« Weitere Bilder für die tragische Geburt sind der Sturz und die Ausstoßung:

»Die Geburt des Hanswursts verläuft gewaltsam. Wir sehen ihn kopfüber die Freitreppe hinunterstürzen, bis er auf dem Bürgersteig liegenbleibt. Während die Tür sich wieder schließt, segelt ihm durch die Luft, durch unsichtbare Hand geworfen, sein Hut zu. Der Hanswurst wird mit Hut geboren. Jeder Hut

... ist ihm fötale Haube. Die Geburt ist eine Ausstoßung aus dem Mutterleib, und jede Ausstoßung läßt den Ausgestoßenen das Mimodram seiner Geburt symbolisch noch einmal durchleben. In Wirklichkeit wird man nicht geboren, sondern in die Welt geworfen. Es bedürfte einer zweiten Geburt. Man möchte geboren werden, um endlich sterben zu können. Die Frage dieser zweiten Geburt bleibt ungeklärt, und sie wird es bis zu Becketts letztem Werk bleiben. ›Zur Welt kommen, ohne geboren zu sein‹, das ist der Schlüssel zum Schlachten ...«

Die geistesgeschichtliche Bedeutung Becketts liegt darin, daß sein Paradigma der mißlingenden Geburt zusammenfällt mit der Frage der Existenzfindung in einer entgötterten und entmythologisierten Welt. In einer solchen Welt, in der der Mensch sozial nicht von den institutionalisierten Bildern früher elterlicher Imagines empfangen wird, ist ein wirkliches Ankommen schwer vorstellbar:

»... so illustriert das Nichts bei Beckett auf seine Weise die Unmöglichkeit, vom Tode Gottes zu genesen ... Im wesentlichen besteht das komische Spiel der Beckettschen Clowns darin, das ›Keuchen des zum Leben Verurteilten‹ hören zu lassen ... Die Beckettschen Clowns sind Überbleibsel des religiösen Menschen, der sich noch nicht mit dem neuen Zustand der Dinge arrangiert hat und nun in endlosen komischen Zuckungen stirbt ...«

Die mißlungene Geburt bei Beckett ist seltsamerweise durchaus mit dem »Nicht-zu-Ende-geboren-Sein« zu vergleichen, das Klaus Theweleit als Kernproblem des nationalsozialistischen Menschen herausgearbeitet hat. Nur ist es im Nationalsozialismus mehr der »Tod des Kaisers«, der Tod der patriarchalen weltlichen Autorität, der unerträglich ist und im nationalsozialistischen Wiedergeburtsritual des Krieges in destruktiver Weise überwunden werden soll. So könnte man sogar die Spekulation wagen, daß im sogenannten absurden Theater Beckettscher Prägung mit der überbordenden Geburtssymbolik etwas vom faschistischen Kernproblem des Ungeborenseins, der Unindividuiertheit und destruktiv-regressiver Sehnsucht artikuliert wird. Die abqualifizierende Kategorie des »Absurden« deutet aber auch an, wie weit der Weg zu einer wirklichen Bewußtwerdung dieser Kerndimensionen der Erlebnisfrühzeit noch ist.

Man kann mit gutem Grund sagen, daß das Problem der Vermittlung von vorgeburtlicher Lebenszeit und späteren Sozialisationsformen ein Kernproblem menschlicher Kultur ist. Das Diktum Nietzsches vom Tod Gottes kann man in dem Sinne verstehen, daß der Lösungsweg, die postnatale Lebensunsicherheit durch institutionalisierte allmächtige Elternimagines väterlicher Prägung aufzufangen, nicht mehr gangbar ist und wir uns in der Übergangszeit einer Suche nach neuen Vermittlungsformen befinden, wobei der Psychotherapie eine bedeutende Rolle zuwächst. Sloterdijk hat hierzu etwas schnoddrig, aber durchaus wahr geschrieben:

»Psychotherapie hat mit Menschen zu tun, die daran leiden, daß sie den Sturz aus dem Mutterleib in den Spätkapitalismus verarbeiten müssen. Und man hat das Gefühl, diese Strecke war zu weit ... Diese Erfahrung der Härte des Lebens prägt seit mindestens 3000 bis 4000 Jahren das Leben der Menschen in den Hochkulturen. Die historische Antwort auf dieses Mißverständnis sind die Hochreligionen ... Der Nachteil, geboren zu sein, mit dem alle Psychotherapie zu tun hat, resultiert in dem Unbehagen an dieser Realität, unserer ›a priorischen Schräglage‹ des Lebens in diesen sozialen Ordnungen, die offenbar nicht die Ordnungen sind, auf die hin menschliches Leben von seinen Bedürfnissen her ausgestattet ist.«

Jedenfalls ist das »Warten auf Godot«, das »Göttchen«, oder einen »Führer« keine zeitgemäße Lösung mehr.

An den Schluß dieser mehr kursorischen Betrachtungen sei das Gedicht »Selige Sehnsucht« von Goethe gesetzt, in dem das Geburtsparadigma besonders bündig formuliert wird und in dem sich all die Gedanken von Liebe und Initiation, Tod und Wiedergeburt verdichten:

»Sagt es niemand, nur den Weisen,
Weil die Menge gleich verhöhnet,
Das Lebend'ge will ich preisen,
Das nach Flammentod sich sehnet.

In der Liebesnächte Kühlung,
Die dich zeugte, wo du zeugtest,
Überfällt dich fremde Fühlung,
Wenn die stille Kerze leuchtet.

Nicht mehr bleibest du umfangen
In der Finsternis Beschattung,
Und dich reißet neu Verlangen
Auf zu höherer Begattung.

Keine Ferne macht dich schwierig,
Kommst geflogen und gebannt,
Und zuletzt, des Lichts begierig,
Bist du, Schmetterling, verbrannt.

Und so lang du das nicht hast,
Dieses: Stirb und werde!
Bist du nur ein trüber Gast
Auf der dunklen Erde.«

X

DIE VIERTE WELT DES MENSCHEN

Wir sind am Ende einer bewegten Reise durch die vielgestaltigen Erscheinungsweisen, in denen unsere vorgeburtlichen und geburtlichen Erfahrungen in uns weiterwirken. Dabei dürfte deutlich geworden sein, daß es sich bei diesen Erfahrungen und ihrem Weiterwirken um etwas so uns ganz Zugehöriges und somit unserem innersten Erleben Verbundenes handelt, daß eine Beschreibung und Erfassung aus nur einer Perspektive immer zu kurz greift. Nur die kreative Zusammenschau der verschiedenen Sichtweisen auf die Bedingungen unseres Lebensanfangs und seines Fortwirkens in uns kann die wirkliche lebensgeschichtliche Bedeutung dieser Ursprungszeit für uns erhellen. Unser Selbstverständnis wird vollständiger und im wahrsten Sinne des Wortes menschlicher, wenn wir uns unserer vorgeburtlichen Lebenswirklichkeit als einer vierten Welt neben den drei Lebenswelten als Kind, Erwachsener und alter Mensch stärker innewerden.

Eine bittere Erfahrung der kulturellen und zivilisatorischen Entwicklung der letzten Jahrhunderte ist, daß unsere Wirklichkeit, je nach kulturell bedingter Sichtweise, immer in Gefahr ist, in gefährlicher Weise auseinanderzufallen. Möglicherweise kann die Vergegenwärtigung der pränatalen Lebenszeit in uns dabei helfen, ein vertieftes Gefühl für die Einheitlichkeit der Welt auf einem neuen Lebensniveau wiederzugewinnen, wie sie in der mittelalterlichen Welt in projizierter Form in der Gotteskindschaft der Menschen gegenwärtig war. Was Heidegger philosophisch als »Seinsvergessenheit« benennt, erscheint in psychologischer Sicht als die Vergessenheit unseres vorgeburtlichen Ursprungs. Eine stärkere Verinnerlichung dieser Seins- und Lebensdimension könnte uns zu einer größeren Vollständigkeit unseres Menschseins führen. Das Heil läge nicht in der Projektion von pränatalen Sicherheiten, die immer in Gefahr ist, den Lebensprozeß aus dem Gleichgewicht zu bringen, weil sie einen Selbstverlust ausgleichen soll und ihn gleichzeitig doch nur fortbestehen läßt. Das Innesein der Realität unserer vorgeburtlichen Erfahrung ermöglicht im Gegenteil eine vollständigere Teilhabe am Sein. Der Bruch in unserer Lebenskontinuität durch die traumatischen Aspekte der Geburt und den Mangel an Unterstützung bei ihrer Überwindung muß nicht mehr als Entfremdung, als Nichts, als Lebensjammer oder als das Böse der Welt projiziert, erlitten oder bekämpft werden, sondern kann als menschliche Herausforderung und Anlaß zu kreativer Verwandlung unser Menschsein bereichern.

Als Wissenschaft scheint mir die pränatale Psychologie in einer keimhaften Weise den unseligen Bruch zwischen Geistes- und Naturwissenschaften überbrücken zu können – der möglicherweise auch eine Auswirkung der traumatischen Geburtsaspekte ist –, der die Einheitlichkeit des inneren Erlebens in einen rein geistigen und rein körperlichen Pol aufspaltet. Das Verhaftet-Sein ans Körperliche und die Unkörperlichkeit des Lebensgefühls gehören wie Vorder- und Rückseite einer Münze zusammen. Am Beginn unseres neuzeitlichen Denkens und Lebensgefühls steht René Descartes (1596–1650), von dem bekannt ist, daß er mit einem Jahr seine Mutter verlor und dessen Vater wenig verfügbar war. Dies mag sein Weltverhältnis im Sinne einer Spaltung in die *res extensa* (die feste Mutter zum »Anfassen«), von der man getrennt ist, und des Selbstgefühls, der *res cogitans*, der vorzeitigen Ich-Entwicklung, deren Sicherheit den Mutterverlust kompensiert, bestimmt haben.

In ähnlichem Sinne schreibt die Jungianische Psychoanalytikerin Marie Luise von Franz:

»... Descartes traut dem Leben überhaupt nicht, auch sich nicht und keinem anderen ... Es ist wohl der frühe Tod der Mutter, der jeden Lebensmut, jedes Vertrauen zum Leben und zum eigenen Gefühl so von ihm weggenommen hat, daß er sich in der alleinigen Aktivität seines Denkens abkapselte.«

Dieses persönliche Schicksal und dessen Lösung ermöglichten ihm, projektiv kollektiv-psychologische Schicksalsnöte, die sich aus dem Verlust mittelalterlicher Sicherheiten ergaben, zu benennen und geistige »Auswege« zu entwerfen. Seine persönliche Erfahrung der Sicherheit in Rationalität legierte sich mit dem gesellschaftlichen Zeitproblem der Suche nach einem neuen Orientierungspunkt. Nach einigen Träumen, die fraglos Geburtsträume sind und ihn sehr erschütterten, gewann er eine neue, irrationale Sicherheit für seine Orientierung an Ratio und Vernunft und formulierte damit ein neues Kulturparadigma. Einer seiner Biographen, Wolfgang Röd, faßt das Geschehen der Traum- und Fiebernacht im Spätherbst 1699 so zusammen:

»In einem ekstatischen Erlebnis fühlt Descartes den Geist der Wahrheit auf sich herabsteigen, der alle Bedrohung durch feindselige Mächte, der sich der Philosoph ausgesetzt fühlte, überwindet.«

Damit ist das typische Wiedergeburts- und Erinnerungsgefühl nach einer spontanen perinatalen Regression beschrieben, wie sie in den Träumen zum Ausdruck kommt, in deren Verlauf der Träumende, Descartes, beim Gang durch die Straßen von einem Sturm erfaßt und »durch den Wirbelwind unwiderstehlich zur Seite gedrückt wird«. Dann folgen noch ein »Funkenregen« und »donnerähnlicher Lärm«.

Die durch die Tiefenregression gebahnte neue Weltsicht verewigt gleichzeitig die genannte Spaltung zwischen Geist und Körper, wie sich zugleich auch der Wissenschaftler von seinem eigenen Körper entfremdet, was in der Aussage Edisons gipfelt: »Ich brauche meinen Körper nur, um damit mein Gehirn herumzutragen.« Ein solcher Ausspruch macht deutlich, daß wir in unserem Selbst- und Lebensgefühl immer ein Stück der Exzentrizität unserer Geburtsbedingung und einer Verformung unseres Lebens- und Weltbezugs ausgesetzt sind. Das Innesein der Kräfte und Erfahrungen unseres Lebensanfangs könnte uns dabei helfen, dieser Gefahr zu begegnen. In verschiedenen Psychotherapien wächst die Hoffnung, daß die Aufarbeitung des Unbewußten, des Geburtstraumas, des Urschmerzes, des Charakterpanzers – wie die Namen der primären Verformung unseres Lebensmusters durch traumatische Erfahrungen am Lebensanfang auch heißen mögen – uns wirklich zu einer Bewußtseinserweiterung und einer tiefer gegründeten Menschlichkeit führen kann. Doch kann dies nur gelingen, wenn uns noch mehr als bisher die Pathologie unserer Normalität klar wird.

Wie verhängnisvoll ein Gesund-sein-Wollen und Sich-gesund-Fühlen im Dienste eines destruktiven Ideals ist, hat vor allem der Faschismus gezeigt. Nur ein vertieftes Verständnis der Entstehung und Ausformung unserer Kulturideale kann uns in die Lage versetzen, die bevorstehenden ökologischen Aufgaben in Angriff zu nehmen. Wir haben in den letzten Jahren erlebt, daß hier positive Entwicklungen ineinandergreifen und sich wechselseitig verstärken. Verbesserte wirtschaftliche Verhältnisse entlasteten die menschlichen Beziehungen von der regressiven Wiederbelebung perinataler Schmerzzustände und der Tendenz, diese in destruktiven sozialen Aktionen auszuagieren. Dies wiederum setzte Kräfte frei zur Verbesserung der sozialen und wirtschaftlichen Bedingungen. So entstand ein positiver Kreislauf, der zu der heutigen günstigen Situation in der westlichen Hemisphäre beitrug.

Doch wird das Ausmaß des psychischen Elends in unserer Sozietät nach meinem Eindruck weit unterschätzt. Nach einer epidemiologischen Studie des Mannheimer Psychoanalytikers Heinz Schepank leidet ein Drittel der Bevölkerung an einer akuten neurotischen Erkrankung. Unter uns leben an die zwei Millionen Alkoholkranke. Das Leben des überwiegenden Teils der Bevölkerung ist durch subakute neurotische und psychosomatische Beschwerden beeinträchtigt. Erst in den letzten Jahren ist das im Alkoholismus zum Ausdruck kommende menschliche Leid als Erkrankung überhaupt anerkannt worden. In bezug auf die Dissozialität und Kriminalität als Ausdruck und Folge elementarer frühester und die Kindheitsentwicklung begleitender schwerster Verletzung und Verkrüppelung besteht im allgemeinen Bewußtsein erst in Ansätzen eine Einsicht. In der gesellschaftlichen Wirklichkeit beschränken wir uns hier darauf, das gesellschaftlich bedingte Leid durch eine juristische, rituell-pragmatische Strafpraxis zu managen. Diese Situation ist natürlich so, wie sie ist, weil die menschlichen Gesellschaftssysteme bisher insgesamt ihre Probleme unzureichend bewältigten. Die Zeit des nackten Hungers und der Heimsuchung von gesellschaftlichen Katastrophen liegt, historisch gesehen, noch nicht weit hinter uns.

Nach meinem Eindruck sind unsere Sozietäten noch mehr, als uns dies bewußt ist, durch Kampfstrukturen bestimmt. Dies mag eine Ursache dafür sein, daß die elementare gesellschaftliche Aufgabe, der nächsten Generation von Anfang an einen wirklichen tragenden Entwicklungsraum zu geben, nur unzureichend angegangen wird. Die jungen Eltern, die vor dieser Aufgabe stehen, sind die, die gleichzeitig die größte Last der Existenzgründung in einer Konkurrenz- und Leistungsgesellschaft tragen. Aus dieser Situation ergeben sich verhängnisvolle negative Verstärkungen. Die Überforderung der Eltern schlägt wegen der Streßempfindlichkeit des vorgeburtlichen Kindes und des Säuglings voll als Beeinträchtigung am Lebensanfang durch und vermindert die Entwicklungsmöglichkeiten des einzelnen. Dies disponiert wieder für eingeengte soziale Zwangssysteme, die die frühkindliche Ausgangssituation wiederholen, und verhindert kreative soziale Entwicklungen und eine wirkliche Demokratiefähigkeit.

Die Befunde der pränatalen Psychologie stellen diese hemmenden Strukturen in Frage und bestimmen die Richtung auf eine Umgestaltung der gesellschaftlichen Ideale. In einer friedlichen Gesellschaft sollten die Kampfstrukturen keine bedeutende Rolle spielen und – wenn überhaupt – im Dienste der Schaffung eines menschenwürdigen Lebens für die Entwicklung in der nächsten Generation stehen. So verdienstvoll die Senkung der Säuglingssterblichkeit und die Verbesserung der medizinischen Begleitung der Schwangerschaft sind, so ist damit gewissermaßen erst das nackte Überleben gesichert.

Die psychologische Dimension des Lebensanfangs ist bisher von gesellschaftlichen Außenseiterbewegungen thematisiert und gegen den Druck der etablierten Strukturen ansatzweise auch durchgesetzt worden, etwa durch die Bewegung zur »sanften Geburt«. Eine Veränderung zum Besseren kann nur entstehen, wenn die Bedeutung des Lebensanfangs und seiner Erfahrungen ins allgemeine Bewußtsein tritt – daß der Kern unseres Erlebens, unsere Seele, wie das Wissen der Sprache uns sagt, »die vom See kommende, zum See gehörige« ist, also in moderner Ausdrucksweise das dem Ursee des Fruchtwassers entstammende fötale Bewußtsein ist. Das gleiche wird in einer Art mythischem Urwissen in der Darstellung der Seele als »Vogel mit Menschenkopf und Händen« im alten Ägypten symbolisiert, worin unmittelbar etwas vom Schweben als einem Wesenselement des fötalen Selbstgefühls ausgedrückt ist. Es ist dieses fötale Bewußtsein als Wurzelgrund unserer Seele, zu dem wir uns immer wieder ahnungsvoll in Beziehung setzen und aus dem heraus wir uns immer wieder neu bestimmen können.

ANHANG

DIE ERSTEN NEUN MONATE

Ratschläge für werdende Eltern

Aus den vielen Beispielen des Buches geht hervor, daß das vorgeburtliche Kind bereits eine menschliche Persönlichkeit mit Gefühl, Empfindung, Wahrnehmung, Eindrucksfähigkeit, Neugier, Lernfähigkeit, Bewegungslust und einem urtümlichen Selbstgefühl und affektiven Bewußtsein ist. Besondere Bedeutung haben dabei vermutlich die Gleichgewichtsempfindungen, die Hauterfahrungen, das Tastempfinden, das Schmecken und Hören und allgemein ein koenästhetisches oder ganzheitliches Empfinden und Erleben. Neben dem physiologisch-hormonalen Kontakt zur Mutter besteht offenbar eine Ebene der affektiven Tiefenkommunikation, über die Lebewesen in nahem Kontakt gegenseitige Gestimmtheit von Zuneigung und Ablehnung instinktiv wahrnehmen. Durch den Umgang mit Frühgeburten wissen wir um die elementare emotionale Bedürftigkeit des vorgeburtlichen Kindes. Damit ist der Rahmen für Ratschläge für den Umgang mit dem Kind vor der Geburt abgesteckt, wobei das Gefühl für die Bedürfnisse des Säuglings in der Neugeborenenperiode eine äußere Orientierung geben kann.

Auch in der so biologisch erscheinenden pränatalen Lebenssituation ist der Mensch elementar auf Selbstverwirklichung in Erleben und Beziehung angelegt. Auch hier schon besteht die Polarität von emotionaler Bezogenheit und intellektueller Neugier. Entsprechend gibt es Empfehlungen zur Förderung der vorgeburtlichen Entwicklung durch emotionale Zuwendung (zum Beispiel Veldman, Jernberg) und durch kognitives Angebot (zum Beispiel Logan). Und eine Mischung von beidem (van de Carr) (s. Anmerkungen, S. 266 ff.). Ganz erstaunlich sind die berichteten Ergebnisse vom besseren Befinden nach der Geburt und vom Voraneilen in der späteren Entwicklung bei Babys, denen man sich vor der Geburt, in welcher Weise auch immer, zugewandt hatte. Eine kurze Charakterisierung der Formen vorgeburtlicher Zuwendung gibt einen Eindruck von den Möglichkeiten.

Die emotional-beziehungshafte Zuwendung ist in der pränatalen und perinatalen haptonomischen Begleitung, wie Frans Veldman sie entwickelt hat, verwirklicht. Veldman kann demonstrieren, daß wir alle – und natürlich das Kind vor der Geburt besonders – über Fähigkeiten zu einer Tiefenkommunikation oder affektiven Kontaktnahme verfügen. Man kann der Mutter beibringen, in dieser Weise vor der Geburt Kontakt zum Kind aufzunehmen und es affektiv einzuladen – etwa sich zu der rechts auf den Leib aufgelegten Hand hinzubewegen und dann im Wechsel nach links oder auch nach oben oder unten. Dies ist an der Änderung der Silhouette des Bauches unmittelbar zu sehen, mit der Hand zu spüren und durch Ultraschall zu objektivieren. Auch der Vater kann in dieser Weise Kontakt aufnehmen, und die Eltern können ein »Schwimmspiel« entwickeln, zu dem sich das Kind durch Klopfen spontan meldet, wenn es immer wieder zu einer bestimmten Zeit erfolgt und dann vom Kind erwartet wird. Diese begleitende Kontaktnahme gewinnt eine besondere Bedeutung dadurch, daß sie es der Mutter ermöglicht, auch während der Geburt zu ihrem Kind Kontakt zu halten.

Einen ganz anderen Zugangsweg zur Förderung der pränatalen Entwicklung hat der amerikanische Entwicklungspsychologe Brent Logan gefunden. Er hat die These aufgestellt, daß der mütterliche Herzschlag in seinem Rhythmus und seiner Tonalität als ein natürlicher Stimulus für die neuropsychologische Entwicklung wirkt. Er geht dabei davon aus, daß das vorgeburtliche Kind in der Regel zu wenig Reize für seine Entwicklung erhält und bietet darum dem Kind ein komplexes Lernprogramm rhythmisch-tonaler Muster an, das auf dem Herzschlag der Mutter aufbaut und über Tonkassetten vermittelt wird.

Eine mittlere Position mit sowohl emotionalem wie auch kognitivem Kontaktangebot bietet das pränatale Lernprogramm des amerikanischen Geburtshelfers René van de Carr. Dies leitet zu verschiedenen Zuwendungen an, beginnend mit dem Beantworten von Kindsbewegungen im fünften Monat, der Ansprache im siebten Monat, einprägendem Vorsagen von Worten, wie Schütteln oder Reiben, was dann körperlich unmittelbar vermittelt oder erläutert wird, dem Angebot von Musik, Lachen, Rufen, Licht, den Stimmen der Familienmitglieder usw. Das Programm von Ann Jernberg zur Förderung der pränatalen Mutter-Kind-Beziehung enthält folgende Elemente, wobei der Vater wie auch bei van de Carr einbezogen wird:

»Zeichne ein Bild von Dir und dem Baby. Sprich und spiel mit dem Baby. Erzähle dem Baby von den Zeiten, wenn es erwachsen wird... Singe dem Baby etwas vor. Bring Deinem Baby etwas bei. Bereite Dein Baby auf die Geburt vor... Erzähle dem Baby etwas von seinem Vater. Erzähle dem Baby von den Menschen, denen es begegnen wird, wenn es auf die Welt kommt.«

Eine besondere Rolle spielen im pränatalen Kontakt die Stimme, das Singen und die Musik. Alles wird vom vorgeburtlichen Kind sehr intensiv und differenziert wahrgenommen. Nach der Geburt gibt es spezifische Vorlieben und ein Wiedererkennen der Stimmen von Familienmitgliedern.

Aus diesem knappen Überblick ergeben sich Ratschläge für werdende Eltern von selbst:

1. Betrachten Sie Ihr Kind schon vor der Geburt als vollwertiges Familienmitglied mit einem besonderen Status.

2. Emotionale Zuwendung und Präsenz fördern die Entwicklung und Beziehungsfähigkeit des Kindes.
3. Die Zuwendung kann die verschiedensten Wege nutzen: Streicheln, Reden, Musik hören und allgemeine Teilnahme am Leben der Familie.
4. Der Vater ist schon vor der Geburt wichtige Bezugsperson für das Kind.
5. Beschäftigung mit der Literatur zur vorgeburtlichen Entwicklung, wie sie etwa heute durch Bildbände anschaulich gemacht wird, kann die emotionale Gegenwärtigkeit des sich entwickelnden Kindes unmittelbarer machen.
6. Die während der Schwangerschaft in die Beziehung zum Kind investierte Zeit zahlt sich durch eine leichtere und unproblematischere Entwicklung des Heranwachsenden vielfach aus.
7. Wir leben in einer Zeit, in der sich die Identität von Mann und Frau verändert. Darum müssen Eltern heute den ihnen gemäßen Umgang mit der vorgeburtlichen Zeit in der Beziehung zum sich entwickelnden Kind und mit der Geburt ganz neu herausfinden. Sie werden dabei unterstützt durch eine umfängliche Literatur (s. Anmerkungen) und ein zunehmendes Angebot von Seminaren, die im persönlichen Kontakt das rasch sich ausweitende Wissen um die Anfänge unseres Lebens vermitteln (s. zum Beispiel Deutsche Gesellschaft für Geburtsvorbereitung).

ANMERKUNGEN UND LITERATURHINWEISE

Die Vignette auf dem Schutzumschlag bzw. an den Kapitelanfängen wurde entnommen aus: *Atalanta Fugiens* (Frankfurt 1617) von Michael Maier. (Quelle: Johannes Fabricius: *Alchemy. The Medieval Alchemists and their Royal Art* (rev. ed.). The Aquarian Press, Wellingborough, Northamptonshire 1989, S. 56.

6 Nelly Sachs: *Fahrt ins Staublose. Die Gedichte der Nelly Sachs*. Suhrkamp, Frankfurt/M. 1961, S. 67.

12 Zu Carus s. Gustav Hans Graber: »Das Unbewußte bei Carus«. In: *Ges. Schriften*, Bd. III. Pinel, Berlin 1978; s. ebenso Carl Gustav Carus: *Psyche – Zur Entwicklungsgeschichte der Seele*. Flammer und Hoffmann, Pforzheim 1846.

12 Zur Bedeutung der Geburt für unser Selbstgefühl s. Otto Rank: *Das Trauma der Geburt und seine Bedeutung für die Psychoanalyse*. Fischer, Frankfurt/M. 1988; s. ebenso Gustav Hans Graber: »Ursprung, Zwiespalt und Einheit der Seele«. In: *Ges. Schriften*, Bd. I, Pinel, Berlin 1978.

17 Zur Symbolisierung der Plazenta s. das Stichwort »Nachgeburt« in: Bächtold-Stäubli, H. (Hrsg.): *Handwörterbuch des deutschen Aberglaubens*. De Gruyter, Berlin 1987; s. ebenso Judith Davidson: »The Shadow of Life: Psychosocial Explanations for Placenta Rituals«. In: Culture, Medicine and Psychiatry 9 (1985), S. 75–92.

17 Zur Symbolik der Plazenta und des Ka in Ägypten s. Henri Frankfort: *Kinship and the Gods*. The University of Chicago Press, Chicago 1942, S. 69 ff.

18 Zum Lebensbündel s. Margret Murray: »The Bundle of Live«. Petrie, F. (Hrsg.): *Ancient Egypt*. Macmillan, London 1930, S. 65–73.

18 Zum ägyptischen Gottesbegriff s. Erik Hornung: *Der Eine und die Vielen*. Wiss. Buchges., Darmstadt 1971, S. 20 ff.

Zum Wissen über das Seelenleben des Ungeborenen in den verschiedenen Kulturen s. z. B. Datta und Derek Gupta: »Fertilisation and Prenatal Development of Body and Mind. Ancient Indian Medical Observations«. In: International Journal of Prenatal and Perinatal Studies 1 (1989), S. 7–19; s. ebenso Tore Hakanson: »Cross-cultural Descriptions of Prenatal Experience«. In: Fedor-Freybergh, P., Vogel, V. (Hrsg.): *Prenatal and Perinatal Psychology and Medicine*. Parthenon, Casterton Hall 1988, s. ebenso Charles Laughlin: »Pre- and Perinatal Anthropology: A Selective Review«. In: Pre- and Peri-Natal Psychology 3 (1989), S. 261–296; s. ebenso Janet Kilbridge a. o.: »Sociocultural Factors and Perinatal Development of Baganda Infants: The Precocity Issue«. In: Pre- and Peri-Natal Psychology 4 (1990), S. 281–300.

18 »Pflege der embryonalen ...« s. Blanche Christine Olschak: »Bewußtwerdung unbewußter Inhalte in der fernöstlichen Psychologie«. In: Graber, G. H. (Hrsg.): *Pränatale Psychologie*. Kindler, München 1974, S. 128.

18 »Mit der Geburt ...« s. Sudhir Kakar: *Schamanen, Heilige und Ärzte*. Biederstein, München 1984, S. 207.

18 Zu Indonesien s. Helga Blazy: »Ich lasse meinen Geist wandern. Schwangerschaft und Geburt in Darstellungen der modernen indonesischen Literatur«. In: Janus, L. (Hrsg.): *Die kulturelle Verarbeitung pränatalen und perinatalen Erlebens*. Textstudio Gross, Peterstalerstr. 195, Heidelberg 1991.

18 »Die indonesischen Kulturen ...« s. Helga Blazy: »Ich lasse meinen Geist wandern: Schwangerschaft und Geburt in Darstellungen der modernen indonesischen Literatur«. In: Janus, L. (Hrsg.): *Die kulturelle Verarbeitung pränatalen und perinatalen Erlebens*. a. a. O.

18 Zu China und Japan s. Aidan Macfarlane: *Die Geburt*. Klett-Cotta, Stuttgart 1978, S. 12.

19 Zu den Mbuti s. Colin Turnbull: *The Human Cycle.* Simon and Schuster, New York 1983, S. 29 ff.

19 »Versieht sich die ...« s. Stichwort »Schwangerschaft« in: *Handwörterbuch des deutschen Aberglaubens.* a. a. O., S. 1422.

19 »Könnte eine Frau ...« s. das Zitat von Johann Kaspar Lavater bei Anke Bennholdt-Thomsen und Alfredo Guzzoni: »Zur Theorie des Versehens im 18. Jahrhundert«. In: Kornbichler, T. (Hrsg.): *Klio und Psyche.* Centaurus, Pfaffenweiler 1990, S. 116.

20 »unseligen Unterricht im Leiden« s. das Zitat von Johann Heinrich Campe bei Bennholdt-Thomsen/Guzzoni, a. a. O., S. 116; s. ebenso Johann Heinrich Campe: *Über die früheste Bildung junger Kinderseelen.* Ullstein, Frankfurt/M. 1985, S. 371.

20 »Man hat also ...« s. das Zitat von Johann Karl Wezel bei Bennholdt-Thomsen/Guzzoni, a. a. O., S. 117.

20 »... welches alles (ihre Kriegsängste) ...« s. Zitat von Adam Bernds bei Bennholdt-Thomsen/Guzzoni, a. a. O. 15, S. 117.

21 Zu Jules Gabriel Compayré s. sein Buch: *Die Entwicklung der Kinderseele.* Oskar Bonde, Altenburg 1900.

21 Zur »Verbindung des Gehirns der Mutter mit dem Gehirn des Kindes« s. Nicole Malebranche: *Erforschung der Wahrheit*, Erster Band. Buchenau, A. (Hrsg.). Georg Müller, München 1914, S. 196 f.

21 Zur mangelnden Berücksichtigung des Schmerzerlebens in der Chirurgie des Neugeborenen s. K. J. S. Anand and P. R. Hickey: »Pain and its Effects in the Human Neonate and Fetus«. In: The New England Journal of Medicine 317 (1987), S. 1321–1329; s. ebenso Regina Brosch und Meinhard Rust: »Schmerz und Anaesthesie bei Früh- und Neugeborenen«. In: Anaesthesiologie und Intensivmedizin 10 (1989), S. 287–291, und 11 (1989), S. 334–338.

21 »Es wird sie ...« s. Sigmund Freud: *Vorlesungen zur Einführung in die Psychoanalyse.* Ges. Werke, Bd. XI. Fischer, Frankfurt/M. 1966, S. 412. © 1940 by Imago Publ. Co., Ltd., London.

22 »Beobachtet man ...« s. Sandor Ferenczi: »Entwicklungsstufen des Wirklichkeitssinnes«. In: *Bausteine der Psychoanalyse*, Bd. I. Huber, Bern 1964, S. 68.

23 Zu den geburtshilflichen Arbeiten zum Geburtstrauma s. Philip Schwartz: *Geburtsschäden bei Neugeborenen.* Gustav Fischer, Jena

1964; s. ebenso Hans Saenger: »Über die Entstehung intrakranieller Blutungen beim Neugeborenen«. In: Monatsschrift für Geburtshilfe und Gynäkologie LXV (1924), S. 257–274.

26 Zum »extrauterinen Frühjahr« s. Adolf Portmann: *Biologische Fragmente zu einer Lehre vom Menschen.* Schwabe, Basel 1969.

26 Zur Evolution der Geburt s. K. de Snoo: *Das Problem der Menschwerdung im Lichte der vergleichenden Geburtshilfe.* Gustav Fischer, Jena 1942; s. ebenso Hermann Kurrek: »Das Geburtstrauma – Evolutionsbedingte Pathologie«. In: Acta Medica Empirica 36 (1987), S. 278–280; s. ebenso Dagobert Müller: »Natürlichkeitsbestrebungen und Naturwissenschaftliche Realitäten im Zusammenhang mit Schwangerschaft und Geburt«. In: Dudenhausen, J., Saling, E. (Hrsg.): *Perinatale Medizin.* Thieme, Stuttgart 1990; s. ebenso Dagobert Müller: »Natural Birth – Hope and Reality«. In: Triangle 29 (1990), S. 189–204.

26 Zur Biologie der Geburt s. Cornelis Naaktgeboren und Everhard Slijper: *Biologie der Geburt.* Parey, Hamburg 1970.

26 Zum traumatischen Aspekt der Geburt s. Hermann Kurrek: »Ist das Geburtstrauma unvermeidlich«. In: Raum und Zeit 36 (1988), S. 32–34.

27 Zu den »Massenverschiebungen des Gehirns unter der Geburt« s. Dagobert Müller: *Die subakuten Massenverschiebungen des Gehirns unter der Geburt.* Thieme, Stuttgart 1973.

27 Zum Verlauf des Geburtsweges durch den Beckenring s. Rupert Riedl: *Die Spaltung des Weltbildes.* Parey, Berlin 1985, S. 50.

27 Zur Begrenzung der Schwangerschaftsdauer durch die Sauerstoffversorgung s. Heinz Prechtl: »Wie entwickelt sich das Verhalten vor der Geburt?« In: Niemitz, C. (Hrsg.): *Erbe und Umwelt.* Suhrkamp, Frankfurt/M. 1987.

27 Zur Entwicklung des Fettgewebes beim Fötus s. Harald Schachinger: »Verhaltensausstattung und erste Anpassungsleistungen«. In: Niemitz, C. (Hrsg.), *Erbe und Umwelt,* a. a. O.

28 Zur Evolution des Sozialverhaltens im ersten Lebensjahr s. Wanda Trevathan: »The Evolution of Helplessness in the Human Infant and its Significance for Pre- and Peri-Natal Psychology«. In: Pre- and Peri-Natal Psychology 4 (1990), S. 267–280.

29 Zum vorgeburtlichen Schreien s. George Ryder: »Vagitus Uterinus«. In: American Journal of Obstetrics and Gynecology 46 (1943),

S. 867–72; s. ebenso Margaret Liley and Beth Day: *Moderne Mutterschaft«*. Phoenix/Scherz, Bern 1967, S. 52.

34 »Eine Studentin erlebte ...« s. Friedrich Kruse: *Die Anfänge des menschlichen Seelenlebens*. Enke, Stuttgart 1969, S. 74.

35 »Weit zurück in ...« s. Adalbert Stifter: »Nachgelassenes Blatt«. In: *Ges. Werke*, Bd. 6. Sigbert Mohn, o. O. 1959, S. 584.

36 »... ich sah ein ...« s. Joseph Pearce: *Die magische Welt des Kindes*. Diederichs, München 1978, S. 233.

36 »Ich bin im ...« s. Friedrich Kruse, a. a. O., S. 74.

36 »Wenn man morgens ...« s. Friedrich Kruse, a. a. O., S. 100.

37 »... bin in einen Keller ...« s. Friedrich Kruse, a. a. O., S. 125.

37 »Ich sitze in ...« s. Friedrich Kruse, a. a. O., S. 115.

37 »Ich schwimme unter Wasser ...« s. Friedrich Kruse, a. a. O., S. 143.

38 »Als sie zwei ...« s. David Chamberlain: *Woran Babys sich erinnern*. Kösel, München 1990, S. 150.

39 »Da war eine ...« s. David Chamberlain, a. a. O., S. 150 f.

39 »Es wurde von ...« s. David Chamberlain, a. a. O., S. 153.

39 Zu den Wurzeln der Kindermalerei s. Wolfgang Grözinger: *Kinder kritzeln, zeichnen, malen*. Prestel, München 1984, S. 17 ff.

39 Zur pränatalen Thematik in Kinderzeichnungen s. die Beispiele bei Michaela Strauss: *Von der Zeichensprache des kleinen Kindes*. Verlag Freies Geistesleben, Stuttgart 1983, z. B. S. 44.

41 Als Übersichten zur pränatalen und perinatalen psychologischen Entwicklung s. Fritz Stirnimann: *Psychologie des neugeborenen Kindes*. Kindler, München 1940; s. ebenso Martin Mittendorfer: *Psychologie der Pränatalen Zeit*. Universität Salzburg 1980; Thomas Verny und John Kelly: *Das Seelenleben des Ungeborenen*. Ullstein, Frankfurt 1983; David Chamberlain: *Woran Babys sich erinnern*, a. a. O.; Werner Gross: *Was erlebt das Kind im Mutterleib*. Herder, Freiburg 1982.

42 Zum mimischen Erkennen s. Tiffany Field u. a.: »Discrimination and Imitation of Facial Expressions by Neonates«. In: Science 218 (1982), S. 179–181. Zur mimischen Nachahmung bei Neugeborenen s. Andrew Meltzoff and Keith Moore: »Imitation of Facial and Manual Gestures by Human Neonates«. In: Science 198 (1977), S. 75–78.

42 Zur Synchronizität von Stimme und Bewegung zwischen Mutter und Kind nach der Geburt s. William Condon and Louis Sander: »Synchrony Demonstrated between Movements of the Neonate and Adult Speech«. In: Child Development 45 (1974), S. 456–462.

42 Zur dichten Kommunikation zwischen Mutter und Neugeborenem s. Hanns Papousek: »Verhaltensweisen der Mutter und des Neugeborenen unmittelbar nach der Geburt«. In: Archives of Gynecology 228 (1979), S. 1–4.

42 »Die Forscher gingen ...« s. David Chamberlain, a. a. O., S. 80.

43 Zur Bedeutung des frühen Mutter-Kind-Kontaktes s. Marshall Klaus und John Kennel: *Mutter-Kind-Bindung*. Kösel, München 1983.

43 Zur Bevorzugung der mütterlichen Stimme s. Anthony DeCasper and William Fifer: »Of Human Bonding: Newborns Prefer their Mothers' Voices«. In: Science 208 (1980), S. 1174–1176.

43 Zum vorgeburtlichen Lernen s. Gina Kolata: »Studying Learning in the Womb«. In: Science 225 (1984), S. 302–303.

44 Zum Umgang mit Frühgeborenen s. Ruth Rice: »The Mind-Body Connection: Ancient and Modern Healing Strategies for a Traumatic Birth and the Sick Newborn«. In: Pre- and Peri-Natal Psychology 1 (1986), S. 11–19; s. ebenso Gene Cranston Anderson, Elisabeth A. Marks und Vivian Wahlberg: »Kangaroo Care for Premature Infants«. In: American Journal of Nursing 86 (1986), S. 807–809; s. ebenso Ludwig Janus: »Psychologische Aspekte der Frühgeburt«. In: Kind und Umwelt 70 (1991), S. 10–22.

44 Zur Reaktion von Babys auf absichtlich deprimierte Mimik s. Edward Tronick and Lauren Adamson: *Babies as People: New Findings on Our Social Beginnings*. Collier Books, New York 1980.

45 »Während der Ultraschalluntersuchung ...« s. Alessandra Piontelli: »Infant Observation from before Birth«. In: International Journal of Psycho-Analysis 68 (1987), S. 457.

45 »Er bewegte sich ...« s. Alessandra Piontelli, a. a. O., S. 460.

46 »Das Mädchen schien ...« s. Alessandra Piontelli: »A Study on Twins before and after Birth«. In: International Review of Psycho-Analysis 16 (1989), S. 413–426.

47 »Als pubertierendes Mädchen ...« s. Gaetano Benedetti: »Pränatale Psychologie und Persönlichkeit im Lichte der analytischen Untersu-

chung von erwachsenen Kindern psychotischer Mütter«. Festvortrag zum 60. Geburtstag von Theodor Hau 1983, S. 8 (unveröffentlichtes Manuskript).

48 Zur vorgeburtlichen Entwicklung s. Dieter Bürgin: »Über einige Aspekte der pränatalen Entwicklung«. In: Nissen, G. (Hrsg.): *Psychiatrie des Säuglings- und Kleinkindalters*. Huber, Bern 1982; s. Katharina Zimmer: *Das Leben vor dem Leben*. Kösel, München 1984.

48 Zur Literatur über die sensorische und kognitive Entwicklung des Kindes vor der Geburt s. David Chamberlain: *Consciousness at Birth: A Review of the Empirical Evidence*. Chamberlain Communications, San Diego 1983 (909 Hayes Ave., San Diego, California 92103, USA).

48 Zur Bedeutung des mütterlichen Herzschlags s. Lee Salk: »The Role of the Heartbeat in the Relations Between Mother and Infant«. In: Scientific American 228 (1973), S. 24–29.

49 Zur Prägung des Schreiens durch die mütterliche Stimme s. Henry Truby and John Lind: »Cry Sounds of the Newborn Infant«. In: Lind, J. (Hrsg.): *Newborn Infant Cry*. Acta Paediatrica Scandinavica, Suppl., 1965, S. 163.

49 »Die ersten starken ...« s. das Zitat aus der Zoonomie von Erasmus Darwin bei Ernest Jones: »Anxiety and Birth«. In: International Journal of Psycho-Analysis 4 (1923), S. 120.

50 Zur Formulierung der Geburtsangst durch Freud s. Sigmund Freud: *Die Traumdeutung*. In: Studienausgabe, Bd. II. Fischer, Frankfurt am Main 1972, S. 391.

50 »In solchen Fällen ...« s. Dorothy Garley: »Über den Schock des Geborenwerdens«. In: Internationale Zeitschrift für Psychoanalyse X (1924), S. 136.

51 »Das Kind muß ...« s. Dorothy Garley, a. a. O., S. 155.

51 »Wenn nun jede ...« s. Dorothy Garley, a. a. O., S. 145 f.

52 »Im ersten Stadium ...« s. Dorothy Garley, a. a. O., S. 146 ff.

56 »Aber vielleicht ist ...« s. Phyllis Greenacre: »The Biological Economy of Birth«. In: The Psychoanalytic Study of the Child 1 (1945), S. 31–51.

57 Zum traumatischen Aspekt der Geburt s. Hans Saenger: »Über die Entstehung intrakranieller Blutungen beim Neugeborenen«. In: Monatsschrift für Geburtshilfe und Gynäkologie LXV (1924), S. 17.

57 Zur Bedeutung des Kontaktes nach der Geburt s. Marshall Klaus und John Kennell, *Mutter-Kind-Bindung*, a. a. O., S. 38.

58 Zur Regelhaftigkeit des traumatischen Aspektes der Geburt s. Dagobert Müller: »Die Zwangsläufigkeit des Geburtstraumas als Folge der Evolutionspathologie des Menschen«. In: Janus, L. (Hrsg.): *Die kulturelle Verarbeitung pränatalen und perinatalen Erlebens*, a. a. O.

58 Zur Bedeutung der Opioide beim Geburtsprozeß s. Andrea Genazzini und Fabio Facchinetti: »Ontogeny of Fetal Opioids and their Secretion at Birth«. In: Ref. 9, Kongreß des ISPPM in Jerusalem 1989.

59 Zu den Ritualen und Praktiken der Geburt s. Jacques Gélis: *Die Geburt*. Diederichs, München 1989; s. ebenso Lieselotte Kuntner: »Die Geburtshilfe in der europäischen Volksmedizin«. In: Hessische Blätter für Volks- und Kulturforschung, 19. Jonas, o. O. 1986.

60 Die Arbeiten von Philip Schwartz hat er selbst in einer Monographie zusammengefaßt, s. Philip Schwartz: *Geburtsschäden bei Neugeborenen*. Gustav Fischer, Jena 1964.

60 »Gelähmte, verkrüppelte, schwachsinnige ...« s. Philip Schwartz: »Die Geburtsschädigung des Gehirns Neugeborener«. In: Deutsches Ärzteblatt 43 (1968), S. 2390.

61 »Kompression des Schädels ...« s. Philip Schwartz, »Die Geburtsschädigung«, a. a. O., S. 2386.

61 Zur Traumatik der Geburt s. Hermann Kurrek: »Das Geburtstrauma. Aspekte im Wandel der Medizin«. In: Acta Medica Empirica 35 (1986), S. 305.

62 Zu der Häufigkeit von leichten neurologischen Störungen als Folge von Traumatisierung bei der Geburt s. Alexander Ratner: »Spätfolgen geburtstraumatischer Läsionen des zentralen Nervensystems«. In: Der Kinderarzt 22 (1991), S. 390.

62 Zu den »Massenverschiebungen des Gehirns unter der Geburt« s. Dagobert Müller, a. a. O., S. 27.

62 Zur Computertomographie s. Bernd Ludwig u. a.: »Postmortem CT and Autopsy in Perinatal Intracrunial-Hemorrhage«. In: AJNR 4 (1983), S. 27–36.

63 Zur modernen Geburtsmechanik s. Arthur Wischnik u. a.: »Neue Aspekte der radiologischen Pelvimetrie«. In: Zeitschrift für Geburtshilfe und Perinatologie 193 (1989), S. 145–151.

63 Zum »fehlenden Zentimeter« – dies war das Resümee einer Diskussion mit Priv. Doz. Dr. Arthur Wischnik von der Universitäts-Frauenklinik Mannheim am 29. Dezember 1990.

63 Zur Physiologie des traumatischen Aspektes der Geburt s. Frank Lake: »Studies in Constricted Confusion«, Absatz C 68 (unveröffentlicht).

63 Zum Streß-Konzept s. Hans Selye: *Streß*. Piper, München 1974.

63 Zu den experimentellen Neurosen s. Thomas Kussmann: »Pawlow und das klassische Konditionieren«. In: Zeier, H. (Hrsg.): *Pawlow und die Folgen*. Kindler, Zürich 1977, S. 53 f.

64 »Der Gipfel der Verzweiflung ...« s. Zitat von Kierkegaard bei Frank Lake, a. a. O., Abschnitt C 68.

65 Zu dem Zusammenhang zwischen streßbedingter Erschöpfungsreaktion und Aktualneurose s. Ludwig Janus: »Psychoanalysis and Stress«. In: Lolas, F., Mayer, H. (Hrsg.): *Perspectives on Stress and Stress-Related Topics*. Springer, Heidelberg 1987.

65 Zur Geburtsangst als Wurzel von Körpersymptombildungen im Werk von Freud s. Ludwig Janus: »Perinatale Wurzeln psychosomatischer Symptombildungen«. In: Söllner, W. u. a.: *Soziopsychosomatik*. Springer, Heidelberg 1989, S. 274.

65 »d. h. jener Zustand ...« s. Sigmund Freud: »Hemmung, Symptom und Angst«. In: *Ges. Werke*, Bd. XIV. Fischer, Frankfurt/M. 1966, S. 172.

66 Zu den Folgen von Kindheitstraumen s. Mardi Jan Horowitz: *Stress Response Syndromes*. Jason Aronson, New York 1976; s. ebenso Bessel A. van der Kolk: *Psychological Trauma*. American Psychiatric Press, Washington 1987; s. ebenso Leonore C. Terr: »Childhood Traumas. An Outline and Overview«. In: American Journal of Psychiatry 148 (1991), S. 10–20.

71 Zum Aufscheinen von Geburtselementen in sprachlichen Wendungen s. Sandra G. Landsman: »Metaphors: The Language of Pre- and Perinatal Trauma«. In: Pre- and Peri-Natal Psychology 4 (1989), S. 33–42.

72 »Der Kranke machte ...« s. Sigmund Freud: »Aus der Geschichte einer infantilen Neurose«. In: *Ges. Werke*, Bd. XII. Fischer, Frankfurt/M. 1966, S. 34.

72 »... daß ihm die Welt ...« s. Freud, »Aus der Geschichte«, a. a. O., S. 132.

73 »Seine Klage ist ...« s. Freud, »Aus der Geschichte«, a. a. O., S. 134.

73 »Damit wurde auch ...« s. Otto Rank: *Das Trauma der Geburt.* Fischer, Frankfurt/M. 1988, S. 26. © The Estate of Otto Rank, Becket, Mass., USA.

74 »In der vierten Stunde ...« s. Otto Rank: »Die analytische Situation«. In: *Technik der Psychoanalyse*, Bd. I. Deuticke, Leipzig und Wien 1926, S. 63 ff.

76 »Es ist die ...« s. Gustav Hans Graber: *Die Not des Lebens und ihre Überwindung.* Ardschuna, Bern und Ratingen/Düsseldorf 1966, S. 93.

76 »Ein Akademiker mittleren ...« s. Gustav Hans Graber, »Die Not«, a. a. O., S. 182.

77 »Der erste Satz, ...« s. Istvan Hollòs: »Die Psychoneurose eines Frühgeborenen«. In: Internationale Zeitschrift für ärztliche Psychoanalyse X (1924), S. 423–433.

79 »In der vierten ...« s. Nandor Fodor: *The Search for the Beloved. A Clinical Investigation of the Trauma of Birth and Prenatal Condition.* University Books, New York 1949, S. 78 f.

80 »Bei geringer Nervosität ...« s. Stefan Blarer: »Manifestation einer Geburtskomplikation in Träumen und Phantasien«. In: Schindler, S. (Hrsg.): *Geburt – Eintritt in eine neue Welt.* Verlag für Psychologie, Göttingen 1982, S. 122 ff.

81 Zur Wiederbelebung von frühen Reflexen s. die Arbeit von Vladimir Raikov: »Age Regression to Infancy by Adult Subjects in Deep Hypnosis«. In: The American Journal of Clinical Hypnosis 22 (1980), S. 156–163.

81 Zum Hypnoseverständnis im 19. Jahrhundert s. Terence Dowling: »The Psychological Significance of the Placenta«. In: Schusser, G., Hatzmann, W. (Hrsg.): *Das Leben vor und während der Geburt.* Universitätsdruck Osnabrück 1988, S. 189 ff.

81 Zur Aktualisierung von frühen Erlebenszuständen in der Hypnose s. Terence Dowling: »Pränatale Regression in der Hypnose«. In: Janus, L. (Hrsg.): *Erscheinungsweisen pränatalen und perinatalen Erlebens in den psychotherapeutischen Settings*, a. a. O., S. 61–71.

81 Zur Wiederholung von Geburtsbewegungen in Hypnose s. David Cheek: »Sequential Head and Shoulder Movements appearing with Age-Regression in Hypnosis to Birth«. In: The American Journal of Clinical Hypnosis 16 (1974), S. 261–266.

81 Zum Wiedererkennen von vorgeburtlichen Eindrücken s. z. B. Anthony DeCasper and William Fifer: »Of Human Bonding: Newborns Prefer Their Mothers' Voices«. a. a. O.

82 »Die fünfundzwanzigjährige Renate Sch. ...« s. Claus Bick: *Neurohypnose*. Ullstein, Frankfurt/M. 1986, S. 109.

82 »Während der Hypnoanalyse ...« s. Bick, a. a. O., S. 111.

83 »Es ist so dunkel, ...« s. Bick, a. a. O., S. 193.

84 »Beginn der Wehen ...« s. David Chamberlain: *Woran Babys sich erinnern*, a. a. O., S. 164.

85 »Die Berichte von ...« s. Chamberlain, a. a. O., S. 158.

86 »Gleich zu Anfang ...« s. Arthur Janov: *Frühe Prägungen*. Fischer, Frankfurt/M. 1984, S. 321. © 1983 by Arthur Janov.

87 »Mein ganzes Leben ...« s. Janov, *Frühe Prägungen*, a. a. O., S. 326.

87 »Tatsache in der ...« s. Klaus Bieback: »Glück und Unglück im Geburts- und Vorgeburtserleben«. In: Janus, L. (Hrsg.): *Erscheinungsweisen pränatalen und perinatalen Erlebens in den psychotherapeutischen Settings*, a. a. O.

88 »Meine jüngere Schwester ...« s. Bieback, a. a. O., S. 74.
Andere wichtige neuere Psychotherapien zur konstruktiven Neubearbeitung frühester Erfahrungen sind die Primärtherapie von J. Konrad Stettbacher: *Wenn Leiden einen Sinn haben soll* (Hoffmann und Campe, Hamburg 1990) und die mit szenischen Gestaltungen frühester Erfahrung arbeitende Therapie von Albert Pesso (s. Janus, L. [Hrsg.]: *Erscheinungsweisen pränatalen und perinatalen Erlebens in den psychotherapeutischen Settings*, a. a. O.)

89 »Ich fordere Sie ...« s. Wolfgang H. Hollweg: »Psychosomatische Symptome in der Muskulatur und im Skelett«. In: Janus, L. (Hrsg.): *Das Seelenleben der Ungeborenen – eine Wurzel unseres Unbewußten*. Centaurus, Pfaffenweiler 1990, S. 57.

91 Zur LSD-Bewegung s. Timothy Leary: *Politik der Ekstase*. Wegner, Hamburg 1970. Zur kulturellen Verwendung von psychoaktiven Sub-

stanzen s. Ralf Bolle: »Zur kulturellen Integration von prä- und perinatalen Erlebnisfeldern am Beispiel vom Umgang mit psychoaktiven Substanzen«. In: Janus, L. (Hrsg.): *Die kulturelle Verarbeitung pränatalen und perinatalen Erlebens*, a. a. O., S. 39–51.
Die wissenschaftliche Erforschung der psychoaktiven Substanzen ist in Deutschland im »Europäischen Collegium für veränderte Bewußtseinszustände (ECBS)« organisiert (Bühlstr. 22 a, 3400 Göttingen).

92 »Nach 20 Minuten ...« s. Leni Schwartz: »Die Welt des ungeborenen Kindes«. In: Grinspoon, L., Bakalar, J. B. (Hrsg.): *Psychodelic Reflections*. Human Sciences Press, New York 1983, S. 103.

93 »Nun versuchte ich ...« s. Leni Schwartz, a. a. O., S. 104.

93 »Er fühlte, daß ...« s. Stanislav Grof: *Topographie des Unbewußten. LSD im Dienst der tiefenpsychologischen Forschung*. Klett-Cotta, Stuttgart, 4. Aufl. 1988, S. 183.

95–97 Perinatale Matrix I–IV, s. Stanislav Grof, a. a. O., S. 117–175 (Darstellung der perinatalen Matrizen).

98 »Als ich meine Mutter ...« s. die LSD-Sitzungsprotokolle von Athanassios Kafkalides in: Ludwig Janus: »Die frühe Ich-Entwicklung im Spiegel der LSD-Psychotherapie von Athanassios Kafkalides«. In: Zeitschrift für Individualpsychologie 16 (1991), S. 111–124.

99 Marie Cardinal: *Schattenmund*. Rowohlt, Hamburg 1979.

99 Zu den bewußtseinserweiternden Potentialen veränderten Atmens s. z. B. Alexander Köhler: »Wiedergeburt und Kreissymbol – Ein Erfahrungsbericht aus den Erfahrungsbereichen des Zen und des intuitiven Atmens«. (Bezug A. Köhler, Am Pfeiferberg 1, 7815 Kirchzarten).

99 Zum Rebirthing s. Leonard Orr, Sandra Ray: *Rebirthing in the New Age*. Celestial Arts, Millbrae 1977.

100 »In meiner zweiten Sitzung ...« s. Wolfgang Strasser: *Heilen mit Lebensenergie*. Psychologische Fachbuchhandlung, München 1988, S. 92.

101 »Ich muß mich anstrengen ...« s. Rüdiger Stellberg: »Rebirthing als transpersonale Psychotherapie«. In: Schusser, G., Hatzmann, W. (Hrsg.): *Das Leben vor und während der Geburt*, a. a. O., S. 154.

103 Zu den empirischen Arbeiten zu den Folgewirkungen der pränatalen Erfahrung s. die umfassende Übersicht von Ludwig Janus und Michael Maiwald: *Übersicht über Studien zur lebensgeschichtlichen Bedeutung von Prä- und Perinatalzeit* (i. Vorb.).

104 Zum Zusammenhang von prä- und perinatalen Erfahrungen und sozialen Konflikten s. Lloyd DeMause: »Fötale Ursprünge der Geschichte«. In: *Psychohistorie.* Suhrkamp, Frankfurt/M. 1989; s. ebenso David Wasdell: »Prä- und perinatale Grundlagen der soziopolitischen Dynamik«. In: Janus, L. (Hrsg.): *Erscheinungsweisen pränatalen und perinatalen Erlebens in den psychotherapeutischen Settings,* a. a. O., S. 321–353.

104 Zur Wirkung von pränatalem Streß im Tierversuch s. William R. Thomson: »Influence of Prenatal Maternal Anxiety on Emotionality in Young Rats.« In: Science 125 (1957), S. 698–699; s. ebenso Ingeborg and Byron Ward: »Reproductive Behavior and Physiology in Prenatally Stressed Males«. In: Weiner, H. u. a. (Hrsg.): *Frontiers in Stress Research.* Huber, Bern 1989, S. 9–20.

105 Zu den biochemischen Auswirkungen von pränatalem Streß s. z. B. David Peters: »Maternal Stress Increases Fetal Brain and Neonatal Cerebral Cortex 5 – Hydroxy – Tryptamine Synthesis in Rats: A Possible Mechanism by which Stress Influences Brain Development«. In: Pharmacology Biochemestry and Behaviour 35 (1988), S. 943–947.

105 Zur Bedeutung von pränatalem Streß für die geschlechtsspezifische Hirndifferenzierung s. Günter Dörner: »Bedeutung der hormonabhängigen Gehirnentwicklung und der prä- und frühpostnatalen Psychophysiologie für die Präventivmedizin«. In: Fedor-Freybergh, P. (Hrsg.): *Pränatale und Perinatale Psychologie und Medizin.* Saphir, Älvsjö 1987.

106 Zur Auswirkung von kriegsbedingtem pränatalem Streß s. Lester Sontag: »War and the fetal-maternal relationship«. In: Journal of Marriage and the Family 6 (1944), S. 3–16; s. ebenso Elisabeth Hau: »Prä- und perinatale Milieufaktoren als Ursachen für die Beunruhigung der Nachkriegsgeneration«. In: Graber, G. H. (Hrsg.): *Pränatale Psychologie,* a. a. O.

106 Zur prospektiven Einschätzung der Auswirkung von pränatalem Streß s. Gerhard Rottmann: »Untersuchungen über Einstellungen zur Schwangerschaft und zur fötalen Entwicklung«. In: Graber, G. H. (Hrsg.): *Pränatale Psychologie,* a. a. O.

106 Zur Auswirkung von vorgeburtlichem Streß beim Neugeborenen s. Theodor Hau: »Narzißmus und Intentionalität – prä- und perinatale Aspekte«. In: Hau, T., Schindler, S. (Hrsg.): *Pränatale und perinatale Psychosomatik.* Hippokrates, Stuttgart 1982, S. 36.

107 Zur Langzeitwirkung von pränatalem Streß s. Dennis Stott: »Follow-up Study from Birth of the Effects of Prenatal Stresses«. In: Developmental Medicine and Child Neurology 15 (1973), S. 770–778.

107 Zur Krankheitsdisposition nach pränatalem Streß s. Benjamin Pasamanick und Hilda Knobloch: »Retrospective Studies on the Epidemiology of Reproductive Casuality: Old and New«. In: Merrill Palmer Quarterly 12 (1966), S. 7–26.

107 Zur Erregung der Kinder vor der Geburt s. A. Ianniruberto und E. Tajani: »Ultrasonic Study of Fetal Movements«. In: Seminars in Perinatology 5 (1981), S. 175–181.

107 Zur Wirkung von mütterlicher Angst s. Bea van den Bergh: »The Influence of Maternal Emotions During Pregnancy on Fetal and Neonatal Behavior«. In: Pre- and Peri-Natal Psychology 5 (1990), S. 119–130; s. auch Helmut Lukesch: *Schwangerschafts- und Geburtsängste*. Enke, Stuttgart 1981.

107 Zur Disposition zu Homosexualität nach pränatalem Streß s. Günter Dörner: »Bedeutung der hormonabhängigen Gehirnentwicklung für die Ontogenese«. In: Schusser, G., Hatzmann, W. (Hrsg.): *Das Leben vor und während der Geburt*, a. a. O.

108 Zur Verhaltensauffälligkeit von Kindern nach pränatalem Streß s. Lester Sontag: »Implications of Fetal Behavior and Environment of Adult Personalities«. In: Annals of the New York Academy of Science 134 (1966), S. 762–768.

108 Zum Schreien von prä- und perinatal belasteten Kindern s. Philip Zeskind: »Acoustic Features and Auditory Perceptions of the Cries of Newborns with Prenatal and Perinatal Complications«. In: Child Development 49 (1978), S. 580–589.

108 »a) ein höherer Grad ...« s. Sepp Schindler: »Zur Situation des Kindes in der Schwangerschaft und Geburt – Aspekte der pränatalen Psychologie«. In: Tutzinger Materialien 13, 1984, S. 21.

108 Zur Wirkung von mütterlichem Schreck s. Giorgio Foresti: »Mütterliche Angst und Zustände kindlicher Übererregbarkeit«. In: Hau, T., Schindler, S. (Hrsg.): *Pränatale und Perinatale Psychosomatik*, a. a. O.; s. ebenso Emil Reinold: »Das vorgeburtliche Verhalten des Feten aus der Sicht des Geburtshelfers«. In: Hau, T., Schindler, S. (Hrsg.), a. a. O., S. 170.

109 »Bei der Geburt ...« s. Thomas Verny und John Kelly: *Das Seelenleben des Ungeborenen*, a. a. O., S. 67.

110 Zur vorgeburtlichen Kontaktaufnahme s. Frans Veldman: »Haptonomie«. In: Janus, L. (Hrsg.): *Erscheinungsweisen pränatalen und perinatalen Erlebens in den psychotherapeutischen Settings*, a. a. O., S. 15–31; s. ebenso Frans Veldman: *Haptonomie*, a. a. O.

111 Zum Bonding s. Donatella Peruzzo Bortolotti u. a. (Hrsg.): »Perinatale Bondingprozesse: Theoretische Grundlagen und anwendungsbezogene Konzepte« (unveröffentlicht).

111 Zur Bedeutung des nachgeburtlichen Mutter-Kind-Kontaktes s. Marshall Klaus und John Kennell: *Mutter-Kind-Bindung*, a. a. O.

112 Zur Jugendkriminalität nach unerwünschter Schwangerschaft s. Gerhard Amendt und Michael Schwarz: *Das Leben unerwünschter Kinder*. Universität Bremen 1990 (Postfach 33 04 40, 2800 Bremen 33), S. 148 f.

Zur Auswirkung unerwünschter Schwangerschaft s. Zdenek Matejcek: »Kinder aus unerwünschter Schwangerschaft geboren: Longitudinale Studie über 20 Jahre«. In: Fedor-Freybergh, P. (Hrsg.): *Pränatale und Perinatale Psychologie und Medizin*, a. a. O.; s. ebenso Gerhard Amendt und Michael Schwarz, a. a. O.

112 Zum Zusammenhang von Geburtsgewicht und Schulschwierigkeiten s. Bengt Zachau-Christiansen: »Perinatal Hazards and Later Schooling«. In: Fedor-Freybergh, P., Vogel, V., a. a. O.

112 Zur Langzeitwirkung perinataler Belastung s. Emmy Werner and Ruth Smith: *Vulnerable but Invincible*. McGraw-Hill Books, New York 1982.

112 Die umfassendste Übersicht (über ca. 200 Arbeiten) zur Auswirkung von pränatalem Streß auf die frühe Entwicklung stammt von J. H. Cullen und John Connoly: »The Effects of Some Physical and Psychosocial Prenatal Stressors on Early Development«. In: Lolas, F., Mayer, H. (Hrsg.): *Perspectives on Stress and Stress-Related Topics*, a. a. O.

113 Vor der Geburt soll je nach Beleuchtung leichtes Dämmerlicht intrauterin durchdringen, s. Aidan MacFarlane: *Die Geburt*. Klett-Cotta, Stuttgart 1978, S. 20.

115 »Ein kleines Mädchen ...« s. Otto Rank: *Das Trauma der Geburt*, a. a. O., S. 35.

116 Zur Nabelschnurbedeutung der Schlange s. Francis Mott: *The Universal Design of Creation*. Mark Beech, Edenbridge 1964, S. 261; s. ebenso Lloyd DeMause: *Psychohistorie*, a. a. O., S. 259.

116 Zur nächtlichen Fahrt des Pharao s. Erik Hornung: *Tal der Könige*. Artemis, Zürich 1985, S. 119 ff.

116 Zur Spiegelung des prä- und perinatalen Mutterbezuges in der Alchimie s. Johannes Fabricius: *Alchemy*. The Aquarian Press 1989, z. B. S. 79.

117 Zum »kleinen Hans« s. Sigmund Freud: »Analyse der Phobie eines fünfjährigen Knaben«. *Ges. Werke*, Bd. VII., Fischer, Frankfurt/M. 1966.

117 Zum »Wolfsmann« s. Sigmund Freud: »Aus der Geschichte einer infantilen Neurose«. In: *Ges. Werke*, Bd. XII., Fischer, Frankfurt/M. 1966.

119 »Als Kern jeder ...« s. Otto Rank: *Das Trauma der Geburt*, a. a. O., S. 63.

119 Zum pränatalen Trauma s. Nandor Fodor: *The Search for the Beloved: A Clinical Investigation of the Trauma of Birth and Prenatal Condition*, a. a. O., S. 202 ff.

122 Zur Geburtsmetaphorik in der Sprache s. Sandra Landsman: »The Language of Pre- and Perinatal Trauma«. In: Pre- and Peri-Natal Psychology 4 (1989), S. 33–42.

122 Zur pränatalen Wurzel der »Minderwertigkeit« s. Alfred Adler: *Studien über die Minderwertigkeit von Organen*. Wiss. Buchgemeinschaft, Darmstadt 1965, S. 72; s. ebenso Ludwig Janus: »Die frühe Ich-Entwicklung im Spiegel der LSD-Psychotherapie von Athanassios Kafkalides«. In: Zeitschrift für Individualpsychologie 16 (1991), S. 111–124.

122 »In einer Nachbesprechung ...« s. Ludwig Janus zu Athanassios Kafkalides, a. a. O.

123 Zum Lebensbaum als Symbolisierung der Plazenta s. Terence Dowling: »Die Bedeutung prä- und perinataler Erfahrungen in der Kindertherapie«. In: Kind und Umwelt 56 (1987), S. 20–35.

123 Zum fötalen Distress-Syndrom s. Frank Lake: »Studies in Constricted Confusion«, o. O. 1979, S. C 41 (unveröffentlicht).

126 »Zu den direkten . . .« s. Otto Rank: *Das Trauma der Geburt*, a. a. O., S. 67.

126 Zu den Symptomangaben s. Arthur Janov: *Frühe Prägungen*, a. a. O., S. 175 ff.

126 »Nach einigen Wochen . . .« s. Arthur Janov, *Frühe Prägungen*, a. a. O., S. 182.

127 ebenda.

127 Zu den perinatalen Wurzeln der Asthma-Symptomatik s. Lee Salk: »Perinatal Complications in the History of Asthmatic«. In: Children – American Journal of Diseases of Children 127 (1974), S. 30–33.

127 Zur Bedeutung des Herzschlags in der frühen Mutter-Kind-Beziehung s. Lee Salk: »The role of the Heartbeat in the Relations Between Mother and Infant«. In: Scientific American 228 (1973), S. 24–29.

129 Zur Beachtung der prä- und perinatalen Regression bei der Epilepsie in der frühen Psychoanalyse s. Sandor Ferenzci: »Über den Anfall der Epileptiker«. In: *Bausteine zur Psychoanalyse*, Bd. III., Huber, Bern 1964; s. ebenso Paul Schilder: *Entwurf zu einer Psychiatrie auf psychoanalytischer Grundlage*. Suhrkamp, Frankfurt/M. 1973, S. 114.

129 »Nur wir wissen . . .« Zitat von Sue Cooke u. Hans Rausch: »Die ›Epileptische Reaktion‹ als Extrembeispiel eines psychosomatischen Geschehens, prä- und perinatale Aspekte«. In: Schusser, G., Hatzmann, W. (Hrsg.): *Das Leben vor und während der Geburt*, a. a. O.

132 Zum »intrauterinen Hospitalismus« s. Theodor Hau: »Narzißmus und Intentionalität – prä- und perinatale Aspekte«. In: Hau, T., Schindler, S. (Hrsg.): *Pränatale und Perinatale Psychosomatik*, a. a. O.

133 »Ich fahre zusammen . . .« s. Udo Rauchfleisch: *Dissozial*. Vandenhoeck und Ruprecht, Göttingen 1981, S. 144.

133 »Im dritten Monat . . .« s. Balthasar Gareis und Eugen Wiesnet: *Frühkindheit und Kriminalität*. Goldmann, München 1974, S. 16 f.

134 »Mit 17 Jahren . . .« s. Balthasar Gareis und Eugen Wiesnet, a. a. O., S. 15 f.

134 »Es fing eigentlich . . .« s. Balthasar Gareis und Eugen Wiesnet, a. a. O., S. 18 f.

136 »Er verbringt das ...« s. Michael Föster (Hrsg.): *Jürgen Bartsch – Nachruf auf eine Bestie.* Torso, Essen 1984, S. 21.

136 »Aus einer psychosozialen ...« s. Balthasar Gareis und Eugen Wiesnet, a. a. O., S. 112.

136 »Die Autoren führen ...« s. Balthasar Gareis und Eugen Wiesnet, a. a. O., S. 113.

136 »Als ich geboren ...« s. Balthasar Gareis und Eugen Wiesnet, a. a. O., S. 117.

137 Zum Zusammenhang zwischen Geburtsumständen und Art des Selbstmordes s. Bertil Jacobson: »Perinatal Origin of Eventual Self-Destructive Behaviour«. In: Pre- and Peri-Natal Psychology 2 (1988), S. 227–241.

137 Zum Erleben beim Sprung von der Golden Gate Bridge s. David Rosen: »Suicide Survivors. A Follow-Up Study of Persons Who Survived Jumping from the Golden Gate and San Francisco-Oakland Boy-Bridges«. In: West. Journ. Med. 122, S. 289 ff.

138 »Frau A. ist ...« s. Eva Eichenberger: »Hinweise auf prä- und perinatale Störungen im anamnestischen Gespräch«. In: Fedor-Freybergh, P. (Hrsg.): Pränatale und Perinatale Psychologie und Medizin, a. a. O.

140 Zu den Ausführungen von Grof zu den Ursachen der Selbstmordneigung s. Stanislav Grof: *Geburt, Transzendenz, Tod.* Kösel, München 1985, S. 255 f.

140 Zu den epidemiologischen Studien zum Selbstmord s. Charles Hellon: »Suicide and Age in Alberta, Canada, 1951–1977«. Archives of General Psychiatry 37 (1980), S. 505–523; s. ebenso George Murphy and Richard Wetzel: »Suicide Risk by Birth, Cohort in the United States, 1949 to 1974«. Archives of General Psychiatry 37 (1980), S. 519–523.

140 Zu den Einzelheiten der Studien zum Selbstmord s. Bertil Jacobson: »Perinatal Origin ...«, a. a. O.

141 Zum Geburtszusammenhang des Adoleszentenselbstmordes s. Lee Salk: »Relationship of Maternal and Perinatal Conditions to Eventual Adolescent Suicide«. In: The Lancet 1 (1985), S. 624–627.

141 Zum entwicklungspsychologischen Modell der Schizophrenie s. Reinhart Lempp (Hrsg.): *Psychische Entwicklung und Schizophrenie.* Huber, Bern 1984.

141 Zur Beziehung zwischen Wahninhalt bei Pubertätsschizophrenie und perinatalen Bedingungen s. Avi Telerent u. a.: »Prenatal and Perinatal Memories Collected from Psychotic Adolescents«. Ref. 9., Int. Cong. d. ISPPM in Jerusalem 1989.

142 »Ich bin in ...« s. Moira Pyle Fitzpatrick: »Pre- and Peri-Natal Stress – the Psychotic Individual«. In: Pre- and Peri-Natal Psychology 2 (1988), S. 261.

142 »Ich bin in ...« s. Moira Pyle Fitzpatrick, a. a. O., S. 264.

143 »Der Schmerz ...« s. Moira Pyle Fitzpatrick, a. a. O., S. 264.

143 Zur Schizophrenie s. Gaetano Benedetti: *Todeslandschaften der Seele*. Verlag für Medizinische Psychologie, Göttingen 1983.

144 »Sie haben nicht ...« s. Moira Pyle Fitzpatrick, a. a. O., S. 264.

144 Zum Konzept des »Überstiegs« s. Klaus Conrad: *Die beginnende Schizophrenie*. Thieme, Stuttgart 1966.

144 Zur lebensgeschichtlichen Belastung bei Schizophrenen s. K. Keppler u. a.: »Die frühkindliche Anamnese der Schizophrenen«. In: Nervenarzt 50 (1979), S. 719–724.

145 »Der gegenüber der Wand ...« s. Jenö Raffai: »Auf dem Weg zur neuen somatopsychoanalytischen Therapie der Schizophrenie«. In: Janus, L. (Hrsg.): *Erscheinungsweisen pränatalen und perinatalen Erlebens in den psychotherapeutischen Settings*, a. a. O., S. 268.

146 »Der Wunsch nach ...« s. Maria Diallina: »Psychotherapeutische Wiedergeburt im psychotischen Dasein«. In: Fedor-Freybergh, P. (Hrsg.): *Pränatale und Perinatale Psychologie und Medizin*, a. a. O., S. 228.

147 »Die Kranke erklärt ...« s. Zitat von Müller-Suur »Das Sinn-Problem in der Psychose« bei Hans Rausch: »Das psychotische Geschehen im Lichte der prä- und perinatalen Psychologie«. Ref. 19., Int. Symp. der Deutschen Akademie für Psychoanalyse, München 1988.

147 Zur Magersucht s. Eva Jones: »Anorexia Nervosa Bulimia and Birth«. Birth Psychology Bulletin 6 (1985), S. 1–6.

150 Zur Bedeutung der »Überlebsel« bei Freud s. sein Brief vom 6. 12. 1896 bei Jeffrey Masson: *Sigmund Freud. Briefe an Wilhelm Fließ*. Fischer, Frankfurt/M. 1986, S. 219.

151 Zum Leid der Kinder in der Geschichte s. Lloyd DeMause: *Hört ihr die Kinder weinen.* Suhrkamp, Frankfurt/M. 1979.

153 Zur Beschreibung der psychischen Geburt im 2. Lebensjahr s. Margaret Mahler u. a.: *Die psychische Geburt des Menschen.* Fischer, Frankfurt a. M. 1978.

156 Zum pränatalen Selbst s. Gustav Hans Graber: »Zur Lehre der Psychotherapie«. In: Ges. Schriften, Bd. III. Pinel, Berlin 1978, S. 183.

157 Zur Abhängigkeit im französischen Schulsystem s. Gérard Mendel: *Die Revolte gegen den Vater.* Fischer, Frankfurt/M. 1972.

159 Zur Bedeutung der Pubertät für den Kulturprozeß s. Kurt R. Eissler: »Creativity and Adolescence«. In: The Psychoanalytic Child 33 (1978), S. 461–517.

161 Maurice Sendak: *Wo die wilden Kerle wohnen.* Diogenes, Zürich 1987.

162 »Wir alle wissen ...«, »Superman«: 9. Superband. Ehapa, Stuttgart 1981, S. 3.

163 Zum »Heros«, s. Otto Rank: *Das Trauma der Geburt*, a. a. O., S. 119.

168 Zum vorgeburtlichen Begleiter und der Symbolisierung der Plazenta als Freund s. Terence Dowling: »Die Bedeutung prä- und perinataler Erfahrungen in der Kindertherapie«, a. a. O.

168 Die prä- und perinatale Symbolik in den Königsritualen ist besonders augenfällig in der Darstellung von Heino Gehrts' »Drachenzug und Bruderkampf. Untersuchungen zur Polspannung im Königsritual«. In: Antaios VII (1966), S. 166–195; der pränatale Symbolismus ist auch gegenwärtig in der Theorie von den zwei Körpern des Königs, dem sterblichen und einem unsterblichen, s. Ernst Kantorowicz: *Die zwei Körper des Königs.* dtv, München 1990.

168 Zur perinatalen Dynamik im Krieg und in totalitären Regimen s. Stanislav Grof: »Perinatale Ursprünge von Kriegen, Revolutionen und Totalitarismus«. In: Kindheit 5 (1983), S. 25–40; s. ebenso Lloyd DeMause: *Psychohistorie*, a. a. O.

170 »Ich bewegte mich ...« s. Michael Harner: *Der Weg des Schamanen.* Rowohlt, Hamburg 1982, S. 61.

171 »Für die allergrößten ...« s. Zitat von Rasmussen bei Michael Harner, a. a. O., S. 182.

172 »Vermesse Dich, die ...« s. Johann Wolfgang von Goethe: »Faust«. In: *Goethes Werke*, Bd. III. (Hrsg. von Trunz, E.). Wegner, Hamburg 1967, S. 29.

173 »Die Novizen bei ...« s. Mircea Eliade: *Das Mysterium der Wiedergeburt*. (Ü.: E. Moldenhauer), Insel, Frankfurt/M. 1988, S. 62 f.

174 »Wenn die Neophyten ...« Zum Zitat von R. M. Berndt s. Mircea Eliade, a. a. O., S. 87.

174 Zur »Initiationssymbolik des regressus ad uterum« und zur »embryologischen Symbolik« bei den Initiationsriten s. Mircea Eliade, a. a. O., S. 89 u. S. 98.

174 »Man ist überrascht ...« s. Mircea Eliade, a. a. O., S. 89.

175 »Eine der Formen ...« s. Vladimir Propp: *Die Wurzeln des Zaubermärchens*. Carl Hanser Verlag, München 1987, S. 284.

175 »Vergessen wir nicht ...« s. Vladimir Propp, a. a. O., S. 348.

175 Zum Zitat von Walter Burkert s. sein Buch: *Wilder Ursprung. Opferritual und Mythos bei den Griechen*. Wagenbach, Berlin 1990, S. 48 f.

176 Für die Überlassung und Übersetzung des Textes des Video-Clips »Thriller« von Michael Jackson danke ich Frau Margit Krukow.

177 Zu den schamanistischen Wurzeln des Zaubermärchens s. Heino Gehrts: »Schamanistische Elemente im Zaubermärchen«. In: Gehrts, H., Lademann-Priemer, G. (Hrsg.): *Schamanentum und Zaubermärchen*. Roth, Kassel 1986.

177 »Wenn man sich ...« s. Vladimir Propp: *Die Wurzeln ...*«, a. a. O., S. 452.

177 Zur Märcheninterpretation in der frühen Psychoanalyse s. Otto Rank und Hanns Sachs: *Die Bedeutung der Psychoanalyse für die Geisteswissenschaften*. Bonset, Amsterdam 1965.

178 Zur psychoanalytischen Märcheninterpretation s. Bruno Bettelheim: *Kinder brauchen Märchen*. DVA, Stuttgart 1977.

178 »Zaubermärchen sind im ...« s. Walter Scherf: *Lexikon der Zaubermärchen*. Kröner, Stuttgart 1982.

179 Zur Grundformel des Märchens s. Vladimir Propp: *Die Morphologie des Märchens*. Suhrkamp, Frankfurt/M. 1975.

180 »Nun geschah es ...« s. Jacob und Wilhelm Grimm: *Kinder- und Hausmärchen.* Winkler, München 1969, S. 148.

181 »Ach Vater, ich ...« s. Jacob und Wilhelm Grimm, a. a. O., S. 152.

181 Zum Märchentext von »Die drei Schlangenblätter« s. Jacob und Wilhelm Grimm, a. a. O., S. 68 ff.

182 Zu »Hans, mein Igel« s. Jacob und Wilhelm Grimm, a. a. O., S. 384 ff.

182 Zu »Der Teufel mit den drei goldenen Haaren« s. Jacob und Wilhelm Grimm, a. a. O., S. 115 ff.

182 Zu »Rapunzel« s. Jacob und Wilhelm Grimm, a. a. O., S. 50 ff.

182 Zu »Schneewittchen« s. Jacob und Wilhelm Grimm, a. a. O., S. 193 ff.

182 »So weiß wie ...« L. S. Odermatt: »Aspekte der Magersucht in Bildern der Märchensprache«. In: Kind und Umwelt 53 (1987), S. 30.

183 Zur Interpretation der Form des Kinderwunsches bei Schneewittchen s. Odermatt, a. a. O., S. 30.

183 Zu »Marienkind« s. Jacob und Wilhelm Grimm, a. a. O., S. 10 ff.

184 »Der Held ist ...« s. Otto Rank: *Der Mythos von der Geburt des Helden.* Deuticke, Leipzig u. Wien 1922, S. 79.

185 »Dann eilte sie ...« s. Robert Ranke-Graves: *Griechische Mythologie.* Rowohlt, Hamburg 1985, S. 411.

185 »... Hera hob ihn« s. Robert Ranke-Graves, a. a. O. 1985, S. 415.

186 Zum Motiv der Unverwundbarkeit des Helden s. Otto Rank: *Das Trauma der Geburt*, a. a. O., S. 119.

186 Zum Terminus »Drachenkampf-Mythologie« s. Erich Neumann: *Die Große Mutter.* Rhein, Zürich 1956, S. 86.

187 »Mutter! da du mich ...« s. Homer: *Ilias.* Insel, Frankfurt 1975, S. 10.

187 Zum Lebensbaum s. Terence Dowling: »The Roots of the Collective Unconscious«. In: Janus, L. (Hrsg.): *Das Seelenleben des Ungeborenen*, a. a. O., S. 76–87.

188 »Während der Initiation ...« s. Mircea Eliade: »Mythos und Symbol des Seiles«. In: Eranos Jahrbuch XXIX. Rhein, Zürich 1960, S. 374.

188 »Der sehr Heilige ...« s. Mircea Eliade: *Die Religionen und das Heilige.* Insel, Frankfurt/M. 1986, S. 434.

189 »... ein Baum oder ...« s. Mircea Eliade: *Die Religionen ...*, a. a. O., S. 437.

189 »Wir verstehen unter ...« s. Mircea Eliade: *Die Religionen ...*, a. a. O., S. 441.

189 Zu weiteren Uterus-Symbolisierungen s. Alfred Plaut: »Historical and Cultural Aspects of the Uterus«. In: Annals of the New York Academy of Science 75, S. 389–411.

190 Zur geburtssymbolischen bösen Schlange s. »Das Pfortenbuch«. In: Erik Hornung (Hrsg.): *Ägyptische Unterweltsbücher*. Artemis, Zürich 1984, S. 300.

190 Zur Symbolik des Adlers s. Ludwig Janus: *Die Psychoanalyse der vorgeburtlichen Lebenszeit und der Geburt*, a. a. O., S. 235 ff.; s. ebenso Leo Sternberg: »Der Adlerkult bei den Völkern Sibiriens«. In: Archiv für Religionswissenschaften 28 (1930), S. 125–153.

190 »In jener Zeit ...« s. das Zitat aus dem Etana-Mythos bei Hans Egli: *Das Schlangensymbol*. Walter, Olten 1982, S. 254.

191 »... dann aber trat ...« s. Hans Egli, a. a. O., S. 254.

191 Zur Feuerempfindung bei der Geburt s. Frédérick Leboyer: *Geburt ohne Gewalt*. Kösel, München 1986, S. 37.

191 »Die Unsterblichkeit ist ...« s. Mircea Eliade: *Die Religion ...*, a. a. O., S. 333.

192 Zum Nagual s. Daniel Brinton: »Nagualism«. In: Proceedings of the American Philosophical Society XXXIII (1894), S. 11–73.

192 Zur Plazenta-Symbolisierung s. Croft Long: »The Placenta in Lore and Legend«. In: Bulletin of the Medical Library Association 51 (1963), S. 233–241; s. ebenso Judith Davidson: »The Shadow of Live: Psychosocial Explanations for Placenta Rituals«. In: Culture, Medicine and Psychiatry 9 (1985), S. 75–92.

192 Zur ägyptischen Kulturentwicklung s. z. B. Henri Frankfort: *Kinship and the Gods*, a. a. O.

192 Zum Totem s. das Stichwort »Totemismus« in: Bächtold-Stäubli, H. (Hrsg.): *Handwörterbuch des deutschen Aberglaubens*, a. a. O.; s. dort auch zu »Nagual«, S. 1838.

193 Zur Etymologie von Paradies s. Friedrich Kluge: *Etymologisches Wörterbuch der deutschen Sprache*. De Gruyter, Berlin 1967, S. 531.

193 »wäßrig, finsterer Abgrund ...« s. Erik Hornung: *Altägyptische Höllenvorstellungen.* Akomie, Berlin 1968, S. 172.

194 »Nach einem Reinigungsbad ...« s. Henri Hubert and Marcel Mauss: *Sacrifice – Its Nature and Function.* Cohen A. West, London 1968, S. 20 f.

195 »Es muß uns ...« s. Mircea Eliade: *Kosmos und Geschichte.* Insel, Frankfurt/M. 1986, S. 91.

195 »Wir möchten diese ...« s. Mircea Eliade: *Yoga.* Suhrkamp, Frankfurt/M. 1985, S. 121.

197 »Der Zweck dieser ...« s. Mircea Eliade: *Yoga,* a. a. O., S. 77.

197 Zum Symbolismus mandalaförmiger tibetischer Thangkas s. Willy Fischle: *Der Weg zur Mitte.* Belser, Stuttgart 1982.

197 »Bezeichnenderweise ist in ...« s. Mircea Eliade: *Yoga,* a. a. O., S. 124.

198 »Das in der ...« s. Mircea Eliade: *Yoga,* a. a. O., S. 125.

198 Zur Bedeutung der soziokulturellen Verarbeitung prä- und perinataler Erfahrung s. Terence Dowling: »Pränatale und perinatale Aspekte des Zweiten Weltkrieges«. In: Janus, L. (Hrsg.): *Die kulturelle Verarbeitung pränatalen Erlebens.* Textstudio Gross, Peterstalerstr. 195, Heidelberg 1991 (im Druck); s. ebenso Hans Rausch: »Biologische und psychosoziale Aspekte der kulturellen Evolution«. In: Janus, L. (Hrsg.), a. a. O.; s. ebenso David Wasdell: »Prä- und perinatale Grundlagen der soziopolitischen Dynamik«. In: Janus, L. (Hrsg.): *Erscheinungsweisen pränatalen und perinatalen Erlebens in den psychotherapeutischen Settings,* a. a. O.; s. ebenso Lloyd DeMause: *Psychohistorie,* a. a. O.

199 »Denn diese Herrscher ...« s. Zitat von Joseph Campbell bei Ken Wilber: *Halbzeit der Evolution.* Scherz, Bern 1987, S. 139.

199 Zum Königsopfer s. Lloyd DeMause: *Psychohistorie,* a. a. O., S. 232; s. ebenso Nigel Davies: *Human Sacrifice.* William Morrow, New York 1981, S. 261.

200 »Sargon, König von ...« s. Zitat bei Ken Wilber: *Halbzeit ...,* a. a. O. 205, S. 186.

202 Zu den Gladiatorenkämpfen s. Michael Grant: *Die Gladiatoren.* Ullstein, Frankfurt/M. 1982.

202 Zu »Devotio« s. Heino Gehrts: *Das Märchen und das Opfer*. Bouvier, Bonn 1967, S. 9 ff.

203 Zum Zusammenhang von Krieg und Geburt s. Lloyd DeMause: »Psychohistory«. In: Kindheit 1 (1979), S. 59 ff.

203 Zu den Phantasien des faschistischen Mannes s. Klaus Theweleit: *Männerphantasien*. Roter Stern, Frankfurt/M. 1977.

204 Zu den fötalen Elementen in sozialen Konflikten s. Lloyd DeMause: »Fötale Ursprünge der Geschichte«. In: *Psychohistorie*, a. a. O.

205 Zur sozialpolitischen Bedeutung perinataler Projektionen s. David Wasdell: »Das Geburtstrauma und die Dynamik der globalen politischen Entwicklung«. In: Janus, L. (Hrsg.): *Die kulturelle Verarbeitung pränatalen und perinatalen Erlebens*, a. a. O.; s. ebenso zahlreiche weitere Schriften von David Wasdell zu diesem Thema (Liste über Urchin, Meridian House, 115 Poplar High Street, London E 14 OAE).

205 Eine Übersicht über die prä- und perinatalen Symbolismen in der Kunst hat Michael Irving gegeben: »Natalism as Pre- and Perinatal Metaphor«. In: Pre- and Perinatal Psychology 4 (1989), S. 83–110.

205 Zu prä- und perinatalen Inhalten in der Malerei s. Johannes Fabricius: »Pränatale und perinatale Motive in der Malerei«. In: Janus, L. (Hrsg.): *Die kulturelle Verarbeitung pränatalen und perinatalen Erlebens*, a. a. O.

206 »Reich der Ungeborenen« s. Klee: *Die Ordnung der Dinge*. Hatje, Stuttgart 1975, S. 58.

206 »Offensichtlich wurde ...« s. Meryle Secrest: *Salvador Dalí*. Scherz, Bern und München 1987, S. 31 f.

207 »Die Verzweiflung meiner ...« s. Salvador Dalí: *So wird man Dalí*. Moewig, Rastatt 1973, S. 10.

207 »Das intrauterine Paradies ...« s. Salvador Dalí: *Das geheime Leben des Salvador Dalí*. Schirmer/Mosel, München 1984, S. 42.

208 »Ich ließ mich ...« s. Salvador Dalí: *Das geheime Leben ...*, a. a. O., S. 47.

208 Zur Tranceinduktion durch Gala s. die Bilder »Meine nackte Frau ...«, »Die drei Sphingen ...« u. a. In: Maur, K. (Hrsg.): *Salvador Dalí*. Hatje, Stuttgart 1989, S. 304 f.

208 Zur »paranoiakritischen Methode« s. Salvador Dalí: *So wird man Dalí*, a. a. O., S. 16.

209 Zu Beuys und Gilles s. Hartmut Kraft: »Die Rituale der Initiation in den Performances von Joseph Beuys und Peter Gilles«. In: Janus, L. (Hrsg.): *Die kulturelle Verarbeitung pränatalen und perinatalen Erlebens*, a. a. O.

209 Zum Wiener Aktionismus s. Arnulf und Franziska Meifert: »Berichte aus der Unwelt – Der Wiener Aktionismus und das Werk von Günter Brus als Spiegel vorgeburtlicher Erlebniswelten«. In: Janus, L. (Hrsg.): *Die kulturelle Verarbeitung pränatalen und perinatalen Erlebens*, a. a. O.; s. ebenso Franziska Meifert: »Zweimal Geborene – Der ›Wiener Aktionismus‹ im Spiegel von Mythen, Riten und Gerichten«. In: Otto Breicha (Hrsg.): *Protokolle*, Bd. 1. Jugend und Volk, Wien 1990.

210 »Wir wandeln durch ...« zitiert nach Kurt Pahlen: *Die Zauberflöte*. Goldmann, München 1981, S. 119.

210 Zum »Klang des Lebens« s. Alfred Tomatis: *Der Klang des Lebens*. Rowohlt, Hamburg 1987, S. 176.

210 Zur Bedeutung der akustischen frühen Muttererfahrung für das Musikerleben s. F. Rotter: *Musik als Kommunikationsmedium*. Duncker und Humblot, Berlin 1985, S. 46 f.

210 Zu Boris Brott s. Thomas Verny: *Das Seelenleben des Ungeborenen*, a. a. O., S. 16.

211 »Ich hatte die Gelegenheit ...« s. Peter Orban: »Disco«. In: Kindheit 2 (1980), S. 6.

211 Zum regressiven Potential des Klangerlebens s. auch Wolfgang Strobel: »Aktualisierung prä- und perinatalen Erlebens und korrigierende Neuerfahrung in der klanggeleiteten Trance«. In: Janus, L. (Hrsg.): *Erscheinungsweisen pränatalen und perinatalen Erlebens in den psychotherapeutischen Settings*, a. a. O., S. 129–143.

211 »Doch während meiner ...« Arthur Janov: *Das befreite Kind*. Fischer, Frankfurt/M. 1974, S. 87.

211 Zum Einheitserleben in der Musik s. Heinz Kohut und Siegmund Levarie: »Über den Musikgenuß«. In: Heinz Kohut: *Introspektion, Empathie und Psychoanalyse*. Suhrkamp, Frankfurt/M. 1977, S. 195–217.

212 »Der Jugendliche glaubt ...« s. Josef Hoffmann: »Popmusik, Pubertät, Narzißmus«. In: Psyche 42 (1988), S. 965.

212 »Überläßt man sich ...« s. Carla Murek: »Die Hölle ist da, feiern wir das wärmende Fest«. In: Konkursbuch 25. Claudia Gehrke, Tübingen 1990, S. 128.

212 Zur Prägung der Lautgebung bei Frühgeborenen durch die mütterliche Stimme s. Truby, H., Bosma, J. F., Lind, J.: »The Newborn Infant Cry«. Acta Paediatrica Scandinavica 163, Suppl., 1965; s. ebenso Wasz-Höckert: »Twenty-five Years of Scandinavian Cry Research«. In: Lester, B., Boukydis, C. (eds.): *Infant Crying*. Plenum, New York 1985.

212 Zur Bedeutung der vorgeburtlichen Hörerfahrung für die Sprachentwicklung s. Günter Clauser: *Die vorgeburtliche Entstehung der Sprache*. Enke, Stuttgart 1971.

213 Zur Verarbeitung prä- und perinataler Erfahrung in der Philosophie s. Ludwig Janus: *Die Psychoanalyse* ..., S. 155 ff.; s. ebenso Otto Rank: *Das Trauma*, a. a. O., S. 174 ff.

214 »Das faktische Dasein ...« s. Martin Heidegger: *Sein und Zeit*. Niemeyer, Tübingen 1986, S. 374.

214 »Die Grundbefindlichkeit der ...« s. Martin Heidegger, a. a. O., S. 184.

214 »Die Verfallenheit des ...« s. Martin Heidegger, a. a. O., S. 176.

214 Zur latenten Geburtlichkeit bei Heidegger s. Thomas Macho: »Heideggers Todesbegriff«. Manuskripte 104 (1989), S. 37–47.

214 Zur Geburtlichkeit s. bei Peter Sloterdijk: *Zur Welt kommen – Zur Sprache kommen*. Suhrkamp, Frankfurt/M. 1988; s. ebenso *Eurotaoismus*. Suhrkamp, Frankfurt/M. 1989, S. 174 ff.

215 »Als die Welt ...« s. Johann Wolfgang von Goethe: »West-östlicher Divan«. In: *Goethes Werke*, Bd. II. (Hrsg. von Trunz, E.). Wegner, Hamburg 1967, S. 83 f.

216 »Goethe hatte sich angewöhnt ...« s. Erich Trunz: »Anmerkungen des Herausgebers«. In: *Goethes Werke*, Bd. II, a. a. O., S. 606.

216 »Denn durch Ungeschicklichkeit ...« s. Johann Wolfgang von Goethe: »Dichtung und Wahrheit«. In: *Goethes Werke*, Bd. IX., a. a. O., S. 10.

216 »... daß wir von ...« s. Johann Wolfgang von Goethe: »Dichtung und Wahrheit«, a. a. O., S. 353.

217 Zur Tiefenregression in Alfred Kubins Roman »Die andere Seite« s. Hartmut Kraft: »›Der Demiurg ist ein Zwitter‹ – Aspekte der Initiation im Roman«. In: Cremerius, J. (Hrsg.): *Untergangsphantasien.* Königshausen und Neumann, Würzburg 1988.

217 »Im breit auserzählten ...« s. Irmgard Roebling: »Prinzip Heimat – eine regressive Utopie?« In: Schriften der Theodor-Storm-Gesellschaft 34, Westholsteinische Verlagsanstalt Boyens, Heide 1985.

217 Zu Friedrich Schillers »Taucher« s. Ferdinand Avenarius: *Balladenbuch.* Steingrüben, Stuttgart 1951, S. 56 f.

217 Zur Mutterleibssymbolik bei Robinson Crusoe s. Irmgard Roebling: »Über prä- und perinatale Phantasien in der neuzeitlichen bürgerlichen Literatur«. In: Janus, L. (Hrsg.): *Das Seelenleben des Ungeborenen – eine Wurzel unseres Unbewußten*, a. a. O., S. 96–103.

218 Zum Geburtstrauma als Geruchstrauma s. Patrick Süskind: *Das Parfum.* Diogenes, Zürich 1985.

218 »Ach, nie genug ...« s. Zitat von Benn bei Oskar Sahlberg: *Rausch und Realität. Die Aktualität Gottfried Benns.* Evangelische Akademie, Iserlohn 1986, S. 2.

218 »Kunst war immer Geburt« s. Zitat von Benn bei Oskar Sahlberg, a. a. O., S. 3.

219 Zur perinatalen Thematik bei Benn s. Oskar Sahlberg: »Die Heilung des Geburtstraumas im Werk Gottfried Benns«. In: Janus, L. (Hrsg.): *Die kulturelle Verarbeitung pränatalen und perinatalen Erlebens*, a. a. O.

219 »Durch Jungs Worte ...« s. Deirdre Bair: *Samuel Beckett. A Biography.* Jonathan Cape, London 1978, S. 209 (dtsch.: Kellner, Hamburg 1991, S. 277).

219 »Ich erinnere mich ...« s. Samuel Beckett: »Alle, die da fallen«. In: *Werke I. 2.* Suhrkamp, Frankfurt/M. 1976, S. 282 f.

220 »... eines Tages wurden ...« s. Samuel Beckett: »Warten auf Godot«. In: *Werke I. 1.* Suhrkamp, Frankfurt/M 1976, S. 94.

220 »Rittlings über dem Grabe ...« s. Samuel Beckett: »Warten auf Godot«. In: *Werke I. 1.*, a. a. O., S. 96.

220 »Das Schlachten ist ...« s. Alfred Simon: *Beckett.* (Ü.: M. Bischoff), Suhrkamp, Frankfurt/M. 1988, S. 124.

220 »Die Geburt des ...« s. ebd.

221 »... so illustriert das ...« s. Alfred Simon, a. a. O., S. 116 f.

221 »Zum Nicht-zu-Ende-geboren-Sein des faschistischen Mannes« s. Klaus Theweleit: *Männerphantasien*, a. a. O., S. 211.

222 »Psychotherapie hat mit ...« s. Peter Sloterdijk: »10 kleine, teils freche, teils begründete Bemerkungen zum Komplex Philosophie, Psychologie und Existenz«. In: Gruppentherapie und Gruppendynamik 22 (1986), S. 257.

223 »Sagt es niemand ...« s. Johann Wolfgang von Goethe: »West-östlicher Divan«, a. a. O., S. 18.

226 Für eine »vollständigere Teilhabe am Sein« bietet die haptonomische Tiefenkommunikation einen ganz konkreten Weg, s. dazu Margo Knaapen u. a. (Hrsg.): *Öffnung zum Leben. Festschrift, Frans Veldman, dem Begründer der Haptonomie, gewidmet.* Stichting, Overasselt 1990; s. darin auch Ludwig Janus: »Haptonomische Aspekte in Kleists ›Marionettentheater‹«.

227 »... Descartes traut dem ...« s. Marie-Louise Franz: *Der Traum des Descartes*. Rascher, Zürich 1952, S. 116.

227 Zu den »Geburtsträumen« von Descartes s. Wolfgang Röd: *Descartes*. Reinhardt, München 1962, S. 20 ff.

227 »In einem ekstatischen ...« s. Wolfgang Röd, a. a. O., S. 26.

227 »durch den Wirbelwind ...« s. die Traumzusammenfassung bei Wolfgang Röd, a. a. O., S. 20.

228 »Ich brauche meinen ...« s. Werner Kutschmann: *Der Naturwissenschaftler und sein Körper*. Suhrkamp, Frankfurt/M. 1986, S. 411.

228 Zur Pathologie der Normalität s. David Wasdell: »Prä- und perinatale Grundlagen der soziopolitischen Dynamik«. In: Janus, L. (Hrsg.): *Erscheinungsweisen pränatalen und perinatalen Erlebens in den psychotherapeutischen Settings*, a. a. O.

228 Zur Häufigkeit von neurotischen und psychosomatischen Erkrankungen s. Heinz Schepank: *Psychogene Erkrankungen der Stadtbevölkerung*. Springer, Heidelberg 1987.

229 Historisch gesehen, ist wohl die gesundheitspolitische Bedeutung der Pränatalzeit zuerst von Carl du Prel erkannt worden, wenn auch in einer uns heute befremdenden Vorstellungswelt; s. dazu Carl du Prel:

Die vorgeburtliche Erziehung als Mittel zur Menschenzüchtung. Costenoble, Jena 1899.

229 Als Gegentendenz zur geschilderten frühen Überforderung von Eltern und Kind hat Michel Odent ein Konzept der primären Gesundheit entwickelt, s. Michel Odent: »From Psychoneuroendocrinology to Primal Health: New Concepts as Strategic Tools«. In: Fedor-Freybergh, P., Vogel, V. (Hrsg.): *Prenatal and Perinatal Psychology and Medicine*, a. a. O.; s. ebenso Michel Odent: *Von Geburt an gesund*. Kösel, München 1986; s. ebenso Peter Fedor-Freybergh: *»Psychophysische Gegebenheiten der Perinatalzeit als Umwelt des Kindes«*. In: Schindler, S., Zimprich, H. (Hrsg.): *Ökologie der Perinatalzeit*. Hippokrates, Stuttgart 1983; s. ebenso Peter Fedor-Freybergh: »The International Society of Prenatal and Perinatal Psychology and Medicine«. In: The International Journal of Prenatal and Perinatal Studies 2 (1989), S. 139–144. Ein Verein zur Förderung einer Forschungsstelle für pränatale Psychologie befindet sich im Aufbau (vorläufige Adresse c/o Dr. L. Janus, Köpfelweg 52, 6900 Heidelberg).

230 Zur Etymologie von Seele s. Friedrich Kluge: *Etymologisches Wörterbuch der deutschen Sprache*, a. a. O., S. 697.

230 Zum Seelenvogel s. Bächtold-Stäubli, H. (Hrsg.): *Handwörterbuch des deutschen Aberglaubens*, Bd. 7. a. a. O., S. 1574; s. ebenso Ludwig Janus: *Die Psychoanalyse der vorgeburtlichen Lebenszeit und der Geburt*, a. a. O., S. 252.

233 Zur Persönlichkeit des Kindes vor der Geburt s. A. W. Liley: »The Foetus as a Personality«. In: Pre- and Peri-Natal Psychology 5 (1991), S. 191–202.
Zum vorgeburtlichen emotionalen Dialog zwischen Mutter und Kind s. Hermann Musaph: »The Secret Language Between Mothers and Their Newborn Babies«. The International Journal of Prenatal and Perinatal Studies 1 (1989), S. 181–186; s. ebenso Frank Hatch and Lenny Maietta: »The Role of Kinestheasia in Pre- and Perinatal Bonding«. In: Pre- and Peri-Natal Psychology 5 (1991), S. 253–270.

234 Zum emotionalen Kontakt vor und während der Geburt s. Frans Veldman: *Haptonomie – Science de l'Affectivité*. Presses Universitaires de France, Paris 1988; Frans Veldman: »Haptonomie – Die Wissenschaft von den Grundlagen der Affektivität«. In: Janus, L. (Hrsg.): *Die Erscheinungsweisen pränatalen und perinatalen Erlebens in den psychotherapeutischen Settings*, a. a. O.
Zur kognitiven Förderung vor der Geburt s. Brent Logan: »The Ulti-

mate Preventive: Prenatal Stimulation«. In: Fedor-Freybergh, P., Vogel, V. (Hrsg.): *Prenatal and Perinatal Psychology and Medicine.* Parthenon, Casterton Hall 1988; Brent Logan: »Teaching the Unborn: Precept and Practice«. In: Pre- and Peri-Natal Psychology 2 (1987), S. 9–24.

Zum pränatalen Lernprogramm s. René van de Carr: »Enhancing Early Speech. Parental Bonding and Infant Physical Development Using Prenatal Intervention in Standard Obstetric Practice«. In: Pre- and Peri-Natal Psychology 1 (1986), S. 20–30; Kristin van de Carr, René van de Carr und Mark Lehrer: »Effects of a Prenatal Intervention Program«. In: Fedor-Freybergh, P., Vogel, V. (Hrsg.): *Prenatal and Perinatal Psychology and Medicine*, a. a. O.

235 Zum pränatalen Interaktionsprogramm s. Ann Jernberg: »Untersuchung und Therapie der Pränatalen Mutter-Kind-Beziehung«. In: Fedor-Freybergh, P. (Hrsg.): *Pränatale und Perinatale Psychologie und Medizin*, a. a. O. (Bezug Th. Müller-Staffelstein, Alte Landstr. 1, 7909 Dornstadt), S. 352.

Zum pränatalen Lernen s. Gina Kolata: »Studying Learning in the Womb«. In: Science 225 (1984), S. 202–203.

Zur Bevorzugung von Stimmen s. Anthony DeCasper und William Fifer: »Of Human Bonding: Newborns Prefer Their Mother's Voices«. In: Science 208 (1980), S. 1174–1176; s. ebenso Anthony DeCasper und Phyllis Prescott: »Human Newborns' Perception of Male Voices: Preference, Discrimination, and Reinforcing Value«. In: Developmental Psychobiology 17 (1984), S. 481–491.

Zur pränatalen Musikerfahrung s. Donald Shetler: »The Inquiry Into Prenatal Musical Experience: A Report of the Eastman Project 1980–1987«. In: Pre- and Peri-Natal Psychology 3 (1989), S. 171–189.

Zur Bedeutung des pränatalen Hörens s. Alfred Tomatis: *Der Klang des Lebens.* Rowohlt, Hamburg 1987; s. auch Günter Clauser: *Die vorgeburtliche Entstehung der Sprache als anthropologisches Problem.* Enke, Stuttgart 1971.

236 Literatur zur vorgeburtlichen Entwicklung: Lennart Nilsson: *Ein Kind entsteht.* Mosaik, München 1990. Geraldine Flanagan: *Die ersten neun Monate des Lebens.* Rowohlt, Hamburg 1984. Marianne Krüll: *Die Geburt ist nicht der Anfang.* Klett-Cotta, Stuttgart 1989.

Zur Individuation durch die Elternschaft s. Gudrun Gauda: *Der Übergang zur Elternschaft.* Lang, Frankfurt/M. 1990; Gabriele Gloger-Tippelt: *Schwangerschaft und erste Geburt.* Kohlhammer, Stuttgart 1988.

Zur Psychologie der Geburt und des Gebärens: Joan Raphael-Leff: *Psychological Processes of Childbearing.* Chapman and Hall, London 1991; Lieselotte Kuntner: *Die Gebärhaltung der Frau.* Marseille, München 1985; Jacques Gélis: *Die Geburt.* Diederichs, München 1989; Lieselotte Kuntner: »Die Geburtshilfe in der europäischen Volksmedizin«. In: Hessische Blätter für Volks- und Kulturforschung, 19. Jonas, o. O. 1986; Eva-Maria Stark: *Geboren werden und gebären.* Frauenoffensive, München 1976; Ulrike Hauff und Marlies Köster-Schlutz: »Gibt es natürliche Gebärhaltungen, und welche Bedeutung haben sie für das Geburtserleben?« In: Fedor-Freybergh, P. (Hrsg.): *Pränatale und perinatale Psychologie und Medizin*, a. a. O.; Sepp Schindler: *Geburt – Eintritt in eine neue Welt.* Hogrefe, Göttingen 1982; Frédérick Leboyer: *Geburt ohne Gewalt.* Kösel, München 1981; Frédérick Leboyer: *Das Fest der Geburt.* Kösel, München 1982; Michel Odent: *Die sanfte Geburt.* Kösel, München 1980; Sheila Kitzinger: *Schwangerschaft und Geburt.* Kösel, München 1980; Lieselotte Kuntner: *Neue Erkenntnisse und Ansichten über die Gebärhaltung. Der Gebärhocker Maja* (Bezug L. Kuntner, Kornweg 6, CH-5024 Küttingen); Wulf Schiefenhövel und Dorothea Sich (Hrsg.): *Die Geburt aus ethnomedizinischer Sicht.* Vieweg, Braunschweig 1978; Christine Gottschalk-Batschkus und Marc Batschkus: *Unser Kind.* Plejaden, Boltersen 1990; Jean Liedloff: *Auf der Suche nach dem verlorenen Glück.* Beck, Köln 1980; Marshall Klaus und John Kennell: *Mutter-Kind-Bindung.* Kösel, München 1983. Marshall Klaus und Phyllis Klaus: *Neugeboren.* Kösel, München 1988.

Praktische Information über Schwangerschaft und Geburtsvorbereitung: Gesellschaft für Geburtsvorbereitung, Dellestr. 5, 4000 Düsseldorf; wissenschaftliche Information bietet die Internationale Studiengesellschaft für Pränatale und Perinatale Psychologie und Medizin (ISPPM) (Sekretariat: Thomas Müller-Staffelstein, Alte Landstr. 1, 7909 Dornstadt).